Stefan Buijsman

ADA

UND DIE

ALGORITHMEN

Stefan Buijsman

ADA
UND DIE
ALGORITHMEN

Wahre Geschichten aus der Welt
der künstlichen Intelligenz

Aus dem Niederländischen
von Bärbel Jänicke

C.H.Beck

Titel der niederländischen Originalausgabe:
AI – Alsmaar intelligenter. Een kijkje achter de beeldschermen

Zuerst erschienen 2020 bei De Bezige Bij, Amsterdam

Mit 43 Schwarz-Weiß-Abbildungen und 17 Farbabbildungen

Die Übersetzung dieses Buches
wurde von der niederländischen Stiftung
für Literatur gefördert.

Nederlands letterenfonds
dutch foundation
for literature

Für die deutsche Ausgabe:

www.chbeck.de
Umschlaggestaltung und -illustration: geviert.com, Michaela Kneißl
Satz: Fotosatz Amann, Memmingen
Druck und Bindung: CPI – Ebner & Spiegel, Ulm
Gedruckt auf säurefreiem und alterungsbeständigem Papier
Printed in Germany
ISBN 978 3 406 77563 5

myclimate
klimaneutral produziert
www.chbeck.de/nachhaltig

INHALT

EINLEITUNG

Computer werden über kurz oder lang die Hälfte aller Arbeitsplätze ersetzen. Algorithmen können die Bewegungen von Menschen durch Wände hindurch mittels WLAN-Signalen nachverfolgen. Facebook entwickelt ein Programm, das eine eigene, für uns unverständliche Sprache erfindet. Die chinesische Regierung nutzt Gesichtserkennung, um ethnische Minderheiten zu unterdrücken. Wissenschaftler haben sich einen Algorithmus ausgedacht, der vollautomatisch Fake News produziert, und sie weigern sich aus Sicherheitsgründen, ihn öffentlich zugänglich zu machen. Programme können leicht zu rassistischen oder sexistischen Ergebnissen kommen. Samsung generiert auf der Grundlage eines einzelnen Fotos lebensechte Videoclips, etwa einer fröhlich plaudernden Mona Lisa. Mit derselben Technologie lassen sich Interviews faken, ohne dass man den Unterschied zu realen Gesprächen erkennt.

Eines ist klar: Künstliche Intelligenz ist gerade dabei, die Welt zu verändern. Und wie bei jeder grundlegend neuen Technologie ist es noch längst nicht ausgemacht, welche Auswirkungen das haben wird. In den USA beispielsweise entbrannte im 19. Jahrhundert eine heftige Diskussion über die ersten Züge, die mit einem Tempo von etwa 80 Stundenkilometern fahren konnten. Man machte sich ernstliche Sorgen darüber, ob derartige Geschwindigkeiten für Frauen nicht gefährlich sein könnten. In der Presse war damals zu lesen, es bestünde ein reales Risiko, dass ihnen die Gebärmutter aus dem Leib gerissen würde. Was blanker Unsinn war – und erstaunlich obendrein, weil nur die inneren Organe von

Frauen gefährdet sein sollten –, doch im Vorfeld ließ sich das schwer ausmachen. Niemand wusste, wie sich solche Geschwindigkeiten auf Menschen auswirken würden.

Genau wie die damaligen Züge können unsere heutigen Computer plötzlich viel mehr, als wir es je für möglich gehalten haben. Die Frage ist: Wie sollen wir damit umgehen? Über welche Aspekte sollten wir uns Sorgen machen, und welche Erwartungen an künstliche Intelligenz sind übertrieben? Schreitet die Automatisierung tatsächlich so schnell voran, dass wir bald alle auf der Straße sitzen und von einem universellen Grundeinkommen abhängig sein werden? Sind Computer eine existenzielle Bedrohung für die Menschheit?

Stellen Sie sich einmal Folgendes vor. Eine Gruppe von Informatikern entwirft ein Programm, das die Leitung einer Fabrik für Büroklammern übernehmen soll. Dazu muss das Programm überlegen und planen können, also sorgen die Techniker für einen brandneuen selbstlernenden Algorithmus. Das Ergebnis: Die Fabrik arbeitet zunehmend effizienter, die Kosten sinken. Großartige Nachrichten! Aber was passiert, wenn der Computer etwas *zu* clever ist? Wie weit würde er dann gehen, um sein Ziel (möglichst viele Büroklammern zu produzieren) zu erreichen? Kann der Algorithmus verstehen, dass wir nicht unendlich viele Büroklammern brauchen und die Fabrik daher irgendwann schließen müssen? Kommt der Algorithmus irgendwann zu dem Schluss, dass man, wenn man sich nur genug Mühe gibt, auch aus Menschen Büroklammern herstellen kann? Werden wir letzten Endes von einer Fabrik für Büroklammern ausgerottet? Ich komme später auf dieses Szenario zurück, aber angesichts dessen, dass derartige Risiken ernsthaft diskutiert werden, stellt sich die Frage: Warum fahren wir mit der Optimierung künstlicher Intelligenz dennoch fort?

Die Antwort auf diese Frage ist einfach: Künstliche Intelligenz kann unglaublich viel zur Verbesserung unseres Lebens beitragen. In Indien nutzen Analphabeten die Spracherkennung, um mit Uber Geld zu verdienen, und das, obwohl sie nicht lesen können, was in ihrer App steht. Google verkauft Pixel Buds, In-Ear-Kopfhörer, die unter anderem als automatische Dolmetscher fungieren. Lungenkrebs wird (in manchen Fällen) von Computern präziser aufgespürt als von Radiologen. Adobe entwickelt ein Programm, das Bearbeitungen von Fotos erkennen und rückgängig machen kann. Soziale Netze nutzen künstliche Intelligenz, um Daten suizidgefährdeter Nutzer an Notdienste weiterzuleiten. Dank künstlicher Intelligenz, die Wilderer anhand des Bewegungsprofils von Gazellen und Antilopen nachverfolgt, können wir Nashörner besser schützen. Im Juli 2019 wurde angekündigt, dass in den USA der erste vollständig von einem Computerprogramm entwickelte Grippeimpfstoff getestet werden soll. Auch in Bezug auf den Klimawandel kann künstliche Intelligenz sehr hilfreich sein, zum Beispiel um die Entwaldung besser zu kontrollieren, die Energieleistung von Wind- und Solarparks genauer zu prognostizieren und die Folgen der Erderwärmung zu dokumentieren, so dass Regierungen entsprechende Vorkehrungen treffen können. Der Nutzen künstlicher Intelligenz wächst, das werden wir noch in vielen Bereichen sehen.

Grund genug also, vorläufig mit der Entwicklung künstlicher Intelligenz fortzufahren. Auch wenn diese Entwicklung manchmal stark in unser Leben eingreift, denn nur dank künstlicher Intelligenz kann Facebook passgenaue Werbeanzeigen schalten. Das stößt längst nicht immer auf Begeisterung; es gibt genug Berichte von Menschen, die sich nach dem Besuch eines Uhrengeschäfts, ohne jemals im Internet nach Informationen zu Uhren gesucht zu haben, auf Facebook plötzlich mit Werbung für Uhren konfrontiert sahen. Oder bei denen nach einem Gespräch über neue Schuhe plötzlich eine ganze Reihe von Schuhmarken in ihrer Timeline auftauchten. Manchmal funktioniert der Facebook-Algorithmus allerdings ganz schön lausig: Neulich wurde ich gefragt, ob ich meine Rechte als ausländisches Au-Pair in den Niederlanden kenne, obwohl Facebook verdammt gut weiß, dass ich in Leiden geboren bin und als Philosoph der Mathematik arbeite.

Das brachte mich zum Nachdenken. Nun tue ich das als Philosoph ohnehin schon, aber es gibt auch bedeutsame Fragen zu Computern, die primär philosophischer Natur sind. Worin besteht die Bedeutung eines Wortes, und erfassen Computer diese Bedeutung, wenn sie Texte für uns schreiben? Wie kreativ sind Roboter? Können Computer jemals genauso intelligent werden wie Menschen? All diese Fragen werden in diesem Buch nach und nach thematisiert. Außerdem geht es hin und wieder um Mathematik, obwohl ich Ihnen die Formeln erspare. Ich hoffe, Ihnen eine Vorstellung davon zu vermitteln, wie künstliche Intelligenz funktioniert, wie sie sich entwickelt und wo die heiklen Punkte liegen. Sie werden sehen, dass sich dafür gerade die Kombination aus Mathematik (zum Erklären der Technik) und Philosophie (für die allgemeineren Fragen) als sehr hilfreich erweist. So können die aktuellen Entwicklungen für Sie greifbarer werden.

Denn heute, in einer Zeit, in der uns künstliche Intelligenz immer häufiger begegnet und Computer in der Gesellschaft eine immer größere Rolle spielen, ist es wichtig, die Spreu vom Weizen trennen zu können. Fast jeden Tag sehe ich Nachrichten auf meinem Smartphone aufpoppen, in denen es um dieses Thema geht, auch deshalb, weil der betreffende Algorithmus gelernt hat, dass ich solche Artikel lese (und mich weniger für Fußballergebnisse interessiere). Ich stelle aber auch fest, dass es schwierig ist, sich auf dieser Grundlage einen guten Überblick über die aktuelle Sachlage zu verschaffen. Die Nachrichten sind oft sensationsheischend geschrieben, ohne zu erklären, was sich in der Wissenschaft tatsächlich getan hat. Kleine Durchbrüche werden zu Vorzeichen einer künftigen Roboter-Apokalypse aufgebauscht.

Diese Berichte vermitteln den Eindruck, als mache die Technik rasend schnell Fortschritte; dennoch bleiben die meisten Arbeitsplätze erhalten und die vielversprechenden Projekte, von denen permanent die Rede ist, kommen nicht vom Fleck. So kooperierte beispielsweise IBM bei der Entwicklung der automatischen Diagnosestellung jahrelang mit Kliniken, aber trotz enormer

Investitionen finden Ärzte das Programm heute enttäuschend. Viele Kliniken haben sich von dem Projekt zurückgezogen, weil es ihrer Meinung nach bei der Diagnose oder Behandlung keinerlei Nutzen bringt. Ganz so schnell geht es also nicht, vor allem wenn man bedenkt, dass ein Teil der Berichterstattung reiner Hype ist. Das russische Staatsfernsehen präsentierte einen «Hi-Tech-Roboter», der sich letztlich als ein verkleideter Mann entpuppte. Ungefähr 40 Prozent aller europäischen Start-ups, die als «KI-Unternehmen» klassifiziert werden, haben in Wirklichkeit nichts mit künstlicher Intelligenz zu tun, sondern ziehen dank dieses Labels lediglich mehr Zuschüsse an Land. Wenn man diese Nuancen nicht registriert, scheint sich alles viel schneller zu entwickeln.

Künstliche Intelligenz lässt sich auch deshalb schwer einschätzen, weil sie sich nicht mit menschlicher Intelligenz vergleichen lässt. Einerseits sind Computer verhältnismäßig intelligent – Autos können damit bis zu einem gewissen Grad selbständig fahren, und schon vor Jahrzehnten wurde der Schachweltmeister von einem Computer besiegt –, andererseits unterlaufen Algorithmen die peinlichsten Fehler. Im Juli 2018 verwechselte das kommerzielle Gesichtserkennungsprogramm von Amazon 28 Mitglieder des US-Kongresses mit Porträts inhaftierter Straftäter (wohlgemerkt zu Unrecht). Mitte 2019 deuteten selbst die besten Programme auf einem leicht gedrehten Bild einen Roller als Fallschirm, und Top-Algorithmen berichteten von fünfhörnigen Einhörnern und Bränden unter Wasser.

Es läuft also noch recht viel schief, die Berichterstattung ist häufig übertrieben, und die Technik undurchsichtig. Wie soll man sich da ein gutes Bild von künstlicher Intelligenz verschaffen? Dieses Buch bietet einen Blick hinter die Bildschirme und nimmt dabei die Stärken und Schwächen der modernen künstlichen Intelligenz unter die Lupe, damit Sie sich ein realistisches Bild von alldem machen können. So müssen Sie, im Gleichnis gesprochen, nicht befürchten, dass Frauen während einer Zugreise ihre inneren Organe gefährden, sind sich aber dennoch bewusst, dass

Bahnübergänge gesichert werden sollten, wenn Züge plötzlich mit 80 Stundenkilometern vorbeirasen.

Dazu bedarf es zunächst einiger Hintergrundkenntnisse. Künstliche Intelligenz hat nämlich ihre Grenzen. Damit sie funktioniert, muss alles in klare Regeln gefasst werden; Computer können mit unserem allgemeinen Weltverständnis wenig anfangen. Diese Einschränkungen gehen auf die mathematische Funktionsweise unserer Computer zurück. Computer führen lediglich Berechnungen durch. Und Berechnungen unterliegen einer grundlegenden Einschränkung: Sie arbeiten einzig und allein mit Zeichen, die mathematisch gesehen keine inhaltliche Bedeutung haben. Der beste Ansatzpunkt zur Darlegung der Möglichkeiten und Grenzen künstlicher Intelligenz bildet darum auch die Grundlage, auf der all diese Programme laufen. Dementsprechend geht das erste Kapitel – in aller gebotenen Kürze – auf die Funktionsweise von Computern ein, so dass Sie besser verstehen können, worauf die Schwächen von Computern beruhen.

Diese Schwächen bestanden schon von Anfang an. Künstliche Intelligenz gibt es schon seit geraumer Zeit. Ein achtwöchiger Workshop im Sommer 1956 in Dartmouth wird oft als der Beginn dieses Fachgebiets angesehen. Obgleich die Computer zunächst nicht besonders intelligent waren, lässt sich an dieser Frühform künstlicher Intelligenz, der wir im zweiten Kapitel begegnen, eine Menge über unseren Umgang mit Computerprogrammen erkennen. Zum Beispiel unseren Drang, selbst den simpelsten Programmen menschliche Denkprozesse und Emotionen zuzuschreiben. Sowie auch unsere Neigung zu vergessen, dass Computer Dinge *viel* wörtlicher nehmen, als wir das je tun würden. Wir sehen Chatbots aus den sechziger Jahren, die nicht mehr vermochten, als eine Aussage in eine Frage umzuwandeln, aber die Nutzer dennoch glauben machten, dass das Programm der Stimme ihres Vaters glich. Außerdem erfahren wir etwas über Computer, die dreißig Jahre später allen Ernstes meldeten, der schnellste Weg, ein Flugzeug abzubremsen, sei ein Aufprall. Simple Programme also, die einfach zu verstehen sind, uns aber auf Denkfehler hinweisen, die wir immer noch machen, auch bei den hypermodernen Algorithmen in der heutigen Zeit. Aus diesem Grund bildet die historische Betrachtung einen guten Auftakt zum Verständnis der modernen Technologie und zu dem, was sich derzeit in unserem Umfeld abspielt.

Diese modernen Algorithmen, die auf «neuronalen Netzen» basieren, gibt es überall. Jedes Mal, wenn wir *deep learning* begegnen (und meistens auch, wenn wir *machine learning* begegnen), handelt es sich um ein neuronales Netz. Neuronale Netze stehen hinter den oben erwähnten Lungenkrebsdiagnosen und hinter der Möglichkeit, ein Smartphone mittels Gesichtserkennung zu entsperren. Sie sorgen dafür, dass ein Tesla einigermaßen selbständig fahren kann, weil er erkennt, welche Objekte sich auf der Straße befinden. YouTube und Facebook nehmen aufgrund ähnlich strukturierter neuronaler Netze Hassbilder und -videos von ihrer Plattform. Illegaler Fischfang kann mit Hilfe neuronaler Netze entlarvt werden, indem man eine Unmenge von Satellitenbildern geschickt auswertet. Supermärkte ordern dank neuronaler Netze automatisch mehr Eiscreme, wenn im Sommer die Temperaturen steigen. Aber wie zuverlässig sind diese Systeme tatsächlich? Kapiert ein Tesla immer, dass er einen Fußgänger auf der Straße sieht und nicht ein vorüberfliegendes Stück Pappe? Lässt sich die Gesichtserkennung noch austricksen? Können YouTube und Facebook ihren Algorithmen beibringen, die richtigen Entscheidungen zu treffen? Darum geht es im dritten Kapitel.

Dort sehen wir auch, dass neuronale Netze extrem spezialisiert sind. Das gilt auch für künstliche Intelligenz im Allgemeinen. Neuronale Netze bilden die Grundlage für Programme, die nicht nur Gesichtserkennung, sondern auch automatisch Fake News und Google Translate möglich machen. Viele Nachrichten über Jahresberichte von Unternehmen und kommunale Wahlergebnisse werden heute schon von Computern geschrieben. Diese «sprachlichen» neuronalen Netze funktionieren ganz anders als die Netze, die selbstfahrende Autos möglich machen; darüber erfahren Sie mehr im vierten Kapitel. Wie hoch ist bei Computern heute schon die Sprachkompetenz? Es gibt viele Artikel, denen man nicht anmerkt, dass sie aus der Feder (nun ja, aus dem Prozessor) eines Computers stammen. Allerdings produzieren dieselben Algorithmen auch völligen Unsinn. Immerhin ist es uns in weniger als zehn Jahren gelungen, Computer von der Produktion unverständlicher Sätze zum Verfassen glaubwürdig erscheinender, gleichwohl fingierter Wikipedia-Artikel voranzutreiben. Wie schnell schreiten diese Entwicklungen voran? Bedeutet die Tatsache, dass Computer (gelegentlich) perfekte Texte schreiben auch, dass sie *verstehen*, was sie schreiben? Dass sie mit Bedeutung umgehen können? Dass ich bald meinen Job als Autor verliere, weil ein neuronales Netz viel schneller schreibt, als ich es jemals könnte?

Da wir gerade über erstaunlicherweise automatisierbare Berufe sprechen: Auch Künstler sind in Gefahr. Computer können Musikstücke komponieren, die selbst Kenner nicht von Bachs Originalwerken zu unterscheiden vermögen. Sie können Gemälde erschaffen, die die allgemeine Öffentlichkeit (*okay*, etwa dreißig Leute im Internet) für künstlerisch ebenso wertvoll halten wie die Meisterwerke auf heutigen Kunstmessen. Oder nehmen wir etwas, das unserem alltäglichen Leben näher liegt: Dieselben neuronalen Netze produzieren Porträtfotos von Menschen, die nicht existieren, und sie können sogar komplette Videoclips erfinden. Bildmaterial war eines der wenigen Dinge, auf das wir bisher vertrauen konnten – wenn man von der Bearbeitung mit Photoshop absieht. Wie schnell wird die Veränderung voranschreiten? Welche Konsequenz sollen wir daraus ziehen? Und bedeutet diese Entwicklung, dass Computer, jetzt, da sie Kunst produzieren können, auch kreativ sind? Das könnte besorgniserregend sein. Könnten Computer diese Kreativität dann nicht auch für die Überlegung nutzen, dass die beste Lösung für eine Vielzahl von Problemen lautet: Weg mit dieser Menschheit? Ganz so schnell geht es nicht, aber es ist gut zu wissen, warum das noch nicht möglich ist. Warum ich davon ausgehe, dass wir uns vorläufig nur um unsere eigenen Fehler sorgen müssen, nicht um einen bösartigen Computer, der es auf uns abgesehen hat. All das kommt im fünften Kapitel zur Sprache.

In diesen Kapiteln über neuronale Netze erfahren Sie auch etwas über die vielfältigen Limitierungen der gegenwärtigen Technologien. Sie erweisen sich als risikoreich, weil wir sie leicht aus den Augen verlieren. Sie können zu Autounfällen, unberechtigten Verurteilungen und zu systematischer Diskriminierung führen. Das gilt umso mehr, wenn wir künstliche Intelligenz zu sehr wie menschliche Intelligenz behandeln. Dann beginnen wir uns vor Dingen zu fürchten, zu denen Computer überhaupt nicht in der Lage sind, zum Beispiel vor der Übernahme der Weltherrschaft – und übersehen dabei, wo die tatsächlichen Risiken liegen.

Die größte Gefahr künstlicher Intelligenz besteht in unserem Umgang mit ihr. Erstens versetzen uns Computer in die Lage, größere Gruppen besser zu kontrollieren. So ermöglichen sie es beispielsweise China, die Uiguren mit Hilfe von Gesichtserkennung zu unterdrücken. In einer etwas weniger grausamen Form sorgt künstliche Intelligenz dafür, dass es Unternehmen wie Facebook und Google als lohnend erachten, große Datenmengen über uns zu speichern, und sie sorgt dafür, dass Mitarbeiter von Apple Teile unserer Gespräche mithören. Die Gefahr der künstlichen Intelligenz beruht aber auch auf unserer Neigung, das, was ein Computer ausspuckt, unhinterfragt zu übernehmen, unabhängig davon, welche impliziten Diskriminierungen oder andere unliebsamen Vorgehensweisen wir unbewusst in ihn einprogrammiert haben.

Während ich in den Kapiteln über neuronale Netze nur kurz auf diese Beschränkungen eingehe, komme ich im sechsten und letzten Kapitel noch einmal ausführlich darauf zurück. In diesem Kapitel verschaffen wir uns einen Überblick über die aktuelle Technologie und unseren Umgang mit ihr. Was erwarten wir uns von einer Welt voll künstlicher Intelligenz? Glauben Sie nun, da Sie wissen, wie künstliche Intelligenz funktioniert, immer noch, dass Ihr Arbeitsplatz gefährdet ist? Müssen wir uns vor dem Einsatz von Computern zur Kriegsführung fürchten? Werden wir zukünftig von algorithmischen Fake News überflutet? Ist zu erwarten, dass Computer jemals so intelligent werden wie wir?

Oder erscheint uns die Zukunft in einem rosigeren Licht? Bringt künstliche Intelligenz nicht gerade allerlei Vorteile mit sich? Erhoffen Sie sich weniger langweilige, routinemäßige Tätigkeiten am Arbeitsplatz und mehr kreative Herausforderungen? Glauben Sie, dass Computer die Welt sicherer machen werden, weil wir mit ihrer Hilfe die Welt um uns herum besser im Auge behalten und die Folgen unseres Verhaltens besser vorhersehen können? Dass wir dank der Algorithmen, die Krankheiten schon in einem Stadium aufspüren, in dem Ärzte sie niemals gefunden hätten, gesünder sein werden als je zuvor?

Zweifellos wird die Zukunft in einer Mischung aus positiven und negativen Seiten bestehen. Neue spezifische Technologien lassen sich kaum vorhersagen, also erwarten Sie nicht, hier zu erfahren, wie die nächste technische Spielerei aussehen wird. Wir können jedoch sehen, wovon unsere Zukunft mit Computern abhängt. Denn wie man es auch dreht und wendet, diese Zukunft wird von künstlicher Intelligenz durchdrungen sein. Höchste Zeit, sie besser in den Griff zu bekommen. Wie schon erwähnt, beginnen wir mit dem Innenleben Ihres Laptops, Ihres Smartphones oder Ihrer Smartwatch, dort, wo all diese Technologie installiert ist.

Terminologie

Falls Sie sich fragen, was ein Wort wie «Algorithmus» genau bedeutet, haben Sie hier eine kurze Liste der wichtigsten Begriffe.

Algorithmus: eine Reihe von Anweisungen, denen ein Computer folgt (oder denen Sie folgen). Jede schrittweise Abfolge von Anweisungen fällt darunter; auch ein Rezept kann also als Algorithmus verstanden werden, obwohl man das Wort in aller Regel für mathematische Instruktionen in einem Computerprogramm verwendet.

Künstliche Intelligenz: Algorithmen, die (menschliche) Intelligenz nachzubilden versuchen, zum Beispiel die Fähigkeit, Schach zu spielen, Gegenstände zu erkennen oder Texte zu schreiben.

Selbstlernender Algorithmus/Machine Learning: ein Algorithmus, der Voraussagen trifft, die anschließend anhand von Daten geprüft und verbessert werden. Beim Eierkochen sagt er beispielsweise die Kochzeit anhand der Größe des Eis voraus. Ein solcher Algorithmus ist dann selbstlernend, wenn sich die Prognose der Kochzeit verlängert, sofern das Ei nach der vorausgesagten Kochzeit noch nicht gar ist.

Neuronale Netze: eine besondere Art eines selbstlernenden Algorithmus, der vom Gehirn inspiriert ist. Neuronale Netze sind für fast alle Fortschritte innerhalb der künstlichen Intelligenz in den letzten Jahren verantwortlich. Sie werden im dritten Kapitel ausführlich erläutert; bei allen Algorithmen aus dem dritten, vierten und fünften Kapitel handelt es sich um Typen neuronaler Netze.

Deep Learning: eine Bezeichnung für neuronale Netze, die sehr groß sind, insbesondere weil sie aus vielen Schichten (aufeinander aufbauenden Berechnungsschritten, für weitere Erläuterungen siehe drittes Kapitel) bestehen.

1

ZAHNRAD, STROM ODER LICHTTEILCHEN. UNTER DER MOTORHAUBE IHRES COMPUTERS

Im Juni 1991 war der erste Entwurf einer Rechenmaschine endlich funktionsbereit. Und gleich um Jahrhunderte veraltet, denn diese Maschine war schon von Charles Babbage, einem Mathematiker des viktorianischen Englands, erfunden worden. Anlässlich seines zweihundertsten Geburtstages baute das Londoner Science Museum seine mechanische, ganz aus Zahnrädern bestehende Rechenmaschine nach. Babbage hatte sie aus purem Frust über die «Computer» seiner Zeit ersonnen: Das waren Menschen, oft Frauen, die per Hand Berechnungen für Wissenschaftler, Streitkräfte und andere Institutionen durchführten. Selbst die NASA beschäftigte um 1950 noch ein ganzes Team von Frauen, um die Flugbahn von Raketen zu berechnen. Babbage hatte diese «Rechner» schon in der ersten Hälfte des 19. Jahrhunderts satt, weil Menschen nun einmal Rechenfehler machen. Derartige Fehler wollte er vermeiden, indem er das Rechnen einer Maschine übertrug. Dies sollte auch später eines der wichtigen Motive zur Entwicklung der künstlichen Intelligenz sein: die Überzeugung, dass eine Maschine mehr Informationen fehlerfrei verarbeiten kann als der Mensch. Deshalb entwarf Babbage also den ersten, und wie wir heute wissen, funktionstüchtigen Rechner. Wenig später brachte er

Babbages *Difference Engine No. 2* in der Sammlung des Londoner Science Museum.

auch die ersten Entwürfe für einen mechanischen Computer zu Papier, für den seine Zeitgenossin Ada Lovelace das erste Computerprogramm schrieb.

Die Produktion dieser riesigen Rechenmaschine, die in der folgenden Abbildung zu sehen ist, dauerte alles in allem sechs Jahre. Dafür benötigte man 8000 Komponenten, die zu Babbages Zeiten nicht (exakt genug) angefertigt werden konnten. Selbst 1990 stellte der Bau seiner Maschine noch eine große Herausforderung dar. Es war schwierig, alle Räder so einzupassen, dass sie gut ineinandergriffen. Bei den ersten Tests verhakte sich die Maschine immer wieder irgendwo in ihren Tausenden von Zahnrädern, so dass ihr die Techniker mit einem Schraubenzieher oder einem Brecheisen zu Leibe rücken mussten. Und auch bei der Eröffnung der Ausstellung im Juni 1991 versagte die Maschine. Vor den Augen der Presse wurde begeistert der Hebel nach links gelegt, woraufhin sich die Zahnräder sogar bewegten, doch die Maschine lief in einer Art Leerlauf; es wurde nichts berechnet. Das glückte erst am 29. November 1991.

Wie funktioniert dieses Monstrum? Die Zahnräder greifen so ineinander, dass sie addieren und subtrahieren können. In der Abbildung unten sehen Sie eine vereinfachte Version der Maschine. Schauen Sie sich die Abbildung einmal an: Ziel ist es, die 3 auf dem linken Zahnrad zu der 4 auf dem rechten Zahnrad zu addieren. Das tut man, indem man das linke Zahnrad im Uhrzeigersinn dreht; wenn Sie genau hinsehen, sehen Sie, dass jede Lücke zwischen den Zähnen für eine andere Zahl steht, also drehen wir das linke Rad drei Schritte weiter. Was passiert dann? Das linke Zahnrad zeigt einen geringen Wert, da der schwarze Pfeil stehen bleibt, die Zahlen sich jedoch Zahnlücke für Zahnlücke nach links wegbewegen, von 3 auf 2, dann auf 1 und schließlich auf 0. Das rechte Zahnrad dreht sich hierbei in die entgegengesetzte Richtung; gegen den Uhrzeigersinn. Der schwarze Pfeil bleibt auch hier stehen, die Zahlen darunter verschieben sich nun nach rechts: von 4 auf 7. Voilà, schon hat man mit Hilfe der Zahnräder eine Rechenaufgabe gelöst!

Zwei Zahnräder aus der *Difference Engine No. 2*.

Sie können auf diese Weise auch subtrahieren (4 – 3), aber dann müssen sich beide Zahnräder im Uhrzeigersinn drehen. Das ist allerdings nur mit einem zusätzlichen Zahnkranz dazwischen möglich. In diesem Fall verringert sich der Wert des linken Zahnrads, in gleichem Maße wie bei der Addition. Da sich das rechte Zahnrad nun aber ebenfalls nach links dreht, verringert sich hier der Wert auf 1. Entsprechend arbeitet auch die echte *Difference Engine*. Wenn Sie wissen möchten, wie das mit dem zusätzlichen Rad funktioniert, dann scannen Sie den QR-Code mit Ihrem Smartphone oder folgen Sie dem hinten im Buch angegebenen Link.

Babbages Rechenmaschine kann also addieren und subtrahieren; wiederholt man diese Berechnungen jedoch geschickt, kann sie auch multiplizieren, dividieren, Wurzeln ziehen und vieles andere mehr. Babbage war seiner Zeit weit voraus. Noch mehr traf das auf seinen nächsten Entwurf zu: die *Analytical Machine*. Sein mechanischer Computer ist nie gebaut worden, aber er wäre mit einer ähnlichen Zahnradkonstruktion ein vollwertiger, programmierbarer Computer gewesen. Der Speicher von 16,2 kB war zwar etwas klein, und man musste Lochkarten – Papierbögen mit Lochreihen – zur Ein- und Ausgabe verwenden, aber davon abgesehen war dieser Entwurf zu mehr (Rechen-)Operationen in der Lage als die ersten elektronischen Computer. Im Prinzip hätte man darauf Snake spielen oder mit Word arbeiten können. Das Einzige, was eine solche Maschine brauchte, waren die richtigen Instruktionen, dann erledigten die Zahnräder den Rest. Dass diese Programme letztendlich allesamt rein mathematisch arbeiteten, lässt sich an Babbages Maschinen dank der Zahlen auf den bronzenen Zahnrädern sehr gut erkennen.

Freihändig! Elektrische Impulse in modernen Computern

Bis zu einem gewissen Grad funktionieren Ihr Laptop und Ihr Smartphone nicht anders als Babbages Entwurf aus dem 19. Jahrhundert. Sie führen die gleichen Berechnungen durch, verfügen über einen Speicher, um Informationen aufzubewahren, einen Prozessor, um diese Informationen zu verarbeiten, sowie Ein- und Ausgabe. Der größte Unterschied besteht darin, dass man keine riesigen Zahnräder mehr schleifen muss. Stattdessen funktioniert alles mittels Elektrizität und Chips (Schaltkreisen): dem Lebenselixier und den Schlagadern der künstlichen Intelligenz. Diese aus Drähten und Gattern bestehenden Chips, durch die Strom fließt, sind für die Möglichkeiten und Grenzen der künstlichen Intelligenz von entscheidender Bedeutung. Mit einem gewissen Grundwissen über die Funktionsweise eines Computers beziehungsweise Computerchips kann man den Unterschied zwischen einem Prozessor und unserem Gehirn leicht erkennen, und auch nachvollziehen, warum Programmierer sich einiges einfallen lassen müssen, um einen Computer dazu zu befähigen, mit Sprache zu arbeiten oder Bilder zu erfassen.

Zunächst einmal rechnen moderne Computer nicht mit einem dezimalen, sondern mit einem dualen System: 1 (es fließt Strom durch den Draht) und 0 (es fließt kein Strom durch den Draht). Ein Prozessor ist eine Ansammlung von Gattern (engl. *gates*), durch die dieser Strom geleitet (oder von denen er aufgehalten) wird. Es gibt drei Arten von Gattern: AND-, OR- und NOT-Gatter. Mathematisch lässt sich zeigen, dass man mit diesen drei Gattern alle möglichen Arten von Berechnungen durchführen kann, wohingegen man mit einem oder zwei Gattern kaum vom Fleck kommt. Diese Gatter tun das, was ihre Bezeichnung nahelegt: Ein AND-Gatter überträgt nur Strom, wenn in beiden angeschlossenen Drähten Strom fließt, ein OR-Gatter nur dann, wenn in einem der beiden Drähte Strom fließt, und ein NOT-Gatter überträgt nur Strom, wenn im angeschlossenen Draht kein Strom fließt. Das

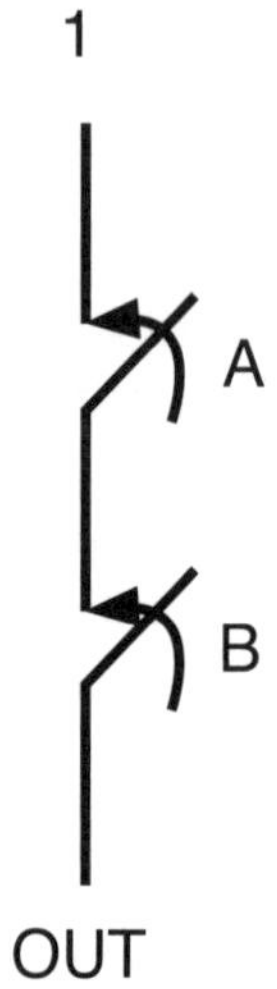

Die Verkabelung für ein AND-Gatter: Der Strom fließt von oben nur zum Ausgang unten, wenn beide Schalter (A und B) geschlossen sind, also unter Strom stehen.

funktioniert mit Schaltern, wie man hier unten in der Verkabelung für ein AND-Gatter sehen kann.

Es sitzen also zwei Schalter hintereinander, so dass nur dann Strom zum Ausgang fließt, wenn A *und* B unter Strom stehen. Ob dies geschieht oder nicht, hängt vom Programm ab, das der Computer in diesem Moment ausführt. Das Gleiche gilt für die Schalter in der Verkabelung für das OR-Gatter (links) und das NOT-Gatter (rechts).

Nun wissen Sie alles, was Sie brauchen, um einen Prozessor zu entwerfen! Okay, nicht wirklich, obwohl jeder Entwurf letztlich auf diesen drei Elementen aufbaut. Durch geschicktes Kombinieren in einem Chip kann man Zahlen addieren, subtrahieren und Ähnliches. Wie das genau funktioniert, ist gewöhnungsbedürftig, für den Rest des Buches aber nicht so wichtig, also belasse ich es hier bei einem kleinen Beispiel.

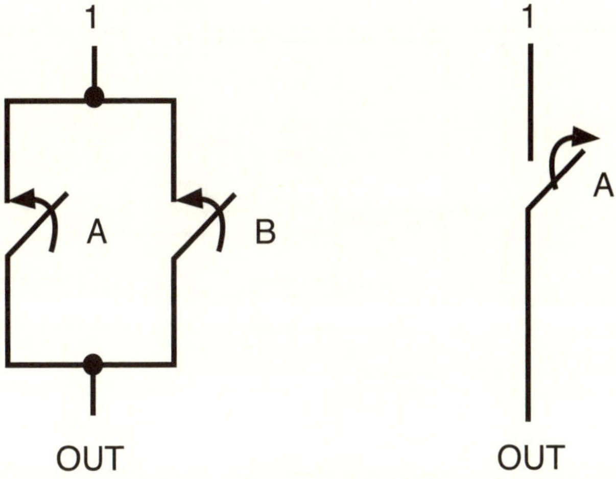

Links die Verkabelung für ein OR-Gatter mit zwei unabhängigen Pfaden vom Eingang zum Ausgang.
Rechts die Verkabelung für ein NOT-Gatter, bei dem sich der A-Schalter gerade dann schließt, wenn kein Strom durch den Draht A läuft.

Angenommen, Sie möchten die Summe von 1 + 1 berechnen. Das Ergebnis dieser Addition ist 2, aber da entweder Strom durch ein Kabel fließt oder nicht, schreibt man das im dualen Zahlensystem als **10**. (In diesem System multipliziert man jedes Mal mit 2, wenn man eine Stelle nach links rückt, statt mit 10, wie wir es gewohnt sind; in diesem Fall bedeutet das: **10** ist 1 × 2 + 0 × 1 = 2 und **100** ist 1 × 2 × 2, also 4. Die folgende Abbildung zeigt, wie man das auf einen Chip schematisch übertragen kann.

Wie liest man diese Abbildung? Von links nach rechts, so wie der Strom durch diesen Schaltkreis fließt. Zunächst einmal gibt es auf der linken Seite zwei Drähte, für die beiden Zahlen, die man addieren möchte. Durch beide läuft Strom, also steht bei beiden Drähten eine **1**. Diese zwei Eingangsdrähte schließt man an eine Reihe von Gattern an, so dass schließlich rechts das Ergebnis steht: eine Zahl mit zwei Ziffern (**10**). Um die linke Ziffer des Ergebnisses

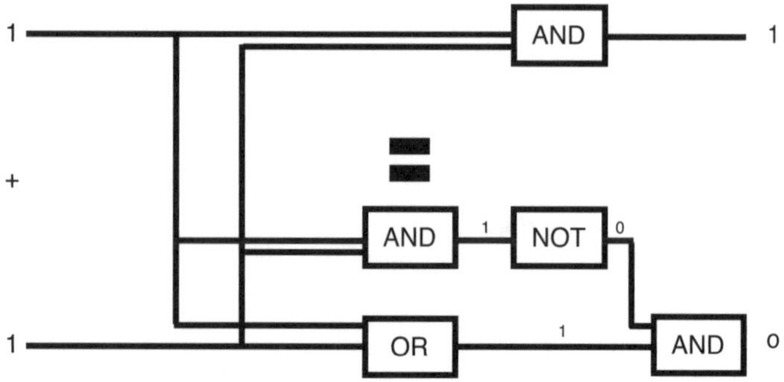

1 + 1 = 10 in einem Prozessor. Links kommt der Strom an, (bei beiden, daher zwei Einsen) und über die Gatter erscheint rechts das richtige Ergebnis: oben Strom (**1**) und unten kein Strom (**0**). Nach jedem Gatter ist mit einer **1** oder **0** gekennzeichnet, ob Strom im Draht zu finden ist oder nicht.

zu berechnen, braucht man nur ein AND-Gatter, wie oben in der Abbildung zu sehen ist. Wenn durch beide Eingangsdrähte Strom fließt, wenn man also zweimal eine **1** hat, die man addiert, dann kommt auch Strom durch das AND-Gatter. Dieser Strom liefert uns die linke Zahl in der **10**, die richtige Antwort.

Für die rechte Zahl muss man (mit den vier Gattern, die Sie in der unteren Hälfte der Zeichnung sehen) dafür sorgen, dass *nur* dann Strom fließt, wenn durch einen der beiden ursprünglichen Drähte Strom fließt. Der Strom wird vom Eingang unten durch ein OR-Gatter und darüber durch ein AND- und dann ein NOT-Gatter geleitet, bevor die beiden Ergebnisse (von OR und NOT) zusammengefasst werden mit einem letzten AND-Gatter. Man kann sich die Zwischenergebnisse ansehen, um zu erkennen, dass man dann bei einer **0** ankommt (kein Strom), also der rechten Zahl der **10.** Dieser Schaltkreis funktioniert auch für andere Rechenaufgaben: **1** + **0**, **0** + **1** und **0** + **0**. Aber das ist etwas für Begeisterte, denn es kann durchaus eine Weile dauern, bis man eine solche Abbildung lesen kann. Außerdem muss man die genaue

Funktionsweise eines solchen Schaltkreises für den Rest des Buches nicht wirklich verstehen. Möchten Sie trotzdem mehr darüber erfahren? Dann lesen Sie eines der Bücher über Computerarchitektur, die ich in den Literaturhinweisen am Ende des Buches aufgeführt habe.

Computerprogramme schreibt man, indem man dem Prozessor mitteilt, welche Drähte Strom führen sollen. Das geschieht auf mathematische Weise. Bei den Instruktionen, die man einem Prozessor gibt, geht es um das Laden und Speichern von Daten, das Durchführen von Berechnungen und schließlich um Sprünge im Code, mit denen man die gleichen Instruktionen erneut ausführt oder Instruktionen überspringt. Zu guter Letzt werden all diese Kommandos ausgeführt, indem man die Drähte mit Strom versorgt, und die Gatter das Ihrige tun. Damit das alles gelingt, muss der Programmierer mathematisch beschreiben, was er tun will. Unter Verwendung von Einsen und Nullen, obwohl in einem Laptop keine Ziffern herumspuken. Dieses Programmieren mit Einsen und Nullen verschwindet vielleicht mit der Zeit beim Übergang zu einer neuen Art von Computern; Sie werden aber sehen, die Mathematik bleibt.

Jenseits des Stromes: Eine kurze Bemerkung zu Quantencomputern

Hin und wieder hört man in den Nachrichten davon: Es werden brandneue Computer entwickelt, sogenannte «Quantencomputer». Eine Weile wird es wohl noch dauern, bis wir sie im Alltag nutzen können, aber ihr Entstehungsprozess ist schon weit genug fortgeschritten, dass es einige funktionstüchtige Exemplare gibt und eine ganze Reihe von Vorschlägen dafür, wie man größere Quantencomputer konzipieren könnte. Wir wissen also verhältnismäßig gut, wie diese Computer arbeiten werden, wenn es uns eines

Tages gelingen sollte, leistungsfähige Versionen davon in Gang zu bringen.

Das Grundprinzip eines Quantencomputers besteht nicht darin, schnöden Strom zu verwenden, sondern viel exotischere Teilchen, die so klein sind, dass «Quanteneffekte» auftreten. Das kann ein einzelnes Elektron sein (im Gegensatz zu den großen Mengen von Elektronen, die durch die Drähte der klassischen Computer fließen), aber auch etwas ganz anderes, das klein genug ist: ein Atomkern oder ein Lichtteilchen. Die kleinste Einheit eines Quantencomputers ist ein Qubit, und das kann nicht bloß *entweder* 1 *oder* 0 sein (wie bei klassischen Stromflüssen), sondern auch eine komplexe Kombination aus beiden. Dies ist auf ein sonderbares Phänomen innerhalb der Quantenmechanik – «Superposition» genannt – zurückzuführen, bei dem ein Teilchen mehrere Dinge gleichzeitig tun kann, solange niemand misst, was sich gerade ereignet.

Das klingt unbegreiflich; worauf es hier aber ankommt, ist das Faktum, dass diese neuen Computer nicht auf Einsen und Nullen beschränkt sind. Mit so einem winzigen Teilchen können sie komplexe Kombinationen von beiden nutzen. Dadurch können sie manche Berechnungen viel schneller durchführen als irgendein normaler Computer. Denn diese Kombinationen ermöglichen gleichsam Abkürzungen, die ein gewöhnlicher Computer nicht nehmen kann. Und ein kürzerer Weg – weniger Rechenschritte – bedeutet eine schnellere Berechnung. Unter anderem für die Berechnungen (die sogenannte Primfaktorzerlegung), die heute noch unsere Privatsphäre schützen und Nachrichten für jeden außer dem Empfänger unlesbar machen.

Allein schon aus diesem Grund werden Quantencomputer eine Menge Veränderungen mit sich bringen: Das gesamte Sicherheitssystem des Internets wird sich ändern müssen, denn ein Quantencomputer kann die bestehenden Schutzmaßnahmen leicht durchbrechen. Dieser Zeitpunkt rückt allmählich näher: Bereits im Oktober 2019 verkündete Google die Entwicklung eines Quantencomputers, der eine Berechnung in 3 Minuten und 20 Sekunden ausgeführt hatte, für die der größte normale Supercomputer 10 000 Jahre gebraucht hätte (obwohl es eine Diskussion darüber gibt, ob ein Supercomputer in diesem speziellen Fall tatsächlich so viel Zeit benötigt hätte). Allerdings handelte es sich hier um eine völlig nutzlose Berechnung, aber je besser Quantencomputer werden, desto mehr Anwendungsmöglichkeiten werden sie bekommen. Sie könnten zum Beispiel die Codes entschlüsseln, die die Sicherheit des Internets gewährleisten (wofür Quantencomputer heute noch zu klein sind).

Auch künstliche Intelligenz wird irgendwann mit diesen Computern arbeiten. Wird sich dadurch etwas ändern? Arbeiten Programme plötzlich ganz anders (besser?), wenn sie mit Hilfe von Lichtteilchen betrieben werden? In gewisser Weise schon. Da die Beschränkung auf Nullen und Einsen wegfällt, haben Quantencomputer mehr Optionen zur Durchführung von Berechnungen. Aber es ist auch schwierig, diese Komplexität gut unter Kontrolle zu behalten. Stellt man einem Quantencomputer eine Rechenaufgabe, bekommt man, wie in der Abbildung unten zu sehen ist, nicht immer die richtige Antwort (siehe hellgrauer Balken). Man muss eine Berechnung mehrfach durchführen, bevor man weiß, welche Antwort am häufigsten genannt wird, und damit auch, welche Antwort richtig ist.

Trotzdem ist die seltsame und einigermaßen unbegreifliche Funktionsweise eines Quantencomputers etwas Großartiges. Denn sie macht es möglich, bekannte Probleme auf andere Weise zu lösen. Manchmal sind diese alternativen Berechnungsmethoden wesentlich schneller. Deshalb sind Unternehmen und Regierungen von Quantencomputern so begeistert. Und Sie können sich sicherlich vorstellen, dass es auch für künstliche Intelligenz eine Rolle spielt, ob man Strom oder Lichtteilchen verwendet.

Einen grundlegenden Unterschied wird es allerdings nicht machen. Quantencomputer verwenden zwar andere Arten von Gattern in ihren Prozessoren (z. B. Hadamard-, CNOT- und T-Gates,

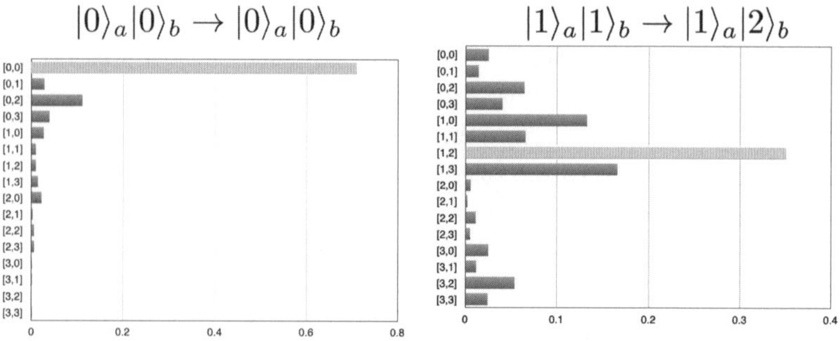

Das Ergebnis von 0 + 0 = 0 (links) und 1 + 1= 2 (rechts) eines funktionstüchtigen Quantencomputers.

siehe dazu auch «Quantum Computing: A Gentle Introduction» in den Literaturhinweisen), aber letztendlich sind sie nach wie vor mathematisch. Die Berechnungen, die wir für die künstliche Intelligenz brauchen, werden auf einem Quantencomputer also auf andere Weise durchgeführt werden, aber es werden weiterhin die gleichen Berechnungen sein. Der Computer wird nicht plötzlich andere Entscheidungen treffen, weil er mit Lichtteilchen statt mit Strom arbeitet. Die Algorithmen ändern sich nicht, weil sie auf einer anderen Art von Computern ausgeführt werden.

Die künstliche Intelligenz wird folglich nicht anders funktionieren, auch wenn neue Algorithmen vielleicht einfacher von anderen Formen der Mathematik Gebrauch machen können. Der Hauptunterschied besteht darin, dass Quantencomputer wiederum manche Berechnungen schneller ausführen können; was es uns erlaubt, noch komplexere Programme zu schreiben. Wie diese aussehen werden, weiß derzeit niemand. Aber im Grunde könnte man sie auch (mit ein paar tausend Jahren Geduld) auf einem «normalen» Computer laufen lassen.

Dass Computer – auch Quantencomputer – weiterhin Mathematik brauchen, um zu funktionieren, macht einen großen Unterschied zwischen Computern und Gehirnen aus. Wie Sie später sehen werden, ist das der Grund dafür, dass eine beträchtliche Anzahl von Forschern der Auffassung ist, dass Computer nie so intelligent sein werden wie Menschen. Darüber kann man in der Tat geteilter Meinung sein, denn niemand weiß dies mit Gewissheit, zumal unser Gehirn trotz dieses Unterschieds doch auch wieder nicht so ganz anders ist.

Informationen im Gehirn

Unser Gehirn arbeitet ebenfalls mit elektrischen Impulsen. Auch wenn diese nicht durch Gatter mit mathematischen Bedeutungen weitergeleitet, sondern von Neuronen oder Nervenzellen verarbeitet werden. Diese Neuronen bestehen, grob gesagt, aus drei Teilen: den Dendriten, dem Zellkern und dem Axon, wie sie hier unten abgebildet sind. Sie bilden die Grundlage für unsere gesamte Intelligenz und sind *die* Inspirationsquelle für neuronale Netze, also die Form von künstlicher Intelligenz, auf der Gesichtserkennung, selbständig fahrende Autos und automatisch erstellte Fake News basieren. Aber wie läuft das in unserem Gehirn genau ab?

Zunächst kommen Informationen in Form von elektrischer Aktivität über die Dendriten, all die kleinen Fortsätze, die Sie hier sehen, im Gehirn an. Sie übermitteln diese Informationen an den Zellkern, das Herz des Neurons. Dieser Zellkern bündelt alle Signale, aber nur wenn genügend Elektrizität zusammenkommt, geschieht dann auch etwas. Wenn die Dendriten den Kern gemeinsam aktivieren können, sendet dieser ein neues Signal Richtung Außenwelt.

Dieses neue Signal durchläuft das Axon, das seinerseits mit anderen Zellen verbunden ist: vor allem mit zahlreichen anderen Neuronen. Gute Zusammenarbeit befähigt sie, sehr komplexe Dinge zu tun, etwas, das wir auch bei der modernen künstlichen Intelligenz sehen werden, die ab dem dritten Kapitel zur Sprache

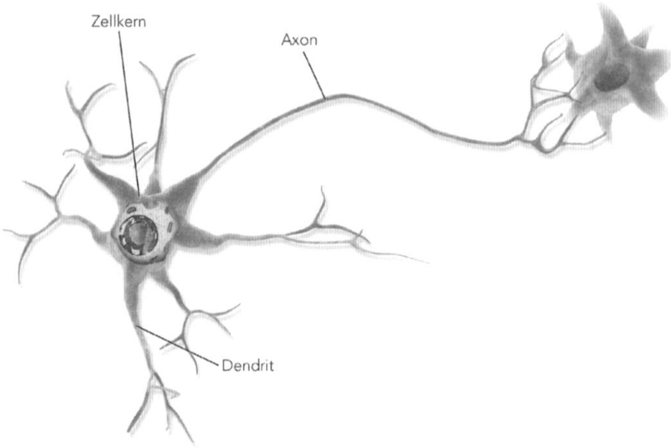

Der Aufbau eines Neurons.

kommt. Je nachdem, woher ihre Informationen (die elektrischen Impulse) kommen und wohin sie ein Signal senden, können Neuronen nämlich unterschiedliche Rollen einnehmen. Es gibt beispielsweise Neuronen, die stark auf helle vertikale Streifen reagieren, die sich von rechts nach links bewegen, und andere, die erst aktiv werden, wenn man ein Objekt von etwa 10 Zentimeter Länge sieht. Dass hängt davon ab, woher die elektronischen Impulse kommen und wie der Zellkern sie bewertet.

Schauen wir uns zum Beispiel ein Neuron an, das auf einen bestimmten hohen Ton reagiert. Es sendet ein sehr starkes Signal aus, wenn *dieser* Ton exakt ankommt. Selbst wenn der Ton etwas tiefer liegt, sendet es noch ein Signal aus, wenn auch ein schwächeres. Sein Nachbarneuron, das auf den tieferen Ton reagiert, wird in diesem Fall sein stärkstes Signal aussenden. Die Neuronen, die elektrische Impulse von den Ohren empfangen, bilden eine Schicht, die kollektiv herausfindet, welche Höhe der Ton hat, den man gerade hört. Das Ergebnis wird an die nächste Schicht weitergeleitet, die die Informationen weiterverarbeitet und diesen speziellen Ton zum Beispiel als Vogelgezwitscher identifizieren kann. Die moderne künstliche Intelligenz funktioniert auf ähnliche Weise, mittels eines Zusammenspiels von simulierten Neuronen.

Es macht nichts, wenn Sie sich das jetzt noch nicht vorstellen können. Im dritten Kapitel werde ich detaillierter darauf eingehen, wie es unserem Gehirn gelingt, Objekte, die wir sehen, zu identifizieren. Es ist hilfreich, darüber Bescheid zu wissen, denn die künstliche Intelligenz (die neuronalen Netze), der wir in diesem Kapitel begegnen, versucht, genau diese Funktionsweise des Gehirns nachzuahmen. Obwohl der Prozessor eines Computers vollkommen anders gebaut ist als das menschliche Gehirn.

Einer der großen Unterschiede zwischen Computern und Menschen ist folgender: Die Neuronen in unserem Gehirn knobeln *ohne* Mathematik aus, welche Signale sie weiterleiten, Computer arbeiten immer *mit* Mathematik. Oder anders gesagt, wir können das Gehirn zwar mathematisch beschreiben, aber wir tun das im Nachhinein und in Form einer Interpretation des Verhaltens von Neuronen (möglicherweise ist das nicht ganz hinreichend; *wenn* nicht alles mathematisch erfasst werden kann, dann arbeitet das Gehirn ganz anders als ein Computer). Computer müssen wir mathematisch beschreiben, wenn sie funktionsfähig sein sollen (und diese Mathematik ist keine Interpretation, sondern eine Instruktion). Ich will damit nicht behaupten, dass sich auf dem Chip Ihres Computers Zahlen befinden. Das Einzige, was durch diesen Chip läuft, ist Strom, ordentlich organisiert, aber an sich nicht mathematisch. Aber die Programme, die wir für Computer schreiben, sind durchaus mathematisch. Wir spezifizieren sie in Form von Berechnungen, so wie wir den Gattern in einem Prozessor Namen geben, die auf mathematische Konzepte verweisen. Künstliche Intelligenz funktioniert nicht ohne eine mathematische Zwischenschicht.

Theoretisch wäre der Verzicht auf diese Zwischenschicht vielleicht möglich. Wenn wir genau wissen, welche Drähte Strom führen sollen und welche nicht, dann könnten wir diesen Strom –

manuell – so anschließen, dass die erwünschten Prozesse stattfinden. Da die Zahlen im Computer selbst nicht zu finden sind, könnte man sie vielleicht vermeiden. Nur müsste man dann Millionen von Drähten nachgehen und von jedem Draht wissen, ob er für die Anwendung, die man im Sinn hat, Strom führen soll oder nicht. Das kann nie und nimmer funktionieren. Glücklicherweise haben wir die Mathematik, die diesen Entscheidungsprozess automatisieren kann, so dass wir nur über die großen Linien nachdenken müssen, ohne uns um die Umsetzung Gedanken zu machen.

Darin liegt einer dieser großen Unterschiede zum Gehirn: Um eine Tasse Kaffee zu erkennen, müssen wir den zugrunde liegenden Prozess nicht erst mathematisch beschreiben, damit unser Gehirn weiß, was zu tun ist. Wir wissen, was Kaffee ist, ganz ohne die Vermittlung von Formeln, aber ein Computer weiß das nicht. Und dieser Unterschied bleibt bestehen, unabhängig davon, ob man nun mit Zahnrädern, Elektrizität oder Lichtteilchen arbeitet. Auf diese Mathematik können Computer vorläufig also nicht verzichten. Daraus resultiert eine grundsätzliche Beschränkung, mit der die künstliche Intelligenz seit Jahrzehnten zu kämpfen hat.

Zwei Arten von Mathematik

An früherer Stelle habe ich schon die These aufgestellt, dass wir nicht mit Sicherheit wissen, ob Computer jemals so schlau sein werden wie Menschen, und dass dies an der Mathematik liegt. Doch wie kommt es, dass Mathematik für die Intelligenz ein solches Hindernis darstellt? Das ist auf die zwei Arten von Mathematik zurückführen, die wir kennen: die automatisierbare (formale) Mathematik und die (informelle) Mathematik, wie wir sie verwenden.

Die formale Mathematik ist das imposante Bauwerk von Regeln und Postulaten, für die diese Wissenschaft berühmt und berüchtigt ist. In der formalen Mathematik gibt es keinen Platz für eigene Interpretation. Alles muss und wird sich nach den Regeln vollziehen, die absolut wörtlich zu nehmen sind. Alles ist bis ins letzte Detail festgelegt, ganz anders als in der Mathematik, wie wir selbst sie fast immer praktizieren. Diese informelle Mathematik ist nicht weniger exakt oder weniger sicher, und verfügt über ebenso gute Beweise, sie hängt aber viel stärker von unserem Verständnis der Materie ab.

Das bedeutet, dass wir Menschen die formalen Regeln zwar kennen, doch weil es so umständlich ist, alles auszuschreiben, machen wir etwas größere Gedankensprünge. Diese Gedankensprünge folgen nicht festen Regeln, die man detailliert aufschreiben könnte, aber sie beruhen auf der Tatsache, dass wir verstehen, um was es geht.

Ein Beispiel: die Rechenaufgabe 23 + 18. Diese Aufgabe lässt sich auf verschiedene Arten berechnen, man kann sich zum Beispiel daran erinnern, dass 3 + 8 = 11 ist, also ist 23 + 8 = 31. Nun fügt man noch die 10 hinzu, und schon hat man das Ergebnis: 41. In der formalen Mathematik ist das unpassend, denn dort sind die Additionsregeln um einiges strenger formuliert; und diese Regeln muss man wörtlich nehmen. Ihnen entsprechend würde schon etwas so Einfaches wie 23 + 8 bereits folgendermaßen aussehen:

$$23 + 8 = (23 + 1) + 7 = ((23 + 1) + 1) + 6 = (((23 + 1) + 1) + 1) + 5 =$$
$$((((23 + 1) + 1) + 1) + 1) + 4 = (((((23 + 1) + 1) + 1) + 1) + 1) + 3 =$$
$$((((((23 + 1) + 1) + 1) + 1) + 1) + 1) + 2) = (((((((23 + 1) + 1) + 1) + 1)$$
$$+ 1) + 1) + 1) + 1 =$$
$$((((((((23 + 1) + 1) + 1) + 1) + 1) + 1) + 1) + 1) + 0 = ((((((((23 + 1) +$$
$$1) + 1) + 1) + 1) + 1) + 1) + 1) = 31$$

Die einzige Additionsregel besteht darin, dass man auf der linken Seite 1 addieren darf, wenn man gleichzeitig 1 von der anderen Seite subtrahiert, bis man rechts bei 0 herauskommt. Dieser Regel *muss* man ohne Ausnahme folgen. Formal weiß man nämlich

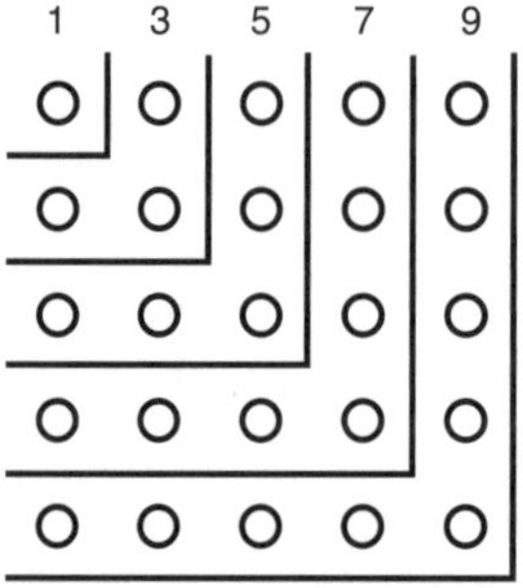

Die Summe der ersten fünf ungeraden Zahlen.

nicht, dass man gerade addiert. Das Einzige, was man weiß, ist, dass man eine Reihe von Zeichen, in diesem Fall «23» und «8», in eine andere Reihe von Zeichen umwandelt, und zwar genau so, wie es die Regel für «+» vorschreibt. Wir nennen das Addieren, aber für die formale Mathematik ist es nur eine Instruktion zur Anwendung einer bestimmten Regel, die das eine Symbol durch das andere ersetzt.

Der Unterschied zwischen formaler und informeller Mathematik lässt sich an folgender Abbildung erkennen. Sie zeigt ein Quadrat, aber kein x-beliebiges: Dieses Quadrat erzählt uns, wie groß die Summe ist, wenn man die ersten fünf ungeraden Zahlen addiert.

Haben Sie herausgefunden, welche Summe sich ergibt? Und die Summe der ersten sieben ungeraden Zahlen? Denken Sie erst einmal selbst darüber nach, denn im Prinzip genügt dazu die Abbildung. Haben Sie die Lösung gefunden? Sie können die Summe immer aus einem Quadrat ablesen: Die ersten beiden ungeraden Zahlen links oben bilden ein Quadrat von zwei auf zwei, die ersten drei ungeraden Zahlen bilden eines von drei auf drei und so weiter. Diese Darstellung zeigt, dass man, egal wie lange man weitermacht, immer ein Quadrat aus diesen ungeraden Zahlen bilden kann. Kurz gesagt, die Summe der ersten beiden ungeraden Zahlen ist 2 × 2, die der ersten drei 3 × 3 und die der ersten 341 ungeraden Zahlen ist 341 × 341.

Wir entnehmen das aus einer solchen Darstellung, weil wir begreifen, dass die Kreise für die Zahlen stehen, dass sie in L-förmigen Gruppen in der richtigen Größe aufgebaut sind und dass sie so ineinanderpassen, dass sie ein Quadrat bilden. Der formalen Mathematik genügen die Darstellung und meine Erklärung dazu nicht. Sie benötigt dazu eine ganze Reihe zusätzlicher Regeln, mit denen man zunächst erklärt, wie die Darstellung genau aufgebaut ist, wie man begründen kann, dass sie für alle ungeraden Zahlen funktioniert und so weiter. Das ist Wissenschaftlern zwar gelungen, aber nur mit viel Schweiß und Tränen. Außerdem sind es hier eher all die zusätzlichen Regeln, die einen zu dem Beweis führen, und nicht die Abbildung, wie in unserem Fall.

Darin liegt der Unterschied: Die formale Mathematik arbeitet einzig und allein mit Regeln, die akribisch befolgt werden müssen, während uns unsere informelle Mathematik auch erlaubt, aufgrund unseres Verständnisses der Situation zu schlussfolgern. David Hilbert, ein berühmter Mathematiker, sagte einmal, dass es in der formalen Mathematik keine Rolle spiele, ob «Punkt, Linie und Fläche» eigentlich Tische, Stühle und Biergläser sind. Solange die Tische, Stühle und Biergläser denselben Regeln folgen, ist das der formalen Mathematik einerlei. Hilbert zufolge ist das nicht mehr als ein Spiel, das man mit bedeutungslosen Zeichen auf Papier spielt.

Dieses Spiel unterliegt also der Einschränkung, dass ihm kein Verstehen und keine Bedeutung innewohnen. Und angesichts dessen, dass die künstliche Intelligenz genau dieses Spiel spielen und daher in formaler Mathematik ausformuliert werden muss, ist es höchst fraglich, ob Computer jemals verstehen werden, was sie tun. Der Philosoph John Searle fasste diese Begrenztheit der künstlichen Intelligenz in einem Gedankenexperiment mit der Bezeichnung «chinesisches Zimmer» schön zusammen.

In diesem Gedankenexperiment sitzen Sie in einem verschlossenen Raum, in dem die einzige Möglichkeit, mit der Außenwelt zu kommunizieren, in einem Postfach auf der rechten Seite besteht, in das von außen Zettel hineingelegt werden, und einem zweiten Postfach auf der linken Seite, in das man seine Antworten für die Empfänger draußen legen kann. Das Problem dabei ist, dass die eingehenden Nachrichten ausschließlich in chinesischen Schriftzeichen verfasst sind und die eigenen Antworten lediglich aus den Zeichen bestehen sollen, die neben den Symbolen dieser eingehenden Nachrichten in einer Art chinesisch-chinesischem Wörterbuch stehen. Jeder Versuch, in deutschen Sätzen zu antworten oder in anderer Weise von den Regeln abzuweichen, wird streng bestraft. Die Frage ist nun: Verstehen Sie in diesem Szenario, was Sie lesen oder schreiben? Machen Sie sich Gedanken über die eingehenden Nachrichten und schicken Sie dann eine wohldurchdachte Antwort zurück? Wohl kaum. Das Einzige, was Sie tun, ist letztendlich, die Zeichen zu kopieren, die im Buch neben den eintreffenden Nachrichten stehen.

Mit diesem chinesischen Zimmer ahmt man einen Computer nach. Auch dieser arbeitet mit Regeln zur Verwendung von Zeichen, von deren Bedeutung der Computer nichts versteht. Die Person in diesem Raum denkt nicht bewusst über den Inhalt der Nachrichten nach, und das tut ein Computer ebenfalls nicht. Die künstliche Intelligenz, die ausnahmslos von den strengen Regeln der formalen Mathematik abhängig ist, kann dieser Limitierung nicht entkommen. Searle denkt daher, dass Computer nicht verstehen können, womit sie sich beschäftigen. Ebenso wie Sie im chinesischen Zimmer kein Chinesisch verstehen. Computer werden daher nie so intelligent sein wie wir. Im vierten Kapitel werden wir sehen, dass längst nicht jeder Searles Auffassung zustimmt. Dort werde ich näher auf dieses Gedankenexperiment und die Argumente eingehen, die für und gegen die Auffassung sprechen, dass Computer ebenso schlau werden können wie wir. Wobei ich – wie es auch sonst bei schwierigen Fragen oft der Fall ist – (noch) keine definitive Antwort darauf geben kann.

Wie dem auch sei, der formale Charakter der Mathematik bestimmt die Art und Weise, wie sich künstliche Intelligenz entwickelt hat, und die Grenzen, an die sie noch immer stößt. Die frühen Ansätze zur künstlichen Intelligenz, denen wir uns im folgenden Kapitel zuwenden, gingen aus der Vorstellung hervor, dass sich Intelligenz ganz und gar in mathematische Regeln fassen lässt. Das ist nur in sehr begrenztem Maße gelungen; letztlich haben Wissenschaftler ihre Bemühungen, unser Verstehen in exakten Regeln zu fassen, ganz aufgegeben. Denken Sie selbst einmal kurz darüber nach: Können Sie *alle* Regeln aufzählen, die Sie befolgen müssen, um sich darüber im Klaren zu sein, dass dies ein Buch ist? Ohne in einem Wörterbuch nachzuschlagen, wie wir «Buch» definieren, ist das schwierig. Und wahrscheinlich würden Sie auch dann noch eine ganze Reihe von Regeln übersehen. Deshalb versucht die heutige künstliche Intelligenz, explizite (Wörterbuch-) Definitionen zu vermeiden und Computer stattdessen auf eine für uns intuitivere Art lernen zu lassen. Dadurch ist es gelungen, sehr viele Formen von Intelligenz – von der sprachlichen bis zur schöpferischen – doch noch in die formale Mathematik zu integrieren. Wie das gelungen ist, erfahren Sie in den folgenden Kapiteln.

2

DIE AUFWÄNDIGE SUCHE. DIE VERGANGENHEIT DER KÜNSTLICHEN INTELLIGENZ

1770 erblickte der berühmteste Schachautomat aller Zeiten das Licht der Welt. Wolfgang von Kempelen hatte der österreichischen Kaiserin Maria Theresia versprochen, ihr eine Erfindung vorzuführen, die all ihre üblichen Zerstreuungen übertrumpfen würde. Das Resultat war ein Automat, der als der «mechanische Türke» bekannt wurde. Diese Puppe konnte nicht nur Schach spielen, sondern war auch noch erstaunlich gut darin. 1809 verlor Napoleon gegen ihn, und selbst den besten damaligen Schachspielern gelang es nur unter Mühen, gegen den Automaten zu gewinnen.

Der mechanische Türke war in ganz Europa berühmt und berüchtigt. Viele glaubten nicht, dass er ohne einen menschlichen Mitspieler funktionierte, darunter die Schriftsteller Mark Twain und Edgar Allan Poe, die darüber Artikel verfassten. Natürlich hatten sie recht. Zwischen den Zahnrädern, die so gut wie keine Funktion hatten, befand sich versteckt ein Stuhl für einen menschlichen Spieler. Dieser konnte die Schachpartie dank verborgener Magnete an der Unterseite der Schachfiguren verfolgen und die Hand der Puppe mittels einer Reihe von Hebeln bewegen. Von Kempelens Genialität lag vor allem in der Technik, mit der er den Spieler den Blicken der Zuschauer entzog. Dabei kam ihm die menschliche Neigung zugute, hinter einem Automaten mehr zu vermuten, als

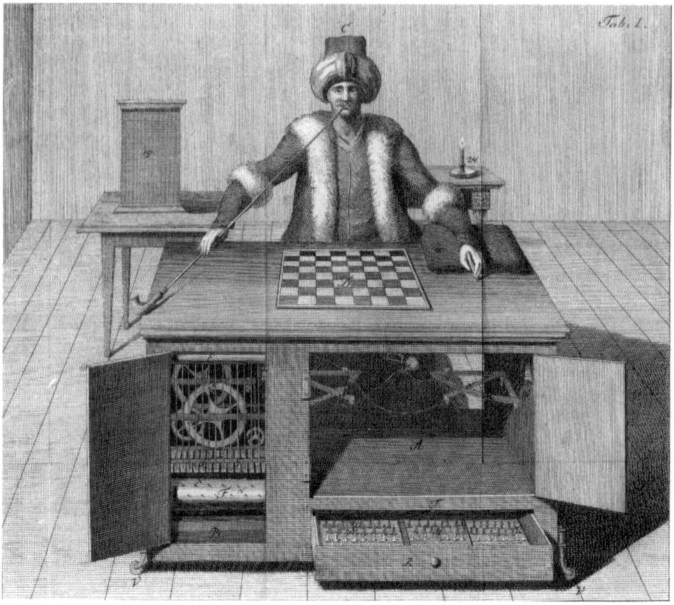

Der mechanische Türke.

dort tatsächlich zu finden ist – eine Neigung, der wir in diesem Buch noch häufiger begegnen werden.

Etwas Ähnliches ereignete sich, als Deep Blue 1997 als erster Computer den damaligen Schachweltmeister Garry Kasparow in einem offiziellen Turnier schlug. Darin sah man zu dieser Zeit einen großen Durchbruch. Einer unserer intellektuellen Titanen war von einer Maschine gestürzt worden, bald würden uns Computer in allen Bereichen überflügeln. Doch in Wirklichkeit war der Sieg von Deep Blue einer der letzten Höhepunkte des traditionellen Ansatzes innerhalb der künstlichen Intelligenz. Mittlerweile glaubt niemand mehr, dass wir auf diese Weise intelligente Programme schreiben können.

Denn Deep Blue war eigentlich gar nicht so schlau. Der Computer gewann, indem er einfach sehr viele mögliche Spielzüge durchsuchte und von den möglichen Zügen einen nach dem anderen anhand von Regeln evaluierte, die von versierten Schachspielern aufgestellt worden waren. Es gab etwa 8000 Regeln, die jeweils einen Aspekt oder eine Situation des Spiels behandelten. Diese Regeln funktionieren ungefähr so: Als Schachspieler überlegt man, was im Spiel wichtig ist. Zum Beispiel ist es vorteilhafter, mehr Figuren auf dem Brett zu haben. Diese Idee muss man in Mathematik umsetzen: Man gibt jeder Figur, die man noch hat, einen Punkt. So kann man verschiedene Stellungen bewehren: Eine höhere Punktzahl ist besser, weil sie bedeutet, dass man mehr Figuren hat.

Das Einzige, was man darüber hinaus noch benötigt, ist ein Suchverfahren, das den besten Zug herausfindet. Deep Blues Methode «Minimax» war schon relativ alt, sie war in den fünfziger Jahren erfunden worden. Die Idee dahinter war die, dass man selbst zwar eine möglichst hohe Punktzahl erreichen möchte, der Gegenspieler jedoch auch gewinnen will und daher seinerseits versucht, seinen Gegner in eine möglichst schlechte Stellung zu bringen. Man kann daher die Wahl der eigenen Züge nicht einfach am absolut besten Ergebnis für sich selbst ausrichten, denn die Gegenseite hat auch etwas dazu zu sagen. Stattdessen muss man während seiner Suche eine Art Rollenspiel spielen.

In der folgenden Abbildung sehen Sie, wie Deep Blue vorgehen würde. Der Kreis ganz oben steht für den aktuellen Zug: Der Computer kann wählen, ob er nach links oder rechts gehen will. Die beiden Kreise darunter, neben denen rechts «MIN» steht, repräsentieren den nächsten Zug des Gegners. Er kann ebenfalls nach links oder rechts ziehen. Schließlich sehen Sie in diesem Beispiel noch einen weiteren Zug, bei dem auf einmal drei Wahlmöglichkeiten bestehen.

Die Zahlen unter den Ergebnissen des dritten Zuges geben an, wie hoch Ihre Punktzahl nach den Formeln des Computercodes ausfällt. Auf dieser Grundlage lassen sich die Ergebnisse vergleichen, wobei man von unten nach oben rechnen muss. Man rechnet also vom Endergebnis zurück. Beginnen wir mit den drei Krei-

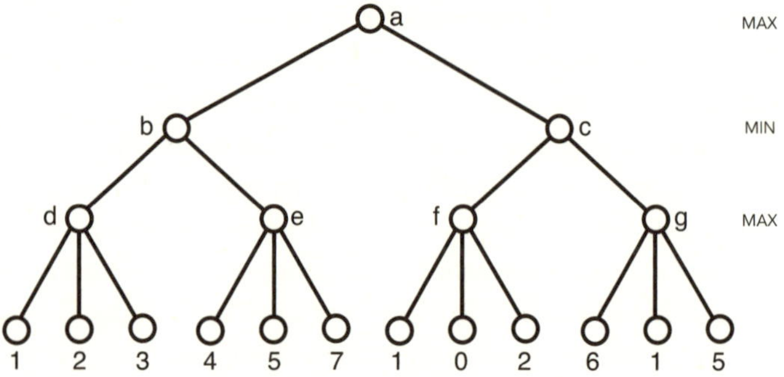

Die verschiedenen Ergebnisse, zu denen man von a aus gelangen kann. Minimax sucht den besten Zug, den man oben machen kann.

sen links unten, bei *d*. Sie sind am Zug, also können Sie das beste Ergebnis wählen, das 3 Punkte bringt. Lieber würden Sie den Zug bei *e* machen, denn dort steht die höchste Punktzahl 7! Leider bestimmt aber Ihr Gegner, ob Sie zu *d* oder *e* gelangen. Und der möchte, dass Sie am Ende bei 3 statt bei 7 landen. Dennoch ist es für Sie am Ende das Beste, von *a* nach *b* zu gehen. Schauen Sie es sich an: Bei Berücksichtigung der Reaktion Ihres Gegenspielers ist die maximale Punktzahl 3 bei *b* und 2 bei *c*.

Deep Blue war also sehr rigide: Er lernte nur dazu, wenn Menschen neue Regeln zur Berechnung der Punktzahl hinzufügten. Der Computer konnte auf diese Weise wohl ebenso gut vorausdenken wie ein guter Schachspieler. Im Durchschnitt dachte er 12 Züge weiter, mit Minimax oder einer etwas effizienteren Version des *Alpha-Beta-Pruning* aus den sechziger Jahren. Aber außerhalb der Welt des Brettspiels ist es meistens nicht so hilfreich, die Ergebnisse mit einem solch gewaltigen Aufwand zu durchsuchen. Doch damit hat nun einmal die künstliche Intelligenz begonnen. Mit dem Versuch, unser informelles Verständnis unmittelbar in formale Regeln zu gießen, ob es sich nun um Spiele oder Gespräche handelte.

Regel-mäßige Therapie

Auf mehr und mehr Webseiten finden sich Chatbots. Das scheint ein neuer Trend zu sein, der allererste Chatbot (ELIZA) stammt allerdings schon aus dem Jahr 1966. Er bestand, genau wie Deep Blue, aus einem umfassenden Regelwerk, das in diesem Fall jedoch dazu diente, auf vorangehende Sätze zu reagieren. Das Programm suchte also nicht nach dem besten Ergebnis, sondern nach einer Regel im Code, die möglichst genau an die Reaktion des Nutzers anschloss. Werfen wir einen Blick auf einen Ausschnitt aus einem realen Gespräch mit ELIZA.

Nutzer: Nun, mein Freund hat mich zu Ihnen geschickt.
ELIZA: Ihr Freund hat Sie zu mir geschickt?
Nutzer: Er sagt, ich sei oft depressiv.
ELIZA: Es tut mir leid zu hören, dass Sie depressiv sind.
Nutzer: Es ist wahr. Ich bin unglücklich.
ELIZA: Glauben Sie, hierherzukommen, wird Ihnen helfen, nicht unglücklich zu sein?

Worin besteht ELIZAS Strategie? Der Computer scannt zuerst jedes Wort des Nutzers, wie «mein Freund». Dann sucht ELIZA nach Regeln, die sich speziell auf diese Wörter beziehen. Wenn das nicht funktioniert, wendet das Programm eine allgemeinere Methode an: Ändere «mein» in «dein» oder «Ihr», setze ein Fragezeichen dahinter und, voilà, schon hat man eine therapeutische Frage. Denn das war das Setting, in dem diese Dame mit ELIZA sprach; der Computer wurde ihr als eine Art Psychologe vorgestellt, mit dem sie ihre Probleme besprechen könne.

Das war ganz bewusst so angelegt. Joseph Weizenbaum, der Mann, der hinter ELIZA stand, wusste nämlich ganz genau, dass das Vokabular des Programms extrem begrenzt war. Ihm war aufgefallen, dass Therapeuten mit «dummen» Fragen viel leichter durchkamen, weil der Patient davon ausging, dass sich dahinter etwas Tiefsinnigeres verbarg. Was bei ELIZA natürlich nicht der Fall war. Wenn das Programm sagte: «Erzähl mir mehr über Boote», dann tat es das deshalb, weil es keine Ahnung hatte, was ein Boot ist. Dennoch wurde damit die Illusion eines mitfühlenden Therapeuten erzeugt. Das können Sie am weiteren Verlauf des Gesprächs erkennen:

Nutzer: Ich brauche Hilfe, so viel scheint sicher zu sein.
ELIZA: Was würde es für Sie bedeuten, Hilfe zu bekommen?
Nutzer: Vielleicht könnte ich lernen, mit meiner Mutter zurechtzukommen.
ELIZA: Erzählen Sie mir mehr über Ihre Familie.
Nutzer: Meine Mutter kümmert sich um mich.
ELIZA: Wer kümmert sich in Ihrer Familie sonst noch um Sie?
Nutzer: Mein Vater.
ELIZA: Ihr Vater?
Nutzer: Sie sind meinem Vater in mancher Hinsicht ähnlich.
ELIZA: Welche Ähnlichkeit sehen Sie?
Nutzer: Sie sind nicht sehr aggressiv, aber ich denke, Sie wollen nicht, dass ich das bemerke.
ELIZA: Wie kommen Sie darauf, dass ich nicht sehr aggressiv bin?
Nutzer: Weil Sie nicht mit mir streiten.
ELIZA: Warum denken Sie, dass ich nicht mit Ihnen streite?
Nutzer: Sie fürchten sich vor mir.

Hier passiert eine ganze Menge. Zunächst einmal sehen Sie, dass Eliza einige Wörter, wie etwa «Mutter» in der dritten Zeile, einordnen kann. In Reaktion darauf verwendet der Computer das Wort «Familie». Es gab also eine spezielle Regel für diesen Wechsel im Sprachgebrauch (gar nicht so ungewöhnlich in einer Therapiesitzung). Ähnliches geschieht bei der Konstruktion «Sie gleichen meinem Vater» (9. Zeile): Der Computer antwortet darauf, indem er nach den Ähnlichkeiten fragt, statt den Satz einfach in Frageform zu wiederholen: «Ich gleiche Ihrem Vater?» Aber was noch wichtiger ist: Die Frau ist nach einem sehr kurzen Gespräch schon zu der Meinung gelangt, dass der Computer nicht nur menschlich ist, sondern auch Ähnlichkeiten mit ihrem Vater aufweist *und* Angst vor ihr hat. Wobei der eigentliche Grund dafür, dass der Computer sich nicht in Diskussionen mit ihr einlässt, natürlich darin besteht, dass das Gerät keine Ahnung hat, was da vor sich geht, und nur Fragen stellen kann. Dieses Phänomen, das wir dem Computer sehr schnell menschliche Eigenschaften zuschreiben, ist seither als ELIZA-Effekt bekannt.

ELIZA war unter anderem deshalb so erfolgreich, weil man in den sechziger Jahren noch keine Chatbots kannte. Irgendwann kam mal ein Besucher in ein Labor, sah, dass der Computer, auf dem ELIZA installiert war, lief, und ging einfach davon aus, dass es sich um einen Chat-Dienst mit der Rezeption handelte. Er glaubte, dass er mit einer lebendigen Person chattete. So wurde er in folgendes Gespräch hineingezogen:

Besucher: Glauben Sie, dass ich heute Morgen den Computer benutzen kann?
ELIZA: Warum fragen Sie?
Besucher: Ich könnte vielleicht ein paar zusätzliche Telcom-Verkäufe tätigen.
ELIZA: Warum sind Sie sich da nicht so sicher?
Besucher: Meine perspektivischen [sic] Kunden haben noch nie eine Demonstration des Systems gesehen.
ELIZA: Bedeutet Ihnen das sehr viel?
Besucher: Natürlich tut es das.
ELIZA: Sie scheinen das sehr positiv zu sehen.
Besucher: Das ist lächerlich.
ELIZA: Was meinen Sie damit, das ist lächerlich?
Besucher: Gibt es irgendeinen Grund, warum ich den Computer jetzt nicht benutzen kann?
ELIZA: Erzählen Sie mir mehr über Ihre perspektivischen [sic] Kunden.

Woraufhin der arme Mann wütend den Chef des Labors anrief. Der war gerade wach geworden und kam aus dem Lachen nicht mehr heraus, als er kapierte, was passiert war. Letzten Endes konnte er dem Besucher klarmachen, dass er mit einem Computer gesprochen hatte.

ELIZA kann einen nicht lange zum Narren halten. Versuchen Sie es selbst einmal über den QR-Code. Sie werden bald merken, dass ELIZA nichts von dem Gespräch in Erinnerung behält und nur sehr eingeschränkt auf die Informationen, die man ihr gibt, reagieren kann. Und trotzdem hatten ihre Gesprächspartner das Gefühl, dass Eliza in einem Gespräch komplexe Gefühle zeigte!

Die Höhepunkte und der Niedergang der expliziten Regeln

Wie ELIZA und Deep Blue zeigen, kann man mit expliziten Regeln einen Teilbereich der Intelligenz nachahmen. Außerdem offenbaren sie auch unsere menschliche Neigung, die Intelligenz eines Programmes zu überschätzen, wenn wir nur nach seinen äußeren Reaktionen urteilen. Aber es gibt noch einen weiteren Grund, sich diese frühen Versuche anzusehen. Die Erfolge und Unzulänglichkeiten illustrieren, dass künstliche Intelligenz schwer zu konstruieren ist. Denn wir sind gar nicht so gut darin, unser (informelles) Verständnis in (formale) Regeln zu übersetzen. Genau das müssen wir aber tun, um einen Computer schlau zu machen.

Deshalb funktioniert diese Form der künstlichen Intelligenz nur dann gut, wenn die Regeln schon vorab klar sind. Großbritannien arbeitet zum Beispiel aktuell daran, Teile der Rechtsprechung zu automatisieren. Angenommen, Sie erhalten einen Bußgeldbescheid, weil Sie ohne gültigen Fahrschein U-Bahn gefahren sind.

Im Prinzip müssten Sie dann vor Gericht erscheinen. Nun haben Sie aber auch die Möglichkeit, online zuzugeben, dass Sie schwarzgefahren sind, woraufhin der Computer anhand des Gesetzbuches berechnet, welches Bußgeld Sie zahlen müssen. Außerdem schließt er den Fall automatisch ab, nachdem Sie auf derselben Website die Geldstrafe beglichen haben. Ein einfaches System, weil die Regeln klar sind. Und solange das alles ist, was der Computer tut, scheint mir das eine praktische Anwendung künstlicher Intelligenz in der Rechtsprechung zu sein. Es besteht keine Möglichkeit der Diskriminierung oder einer anderen ungerechten Behandlung (innerhalb dieses Systems jedenfalls, die Polizei könnte bei der Verteilung von Bußgeldern dennoch diskriminierend verfahren). Darüber hinaus können die Betroffenen selbst entscheiden, ob sie das Ganze online regeln wollen oder doch lieber vor einem Richter erscheinen möchten, zum Beispiel wegen außergewöhnlicher Umstände, die der Computer dann wiederum nicht versteht.

Denn diese Regeln sind – wie ich bereits im Zusammenhang mit der formalen Mathematik erwähnt habe – starr. Oder wie Douglas Lenat, ein bedeutender Forscher auf dem Gebiet künstlicher Intelligenz, es einmal treffend formuliert hat: «Stellen Sie einem medizinischen Programm eine Frage über ein rostiges altes Auto und Sie werden sehen, dass es ohne mit der Wimper zu zucken Masern diagnostizieren kann.» Selbst wenn ein System in einem bestimmten Fall nicht anwendbar ist, wird der Computer es dennoch anwenden, weil er nichts Besseres zur Verfügung hat. «Was ist das für ein Unsinn?» gehört nicht zu seinen Antwortmöglichkeiten. Künstliche Intelligenz selbst kann so etwas nicht sagen. Wenn man Unsinn eingibt, kommt auch Unsinn heraus. Auch heute noch, obwohl hart daran gearbeitet wird, diesen Unsinn mit den neuesten Algorithmen einzudämmen.

Daher ist es bei dieser Form künstlicher Intelligenz sicherlich wichtig, sie nur für genau die Dinge einzusetzen, für die die Regeln gedacht sind. Denn dann kann man gute Ergebnisse erzielen, wie etwa mit MYCIN, einem System, das 1975 entwickelt wurde, um bei Patienten mit einer akuten (Hirnhaut-)Entzündung eine Diagnose zu stellen. Das Programm war so differenziert, dass die von MYCIN vorgeschlagenen Behandlungen ungefähr ebenso oft korrekt waren wie die von medizinischen Experten. Dazu waren alles in allem etwa 1000 medizinische Fakten und 450 Schlussregeln nötig. Diese wurden alle in den Code eingegeben. Das Programm kombinierte dann dieses Wissen (immer in formalen Regeln) mit den Informationen über einen Patienten, um zur richtigen Schlussfolgerung zu kommen. Zum Beispiel auf Basis von Regel Nummer 40:

Wenn
1) sich die Bakterien im Blut befinden, und
2) der Organismus vielleicht ein Pseudomonas-Bakterium ist, und
3) der Patient die Hauterkrankung Ecthyma gangraenosum hat,

Dann
ist der Organismus höchstwahrscheinlich ein Pseudomonas-Bakterium.

Indem sich das Programm auf immer mehr solcher Regeln stützte, erweiterte es das Wissen über den betreffenden Patienten, bis es schließlich zu einer Diagnose und einem Behandlungsplan gelangte. Das Schöne daran war auch, dass man diesen Regeln in zwei Richtungen folgen konnte. Hatten die Ärzte bereits im Vorhinein den Verdacht, dass es sich bei einer Infektion um eine Pseudomonasinfektion handelte, konnten sie MYCIN fragen, wie diese Schlussfolgerung zustande kam. MYCIN zeigte ihnen dann die Regel 40, die auf «Pseudomonas» schlussfolgerte. Den Ärzten wurden dann im «Wenn»-Teil drei Bedingungen für deren Auftreten angezeigt.

MYCIN wurde aus pragmatischen Gründen nie eingesetzt; um auf diese Weise eine Diagnose zu erhalten, braucht man eine halbe Stunde, was für die Arbeitsweise in einem Krankenhaus einfach zu lange ist. Aber wie Sie sehen, kann man allein mit Regeln schon ganz schön weit kommen. Sogar beim Daten. Der allererste automatische Dating-Dienst stammt nämlich bereits aus dem Jahr 1965. Operation Match, entwickelt in Harvard und ab 1967 sogar in den Niederlanden verfügbar, erarbeitete eine Liste von 75 Multiple-Choice-Fragen über den Nutzer und sein ideales Date. Hunderttausende von Studentinnen und Studenten schickten ihre Antworten ein, mit deren Hilfe ein Computer nach zwei Menschen zu suchen begann, die gut zueinander passten. Er tat dies einfach, indem er die Beschreibung der einen Person mit den Wünschen der anderen verglich und umgekehrt, bis er ein Paar fand, bei dem sich beiderlei Erwartungen entsprachen. Sie erhielten ihre Kontaktdaten und konnten sich verabreden.

Dazu bedurfte es einer Menge Sucharbeit und wenig Intelligenz, aber es funktionierte trotzdem viel besser als die Alternative: stundenlang unterwegs zu sein, um auf einer Party den (mühsamen) Versuch zu unternehmen, mit einem Mädchen ins Gespräch zu kommen. Heutzutage sind die Apps allerdings wesentlich nutzerfreundlicher, denn der damalige Fragebogen (scannen Sie den QR-Code, um ihn anzuschauen) fragte doch recht viele Details ab. Versuchen Sie vor allem, nicht zu sehr an die Privatsphäre der mindestens 700 000 Studenten zu denken, die Angaben über ihr Einkommen, ihre Noten, ihre Religion und ihre sexuellen Vorlieben einfach drei Studenten anvertrauten.

Nicht, dass Dating-Apps heutzutage viel ausgefeilter wären. Im Jahr 2016 arbeitete Tinder noch mit einem einzigen «Wert», der sich aus den Matches ergab. Mochte Sie jemand, den viele andere *likten*, der also auf Tinder populär war? Dann stieg Ihr eigener Wert. War ein begehrter Nutzer von Ihnen enttäuscht? Nun, dann wurde ihr Profil weniger erfolgreichen Nutzern gezeigt. Denn Tinder zeigte seinen Nutzern hauptsächlich Profile mit einer ähnlichen Punktzahl. So funktioniert das, laut Tinder, heute nicht mehr. Was die App *stattdessen* tut, ist allerdings reichlich mysteriös.

Aber 2017 zeigten die Macher von Tinder immerhin, womit sie sich damals befassten. Die Wahrscheinlichkeit, dass diese Mechanismen heute in der App Verwendung finden, ist groß. Eine Darstellung dieser neuen Technik finden Sie jedenfalls im vierten Kapitel.

Diese expliziten Regeln haben wir also in vielen Anwendungsfeldern hinter uns gelassen. Bahnbrechende künstliche Intelligenz arbeitet schon seit Jahrzehnten anders, und dort, wo immer noch explizite Regeln eingesetzt werden (in Systemen wie Ampeln und Geldautomaten), ist sie so elementar, dass es sich eigentlich verbietet, noch von Intelligenz zu sprechen. Das schmälert nicht die Leistungen, die wir hier sehen konnten. MYCIN hat gut funktioniert, weil man, untermauert von wissenschaftlicher Literatur, unglaublich viel Arbeit in die Regeln investiert hat. Man konnte seinerzeit auch auf Artikel mit eindeutigen Resultaten zu (Kombinationen von) Symptomen und Ursachen zurückgreifen. Die britische Rechtsprechung ließ sich dank eines eindeutigen Gesetzbuchs mit Regeln teilweise automatisieren. Und Operation Match gelang es, seine Nutzer erfolgreich zu verkuppeln, weil umfangreiche Fragebögen zur Verfügung standen, die nach einfachen Regeln verglichen werden konnten.

Wenn es keine solchen klaren Regeln gibt, kommen Wissenschaftler nicht sehr weit. ELIZA war nur teilweise ein Erfolg. Noch peinlicher war aber der Versuch einer Forschungsgruppe im Harvard der fünfziger Jahre. Sie behauptete, ihnen würden 100 formale Regeln genügen, um einen Wortschatz von 20 000 Wörtern mit einem Übersetzungsprogramm verarbeiten zu können. Wenn man ihre Forschung nur vier weitere Jahre finanzierte, wären sie in der Lage, einen Computer bereitzustellen, der ganze Bücher einwandfrei übersetzen könne. Doch als sie diesen nach jahrelanger Arbeit ausprobierten, so erzählt man sich, übersetzte das Programm einen russischen Bibelvers nicht etwa mit «der Geist ist willig, das Fleisch ist schwach», sondern mit «der Wodka ist angenehm, das Fleisch ist verdorben».

Wir wissen schlichtweg nicht genau, welche Regeln wir für eine gute Übersetzung befolgen müssen. Genauso wenig, wie es uns leichtfällt, die Grammatikregeln einer Sprache zu formulieren oder zu erklären, aus welchen Gründen wir wissen, dass ein Schwan im Kanal schwimmt. Weil wir diese Regeln nicht kennen, können wir sie auch nicht in den Code eines Computerprogramms einspeisen. Daher blieb die regelbasierte künstliche Intelligenz hinter den Erwartungen zurück. Angesichts dieser verfahrenen Situation dachten Wissenschaftler schon bald an eine weniger direkte Herangehensweise, bei der wir uns nicht *alle* Gründe und Regeln klarmachen müssen.

Versuch und Irrtum: Evolutionäre Algorithmen

In den neunziger Jahren versuchten Wissenschaftler, unter anderem durch «evolutionäre» Algorithmen, den Computer zu mehr Initiative zu befähigen. Die Idee dazu war eigentlich schon in den sechziger Jahren entwickelt worden: Man gibt ein Problem ein, und der Computer muss selbst eine Lösung dafür finden. Man lässt dem Programm freies Spiel, so dass es alle möglichen Lösungen durchprobiert. Das Evolutionäre darin ist, dass all diese möglichen Lösungen zwischenzeitlich bewertet werden und nur diejenigen übrig bleiben, die am besten funktionieren. *Survival of the fittest!* Die verbleibenden Lösungen bekommen zusammen «Kinder», die auch wieder daraufhin beurteilt werden, wie gut sie sind. Die Hoffnung liegt darin, dass es irgendwann Ur-Urenkel dieser ersten Computer-Lösungsversuche geben wird, die das vorliegende Problem viel besser lösen, als wir das je könnten. Weil Computer experimentell herausgefunden haben, was funktioniert und was nicht, mussten wir Menschen es uns nicht mühsam selbst ausdenken … worin wir sowieso nicht besonders gut sind.

Damit sind evolutionäre Algorithmen noch lange nicht «selbstlernend», auch wenn sie sich durch das Üben schon um einiges verbessern. Es sind nämlich keine Daten involviert, so dass es nichts außerhalb des Programms gibt, woraus der Computer etwas lernt. Man könnte das Ganze eher als eine umständliche Suchmethode ansehen: Der Computer sucht nach einer funktionierenden Lösung, tut das aber nicht systematisch, indem er alle Optionen durchspielt (weil es oft viel zu viele davon gibt), sondern mit Hilfe des semi-willkürlichen Prozesses einer natürlichen Selektion. Wobei sich der Computer innerhalb dieses Suchprozesses selbst sehr wenig ausdenkt. Alle Selektionsregeln, und damit auch das «Ziel» des Programms, wurden von Menschen bestimmt. Alles ist festgelegt: sowohl die Art, wie der Computer Lösungen kreieren darf, als auch die Art und Weise, in der diese Lösungen in der nächsten Generation variiert werden dürfen. Nur innerhalb dieser von Menschen erdachten Regeln hat der Computer die Freiheit, nach der besten Lösung zu suchen.

Aufgrund dieser Freiheit ist dieser Ansatz für künstliche Intelligenz viel effektiver als die vorangehenden Ansätze. Wir müssen nicht mehr selbst alles bedenken, das hilft enorm. Allerdings bekommen wir es nun mit einer Reihe von Nachteilen und menschlichen Denkfehlern zu tun, denen wir auch bei der aktuellsten Form der künstlichen Intelligenz noch oft begegnen werden. Sehen wir uns einmal ein Beispiel dafür an. Zu weiteren Erklärungen der genauen Funktionsweise und der Anwendung dieser Algorithmen kommen wir im Anschluss.

In den neunziger Jahren gab es einen evolutionären Algorithmus, der eine Puppe bauen sollte, die laufen konnte. Die Instruktion lautete: Wähle immer die Puppen aus, die in wenigen Sekunden die größte Strecke zurücklegen. Um den Versuch möglichst realistisch zu machen, mussten die Puppen mit (simulierter) Schwerkraft und Reibung fertigwerden. Davon abgesehen, hatte der Computer völlige Freiheit, Puppen zu entwerfen, solange sie ein zusammenhängendes Ganzes bildeten und aus verschiedenen

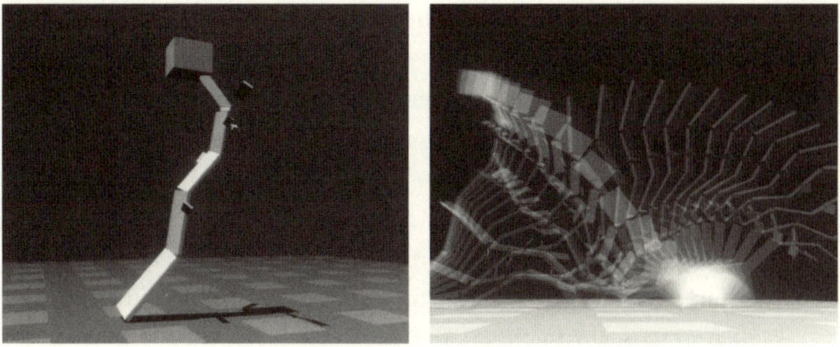

Nach Ansicht eines evolutionären Algorithmus die beste Art, sich fortzubewegen.

Rechtecken zusammengesetzt waren. Was passierte? Der Computer nahm die Anweisung wörtlich. Die erfolgreichste Puppe ist auf der obigen Abbildung zu sehen: Sie fällt um und schlägt einen Purzelbaum.

Der Computer entdeckte, dass eine Puppe, die aufgrund der Schwerkraft kopflastig ist, mit einer derartigen Geschwindigkeit umfällt, dass sie einen Purzelbaum schlägt. Sie können die Puppe zusammen mit zwei anderen absurden Kreationen desselben Algorithmus auf YouTube mit Hilfe des QR-Codes in Aktion sehen. Natürlich war das Purzelbaumschlagen nicht beabsichtigt, die Instruktionen waren mit der Vorstellung geschrieben worden, dass der Computer als Fortbewegungsform eine Art des *Laufens* finden sollte. Aber weil die mathematische Beschreibung des Problems nicht genau genug angab, was sie unter «laufen» verstand, entschied sich der Computer für eine viel zu wörtliche Auslegung der Fortbewegung. Der Suchprozess führte zu etwas, das wir als kreativ empfinden, weil wir nicht daran gedacht haben, dass die Regeln auf diese Weise interpretiert werden könnten. Der Algorithmus hat also absolut keine Regeln verletzt. Der Computer hat eher zu brav gedacht.

Man kann die unterschiedlichsten Probleme mathematisch formulieren. Daher kann man evolutionäre Algorithmen auch für alles und jedes nutzen. Zum Beispiel – und das ist tatsächlich erforscht worden – dazu, Flugzeuge sicher auf einem Flugzeugträger landen zu lassen. Wie kriegt man das hin? Man kann an einem anfliegenden Kampfjet oder Bomber ein Drahtseil befestigen, um ihn zusätzlich so stark abzubremsen, dass die kurze Landebahn ausreicht. Aber wie stark muss das Flugzeug pro Sekunde abgebremst werden? Und welche Verteilung ist dabei am besten? Sollte man zu Beginn sehr stark abbremsen und danach schwächer oder umgekehrt, oder sollte man einfach während der gesamten Landung die gleiche Bremsleistung beibehalten? Selbst nach der optimalen Lösung zu suchen, wäre ein riesiger Arbeitsaufwand gewesen, daher überließen die Wissenschaftler die Suche einem evolutionären Algorithmus. Dieser ging folgendermaßen zu Werk.

Anfangs erstellt der Computer nach dem Zufallsprinzip eine Liste von Möglichkeiten, ein Flugzeug abzubremsen. Und ich meine in der Tat eine zufällige Liste: Er zog eine Lösung aus dem Hut, etwa «nach fünf Sekunden scharf abbremsen», und anschließend die nächste. Bei diesem ersten Arbeitsschritt gibt es oft Lösungsvorschläge, die völlig unbrauchbar sind. Das Flugzeug wird beispielsweise so stark abgebremst, dass es ins Meer stürzt. Oder es wird kaum langsamer und schießt über das Deck des Flugzeugträgers hinaus. Wirklich zufällige Lösungsvorschläge, bei denen es einem Wunder gleichkäme, das virtuelle Flugzeug bliebe dabei unbeschädigt.

Dann setzt der Computer die Suche fort. Der Algorithmus wertet die breite Palette der Optionen (in diesem Fall 1000) nach den von den Wissenschaftlern erarbeiteten Regeln aus. Die Punktzahl ist zum Beispiel umso geringer, je weiter das Flugzeug vom Flugzeugträger entfernt landet. Und sie ist erst recht gering, wenn die auf das Flugzeug einwirkenden Kräfte so hoch sind, dass es in der Luft zerbricht. Nur die Vorschläge, die nach diesen einprogrammierten Kriterien die höchste Punktzahl erzielen, werden vom Computer gespeichert. Sie bilden die Grundlage für die nächste Runde.

Den Selektionsteil haben wir nun hinter uns, nun ist es Zeit für Variationen, in einer Evolution, die sich ausgehend von Vorgängerversionen auf der Suche nach einer besseren Lösung macht. Basierend auf einer Handvoll (der besten) Flugpläne aus der vorherigen Runde, werden 1000 neue Pläne erstellt. Hierbei werden an den ursprünglichen Vorschlägen – wiederum völlig zufällig – kleine Veränderungen vorgenommen. Der Programmierer kann sich zum Beispiel für eine Wahrscheinlichkeit von 5 Prozent entscheiden, dass bei einem dieser neuen Lösungsvorschläge das Flugzeug anfangs stärker abgebremst wird, als es der «beste» bisherige Flugplan vorsieht. Ob das ein guter Prozentsatz ist, wird man erst erfahren, wenn man den Computer suchen lässt. Man weiß es also nicht im Voraus, sondern wartet einfach ab, was der Computer herausfindet. Mit diesen Regeln entwirft der Algorithmus, ausgehend von den am wenigsten misslungenen Vorgängerversionen, ganz automatisch vielerlei neue Lösungsmöglichkeiten für das Problem.

Die 1000 neuen Versionen werden erneut nach den gleichen Kriterien getestet, und die besten Versionen bekommen wieder 1000 «Kinder». In der erwähnten Studie hat man diesen Prozess 200-mal hintereinander durchgeführt, und der Sieger wurde schließlich zu *der* Lösung gekürt. Diese endgültige Lösung kann sehr gut sein. Einmal führte der Suchprozess zu einem Flugplan, der bei 96 Prozent der 10 000 abschließenden Tests zu einer sicheren Landung führte. Ein anderes Mal lieferte der Suchprozess jedoch nur ein Programm, das anschließend 36 Prozent der Flugzeuge zum Absturz brachte. Da man bei der algorithmischen Suche nach einer Lösung auf Wahrscheinlichkeiten angewiesen ist, muss man immer abwarten, um zu sehen, wie gut das Programm tatsächlich ist. Wenn man nur oft genug testet, wird der Computer schließlich etwas finden, das funktioniert.

Aber nicht, bevor ein gewisser Fehler korrigiert wurde. In der ersten Version verliefen sofort fast 100 Prozent der Computertests erfolgreich. Der Computer hatte herausgefunden, dass dann, wenn man die Geschwindigkeit und die auf das Flugzeug einwirkenden G-Kräfte stark genug steigert, die angezeigte Zahl im Computer – ebenso wie der Kilometerzähler – «überdreht» und bei 0 stehen bleibt. Nach den Berechnungen des Computers kommt das Flugzeug in diesem Fall vollkommen zum Stillstand, ohne jemals G-Kräften ausgesetzt zu sein. Besser geht es nicht. Daher schlug der Algorithmus immer wieder vor, bei der Ladung knallhart Gas zu geben. Erst als die Programmierer den Kilometerzähler anpassten (sein Limit erhöhten), ergaben sich vernünftige Lösungen.

Hier kann man also wieder einmal sehen, dass Computer Instruktionen sehr wörtlich nehmen. Aus Sicht des Computers lautete die Anweisung nicht: Lass das Flugzeug möglichst sicher landen. Sie lautete: Halte diese Zahlen so gering wie möglich, egal wie. Wenn das durch den Crash des Flugzeugs erreicht werden kann, ist es auch gut. Es fehlt das informelle Verständnis für die Situation, und das merkt man, sobald man die Kontrolle ein wenig aus der Hand gibt. Dann wird man überrascht, aber meist nicht im positiven Sinne: Für das Problem, das wir im Kopf hatten, findet der Computer letztlich keine Lösung.

Ein weiteres schönes Beispiel für dieses Phänomen ist eine Folgeuntersuchung zur «laufenden Puppe». Hier ging es darum, einer Puppe das Springen beizubringen. Dabei zeigte sich sofort, wie schwierig es war, so etwas formal zu beschreiben. Was ist überhaupt Springen? Versuchen Sie einmal, diesen Vorgang exakt in Worte zu fassen. Schwierig, nicht wahr? Das fanden die Wissenschaftler auch. Zunächst hatten sie die Idee, die Puppen nach dem Kriterium der «Höhe, die sie vom Boden aus erreichten», zu selektieren. Je höher eine Puppe sprang, desto besser. Allerdings versuchte der Computer daraufhin einfach, sehr hohe Türme zu bauen, die sich nicht bewegten. Nicht nur zu Anfang. Nein, darin bestanden auch die Lösungen, die er am Ende des gesamten Suchprozesses präsentierte.

Okay, sagte man sich, die vom Boden aus gemessene Höhe reicht als Kriterium nicht aus. Beim Springen geht es vielmehr um den Abstand zwischen den eigenen Füßen (oder dem untersten Punkt der Puppe) und dem Boden. Im zweiten Versuch basierte die Auswahl dementsprechend auf «dem Abstand zwischen dem Boden und dem untersten Teil der Puppe». Nun war doch alles geklärt, oder? Nein. Das Resultat war eine Art riesiger Fahnenmast, an dessen Spitze eine menschenartige Figur baumelte. Diese «sprang», indem sie sich mit etwas Schwung abstieß und vornüberfallen ließ, wie Sie es in den folgenden Abbildungen sehen können. In dem Moment, in dem die Stange während des Saltos waagerecht steht, hängt sie sehr hoch über dem Boden. Viel höher, als ein Mensch springen könnte (schauen Sie sich mit Hilfe des QR-Codes ein Video dazu an). Auch hier hat der Computer also *exakt* ausgearbeitet, was ihm aufgetragen wurde, und zwar sehr gut. Doch seine Lösung war nicht das, was den Wissenschaftlern vorschwebte.

Letztendlich rührt das daher, dass evolutionäre Algorithmen nie besser sein können, als es unsere formalen Beschreibungen des Problems zulassen. Wenn wir klar und unmissverständlich ausdrücken können, was wir vom Computer erwarten, läuft es gut, und seine kreativen Lösungen sind mehr als willkommen. Für den Aktienhandel gibt es ebenso klare Regeln und Erfolgskriterien wie für die Gestaltung von Kühlsystemen und Lieferketten. All dies lässt sich mit Hilfe evolutionärer Algorithmen hervorragend verbessern.

Bei schwierigeren Problemen greift dieser Suchprozess jedoch zu kurz. Man kann mit einem evolutionären Algorithmus nur dann eine gute Lösung finden, wenn man weiß, wie seine zwischenzeitlichen Vorschläge auszuwerten sind. Wie macht man das zum Beispiel bei der Gesichtserkennung? Welchen Maßstab legt man an, um festzustellen, ob ein Gesicht zu 10 Prozent richtig erkannt worden ist? Und was bedeutet dann «zu 20 Prozent richtig erkannt»? Das gleiche Problem stellt sich beim Verfassen von Zei-

Stabhochspringen, einmal anders.

tungsartikeln. Wie bestimmt man das Maß an Unsinn, den der Computer eine Zeit lang produziert? Zu diesen Gewichtungen müssten wir allerdings in der Lage sein, wenn die evolutionäre Suche erfolgreich sein soll. Da uns dies jedoch nicht gelingt, haben wir die evolutionären Algorithmen aufgegeben. Sie lernten zwar, aber nur aus ihren eigenen Versuchen; es waren noch keine Daten involviert.

Warum widme ich diesen veralteten Techniken dann überhaupt so viel Aufmerksamkeit? Nicht nur, um zu zeigen, womit wir begonnen haben, sondern auch, um Ihnen eine Vorstellung davon zu vermitteln, wie schwierig es ist, künstliche Intelligenz zu entwickeln. Wir haben bereits eine Reihe fundamentaler Denkfehler in unserem Umgang mit Computern gefunden. Wie etwa den ELIZA-Effekt, bei dem wir Computer wie Menschen behandeln, obwohl es dafür keinen triftigen Grund gibt. Und unsere Schwierigkeit, Instruktionen ebenso wörtlich aufzufassen wie ein Computer, was zur Folge hat, dass uns die Lösungsvorschläge eines evolutionären Algorithmus oft verblüffen. Künstliche Intelligenz ist ein schwieriges Unterfangen, vor allem, wenn wir uns selbst die Regeln für sie ausdenken und so etwas wie «Springen» exakt definieren müssen.

Heutzutage verwenden wir hauptsächlich selbstlernende Algorithmen. Mit ihnen kann man dem Computer einfach zehntausend Filme von springenden Puppen vorführen, und er lernt selbst, sie nachzuahmen. Diese neuen Algorithmen imitieren unser Verhalten, statt ständig neue Vorschläge zu machen, die anhand starrer Regeln evaluiert werden. Mit dieser großen Datenmenge, von der der Computer lernt, gelingt die Gesichtserkennung dann plötzlich *doch,* und man kann den Computer nun auch eigene Texte schreiben oder Fotos erstellen lassen. Wie das möglich ist? Dazu kommen wir gleich. Das Grundwissen und die Geschichte haben wir jetzt hinter uns, nun auf zur künstlichen Intelligenz, wie sie uns heute auf Schritt und Tritt begegnet.

3

NEURONALE NETZE IN BILDERN

Im Jahr 2016 fuhr ein Tesla mit 119 Stundenkilometern auf eine Kreuzung zu. Zur gleichen Zeit fuhr aus einer Seitenstraße ein Lkw mit einem weißen Sattelauflieger über die Kreuzung. Das grelle Himmelslicht, kombiniert mit dem weißen Glanz des Lastwagens, wurde von dem in diesem Moment selbstfahrenden Auto nicht richtig gedeutet. Vielleicht hielt der Computer das Weiß für eine Wolke. Möglicherweise dachte er, der hohe Anhänger sei ein über der Straße hängendes Verkehrsschild, vor dem man nicht anhalten muss. Tatsache ist, dass dieser Tesla mit voller Geschwindigkeit in den Lastwagen krachte und der Fahrer (der trotz vorheriger Warnungen nicht aufpasste) dabei ums Leben kam.

Teslas funktionieren inzwischen besser; nach Auskunft der US-amerikanischen Regierung war dieser Unfall hauptsächlich auf menschliches Versagen zurückzuführen. Aber die Technik, die für selbstfahrende Wagen die Straßen im Auge behält, ist noch längst nicht perfekt. Neuronale Netze, die Form von künstlicher Intelligenz, die all dies ermöglicht hat, können vor allem sehr gut mit «normalen» Situationen umgehen. Weicht ein Bild jedoch zu sehr von dem ab, was der Computer bisher gesehen hat, ereignen sich merkwürdige Dinge. Schauen Sie sich auf der nächsten Seite nur mal an, wie einer der besten Algorithmen aus dem Jahr 2018 «abweichende» Verkehrsdarstellungen interpretierte.

In der linken Spalte sieht man bekannte Bilder: einen Schulbus, einen Roller und ein Feuerwehrauto, wie man ihnen norma-

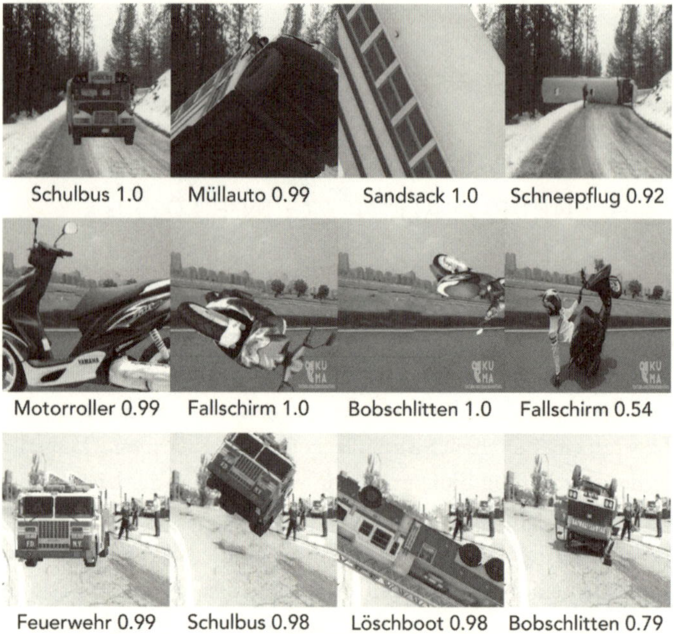

Computer können einfache Objekte kaum wiedererkennen, wenn man sie ein wenig dreht.

lerweise (in den USA) auf der Straße begegnet. Und das erkennt der Algorithmus auch sehr gut. Unter jedem Bild findet sich die Entscheidung des Algorithmus dazu, was auf dem Bild zu sehen ist, samt der Prozentzahl, die angibt, wie sicher sich der Computer seiner Entscheidung ist (100 Prozent beim Schulbus, 99 Prozent beim Roller und dem Feuerwehrauto). Aber wenn man die Bilder ein bisschen dreht, scheitert er völlig. Ein umgekippter Roller ist mit 100-prozentiger Sicherheit ein Fallschirm, und ein auf dem Kopf liegendes Feuerwehrauto ist plötzlich ein Löschboot. Und das liegt nicht daran, dass diese Bilder von den Wissenschaftlern klug ausgewählt worden wären: Bei schockierenden 97 Prozent aller möglichen Drehungen der Objekte lag der Computer falsch!

Sollten wir uns jetzt über selbstfahrende Autos gleich Sorgen machen? Nein. Erstens werden diese so gut wie nie auf ein umgekipptes Feuerwehrauto treffen (das hoffe ich zumindest). Zweitens geht es für diese Computer vor allem darum zu kapieren, *dass* sich etwas auf der Straße befindet, und nicht so sehr darum, *was* das genau ist. Einem Boot sollte man ebenso ausweichen wie einem Auto. Und glücklicherweise überfällt den Computer, der nicht versteht, was ein Boot ist, kein Anflug spontaner Verwirrtheit – «Huch, was macht denn ein Boot auf der Autobahn?» –, wodurch er für einen Augenblick nicht mehr auf die Straße achten würde. Er hält einfach an, wie der selbstfahrende Kleinbus in Den Haag, der ein ums andere Mal wegen eines Büschels Unkraut am Straßenrand stoppte. Das ist nicht praktisch, aber da Tests mit selbstfahrenden Fahrzeugen noch immer unter Aufsicht durchgeführt werden, ist das kaum gefährlich. Aber von *tatsächlich* selbstfahrenden Autos sind wir noch weit entfernt, weil Algorithmen eine ganze Palette von Fehlern machen.

Ähnlich erging es auch der Gesichtserkennung von Amazon, die 28 Mitglieder des US-Kongresses für verurteilte Kriminelle hielt. 2016 konnte man Algorithmen dieses Typs noch irreführen, indem man Brillen mit farbigen Gestellen aufsetzte. Im Farbteil (Abbildung 1) sehen Sie ein Foto von Reese Witherspoon (links). Ein Computer erkennt sie auch, bis man ihr eine Brille mit einem verrückten Rahmen aufsetzt (Mitte). Nun ist sich der Computer recht sicher, dass es sich bei der Person auf dem Foto nicht um eine Frau, sondern um den Schauspieler Russell Crowe handelt (rechts).

Man schafft es sogar ohne Photoshop, in den Augen des Computers das Geschlecht zu wechseln. Der einfachste Weg, um sich das Aussehen eines Supermodels zuzulegen? Setzen Sie sich eine rot-gelb-grüne Brille auf, wie es einer der Wissenschaftler getan hat (Abbildung 2). Nach Ansicht des Computers sieht er daraufhin plötzlich genauso aus wie die Schauspielerin Milla Jovovich, die Sie auf Abbildung 3 sehen.

Es geht, mit anderen Worten, noch eine ganze Menge schief. Die Technik ist nicht annähernd so fehlerfrei, wie man aufgrund der Nachrichtenlage womöglich vermutet. Was gravierende Folgen haben könnte, gerade weil Anwendungen wie die Gesichtserkennung in immer mehr Bereichen eingesetzt werden. Daher sollten wir uns schnell mit den neuronalen Netzen innerhalb der künstlichen Intelligenz vertraut machen, die in den 1950er Jahren erdacht wurden, aber erst seit 2000 Anwendung finden. Heute sind sie überall präsent: in unserem Smartphone, im Büro und im Krankenhaus. Wie funktionieren sie? Und warum liegen sie noch so oft falsch?

Mit künstlichen Neuronen Handschriften entziffern

Um nicht gleich ins kalte Wasser springen zu müssen, können wir uns zunächst etwas Einfacheres ansehen, mit dem neuronale Netze mittlerweile besser zurechtkommen als Menschen: das Erkennen von handgeschriebenen Zahlen. Wie geht ein neuronales Netz dabei vor? Zunächst einmal sichtet es eine schier endlose Menge von Daten: Wir füttern den Computer mit Millionen von Ziffern, die alle in verschiedenen Handschriften geschrieben sind, und der Information, welche Zahl Menschen jeweils auf einer Abbildung sehen. Diese Algorithmen «lernen» also tatsächlich: Der Computer erstellt anhand der Daten seine eigenen Regeln, und er identifiziert Muster in den Beispielen, die wir ihm vorsetzen. Daher haben wir es hier tatsächlich mit selbstlernenden Algorithmen zu tun, ganz anders als bei den evolutionären Algorithmen im vorangegangenen Kapitel.

Bevor wir uns diesen Lernprozess genauer anschauen, ist es sinnvoll, sich zu vergegenwärtigen, *was* sie eigentlich lernen. Wie erkennt ein solches neuronales Netz eine geschriebene Zahl? Mit

Beispiele, an denen das neuronale Netz handgeschriebene Zahlen erkennen lernt.

anderen Worten, wie erkennt es, dass auf der obigen Abbildung in der linken oberen Ecke eine «0» steht?

Dazu gibt es *einen* Schlüsselbegriff: Mustererkennung. Neuronale Netze können viele Arten von Mustern ausfindig machen. Selbst wenn Sie sich nur das aus all den nachfolgenden Erläuterungen merken, haben Sie das Wesentlichste schon erfasst. Die Details spielen keine so große Rolle, obwohl sie hoffentlich ein konkreteres Bild davon vermitteln, *wie* ein Computer Muster erkennt.

Bei handgeschriebenen Zahlen sind dies Muster in den Scans, die wir in den Computer eingeben. In der folgenden Abbildung sehen Sie vier dieser Muster, die der Computer herausfiltert. Die schwarzen Flecken sind Teile handgeschriebener Zahlen. Legt man gedanklich alle vier Bilder übereinander, kann man sehen, dass sie eine Zahl bilden. Welche Zahl wäre das wohl, wenn der Algorithmus genau diese vier Muster erkennt?

Wenn alles gut läuft, ergibt sich daraus eine 0. Nur bei der Zahl

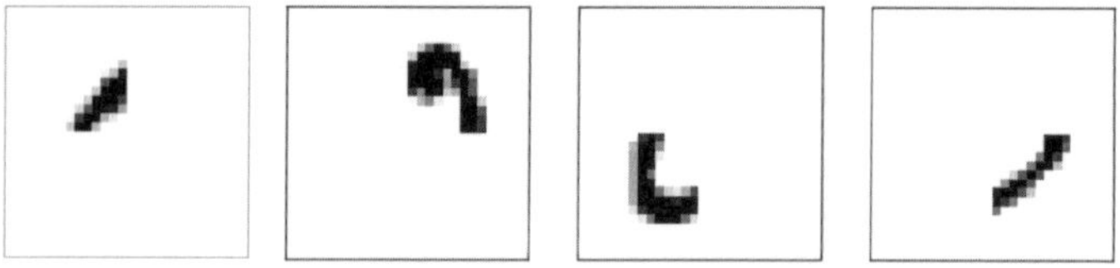

Vier verschiedene Muster, für die ein neuronales Netz (gleichzeitig) empfänglich sein kann.

Null hat man die Rundungen unten links und oben rechts, verbunden durch zwei schräge Linien. Sähe man hingegen das Muster ganz links und ein Muster mit einer senkrechten Linie durch die Mitte, ergäbe sich offensichtlich eine 1. Es gibt daher gute Gründe, kleinere Muster zu verwenden: Sie sind flexibler *und* mit ihnen erkennt man mehr Arten von Handschriften als bei der unmittelbaren Suche nach einer 0. Denn jede 0 muss Rundungen haben, aber nicht jede 0 wird genau die gleiche Form haben. Überdies ist es für einen Computer einfacher, Rundungen zu erkennen als eine vollständige 0.

So weit, so gut, aber wie erkennt nun ein Algorithmus ein solches Muster? Er tut dies mit einem künstlichen Neuron, das den Neuronen in unserem Gehirn ähnelt (siehe erstes Kapitel). Computerneuronen haben auch eine Eingabe, einen Mittelteil, der rechnet, und eine Ausgabe. Sie geben, je nachdem, wie viele Signale eintreffen, ein Signal ab (= geben eine Zahl weiter). Auf diese Weise können sie Muster erkennen.

Ja, aber wie funktioniert das nun genauer? Schauen Sie sich das linke Muster der obigen Abbildung an, das schräge linke Teilstück der 0. Es setzt sich aus einzelnen Pixeln zusammen, aus den kleinen schwarzen und grauen Quadraten, die hier zu sehen sind. Jedes einzelne Pixel des Scans einer geschriebenen Zahl (in diesem Beispiel 784 Pixel) ist für das Neuron eine Eingabe. Dort gehen also 784 Zahlen ein, von denen jede angibt, ob «ihr» Pixel komplett weiß (0) ist, komplett schwarz (1) ist oder irgendwo im Graube-

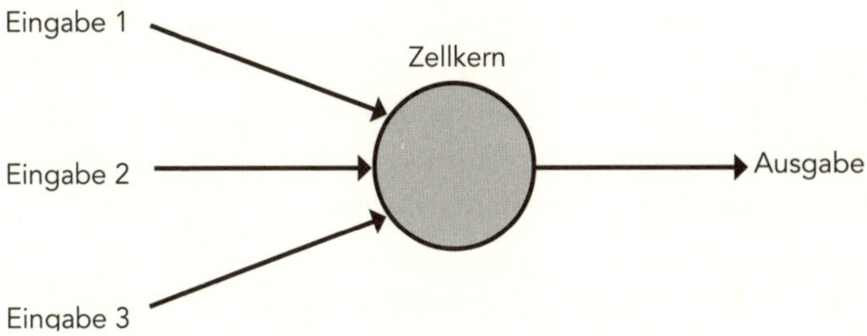

Ein künstliches Neuron mit Eingabe (linke Pfeile), Rechenteil (Kreis) und Ausgabe (rechter Pfeil).

reich liegt. Ein Neuron prüft dann, ob diese Zahlen zu seinem Muster passen. Wie tut es das? Angenommen, das Neuron soll auf das Muster der schrägen Linie achten (auf die linke der vier Abbildungen). Dann schneidet es diese schräge Linie sozusagen aus einem Blatt Papier heraus. Dieses Papier schiebt es dann mit der Aussparung in Form der ausgeschnittenen schrägen Linie über das Bild, das es zu sehen bekommt. Sieht es nur Schwarz durch den Ausschnitt? Dann gibt es eine schräge Linie auf dem Bild. Bleibt der Ausschnitt weiß? Dann ist sein Muster diesmal nicht dabei.

So weit die Vorstellung. In der Praxis arbeitet das Neuron mit Multiplikationen und Additionen. Alle Teile, die der Computer nicht ausschneidet, wie z. B. die Pixel am äußersten linken Rand des Bildes, multipliziert das Neuron mit 0. Egal welche Zahlen von diesen Pixeln angeliefert werden, sie spielen für dieses Neuron keine Rolle. Nur die schwarzen Teile bleiben erhalten; der Computer kann sozusagen nur durch «das ausgeschnittene Loch im Papier» schauen. Das Neuron addiert alles, was übrig bleibt (die grauen Teile werden mit etwas zwischen 0 und 1 multipliziert, etwa 1/2). Kommt dabei eine sehr niedrige Zahl heraus? Dann hat man Pech gehabt; der Computer sieht durch den Ausschnitt hauptsächlich weiß, und auch das Neuron wird eine niedrige Zahl ausgeben. Bei einer hohen Zahl liegt hingegen ein Treffer vor: Muster gefunden!

Ein Neuron erkennt also *ein* Muster, indem es alle unwichtigen Pixel herausfiltert. Um mit den vier Mustern, die wir vorhin gesehen haben, eine 0 zu erkennen, braucht man entsprechend vier Neuronen nebeneinander. Um noch mehr Zahlen zu erkennen, braucht man noch mehr Neuronen. Doch bei dem einfachen Beispiel mit kleinen Scans von handgeschriebenen Zahlen kommt man mit 15 Neuronen (= 15 Muster) schon verhältnismäßig weit. Das neuronale Netz sieht dann folgendermaßen aus:

Nicht besonders übersichtlich, wenn man kurz einen Blick darauf wirft. Was genau sehen wir hier? In der mittleren Spalte befinden sich die 15 Neuronen, von denen ich gerade gesprochen habe: die 15 Muster, die vom Algorithmus erkannt werden. Jeder dieser Kreise achtet also auf ein anderes Muster, so dass das Netz nicht bloß Nullen aufspürt, sondern alle verschiedenen Zahlen

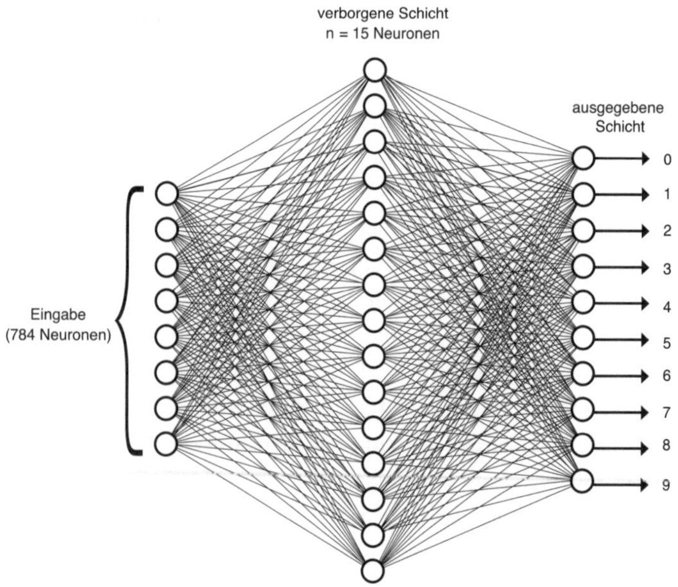

Ein neuronales Netz zum Erkennen handgeschriebener Zahlen.

erfasst. Auf der linken Seite sehen Sie eine Spalte mit Kreisen, die durch Pfeile mit den 15 Mustern verbunden sind. Diese Kreise stehen für die 784 Zahlen (ein Kreis steht für jedes Pixel), die in das neuronale Netz eingegeben werden. In der linken Spalte wird nichts berechnet, das ist eine reine Eingabe. Die Neuronen auf der rechten Seite tun allerdings etwas, sie fügen alle 15 Muster zusammen, um herauszufinden, zu welcher Zahl sie sich addieren. So wie Sie selbst vorhin die 4 Muster zu einer 0 «addiert» haben, so tun das nun die Neuronen in der rechten Spalte.

Mit einem kleinen Unterschied: In der rechten Spalte sehen Sie zehn Neuronen, jedes von ihnen ist mit einer anderen Zahl verbunden. Das Neuron oben rechts achtet speziell darauf, ob sich die Muster zu einer 0 addieren. Dieses Neuron ignoriert daher alle Muster, die dabei keine Rolle spielen – es multipliziert diese unbedeutenden Ergebnisse aus der mittleren Spalte mit 0 –, und addiert nur die Ergebnisse der relevanten Muster. Führt diese Berechnung zu einer hohen Zahl? Ja, dann haben wir auf dem Scan eine 0 gefunden! Andernfalls kommen die anderen neun Neuronen in der rechten Spalte ins Spiel; sie tun das Gleiche, aber jeweils für die 1, die 2 und so weiter. Schließlich lässt das Netz pro Zahl wissen, wie hoch (nach diesem Algorithmus) die Wahrscheinlichkeit ist, dass sie sich auf dem eingegebenen Scan befindet.

Sie müssen sich all diese Details durchaus nicht merken. Wenn Sie verstehen, dass neuronale Netze Muster erkennen und Entscheidungen treffen, indem sie Muster kombinieren, wissen Sie mehr als genug. So funktioniert es nämlich immer. Wobei zu beachten ist, dass die Netze schnell komplex werden können. Dieses neuronale Netz hatte nur zwei Schichten: eine mittlere Spalte, in der Muster erkannt werden, und eine Spalte auf der rechten Seite, in der diese Muster zu einer Prognose kombiniert werden. Aber die meisten modernen Netze haben viel mehr Schichten, also viel mehr Kolonnen mit Neuronen zwischen Eingabe und Ausgabe. Dann kommt es zu einer Mustererkennung, die auf zuvor schon erkannten Mustern aufbaut. Das wird schnell zu komplex, um den

Berechnungen im Detail folgen zu können. Zum Glück ist das auch nicht notwendig, denn selbst ohne diese Details kann man in groben Zügen verstehen, was sich in einem neuronalen Netz abspielt. Das ist wichtig, denn große neuronale Netze sind heute nicht mehr wegzudenken. Dazu funktionieren sie zu gut. Handschriften erkennen sie zum Beispiel heute schon besser als wir. Und ärztliche Rezepte? Die sind für einen Computer ein Kinderspiel, ganz gleich, wie unleserlich sie auch sein mögen.

Kleine Schritte in die Tiefe: Wie ein neuronales Netz lernt

Wie lernt der Algorithmus, die Handschrift des Arztes zu entziffern? Wie stellt man sicher, dass die Neuronen der mittleren Spalte auf die richtigen Pixel reagieren und die Neuronen der rechten Spalte die kleineren Muster richtig zusammenpuzzeln? Hier geht es um den lernenden Teil dieser künstlichen Intelligenz, und auch um den Teil, für den man diese große Menge an Daten braucht. Denn neuronale Netze beginnen auf die gleiche Weise wie die evolutionären Algorithmen im zweiten Kapitel: ohne Vorkenntnisse und (fast) völlig willkürlich. Und dabei arbeiten sie um vieles schlechter als Menschen. Das neuronale Netz tut einfach irgendetwas, ebenso wie es evolutionäre Algorithmen ganz am Anfang tun.

Das bedeutet, dass ein neuronales Netz zu Anfang furchtbar viele Fehler produziert. Glücklicherweise verbessert es sich mit der Zeit. Nicht wie die evolutionären Netze, indem es seine Vorschläge anhand der Kriterien testet, die Menschen sich ausgedacht haben, sondern indem es sich Beispiele anschaut. Die Idee ist folgende: Dem Algorithmus wird ein Scan vorgelegt, und er muss entscheiden, welche handgeschriebene Zahl darauf zu sehen ist. Die Antwort des neuronalen Netzes wird (von einem zweiten Programm auf dem Computer) mit der richtigen, von Menschen eingegebenen Antwort verglichen. Der Computer nutzt diese zusätzlichen Informationen, um die Berechnungen im neuronalen Netz so anzupassen, dass sie beim nächsten Mal (noch) näher am richtigen Ergebnis liegen. Aber Vorsicht: Diese Anpassungen und die entsprechenden Verbesserungen sind bei jedem einzelnen Beispiel relativ gering. Ein Computer lernt nicht von *einer* 4, wie die Zahl 4 aussieht. Es sind Tausende davon nötig, bis er in allen folgenden Verbesserungsrunden hilfreiche Muster erfasst hat.

Es reicht völlig aus, wenn Sie sich Folgendes merken: Ein neuronales Netz verbessert man, indem man durch Übungsprozesse immer wieder kleine Änderungen in den Berechnungen vornimmt. Dadurch folgt das Netz nach jeder Beispielrunde leicht veränderten Mustern, die, wenn es gut läuft, immer hilfreicher werden. Mehr passiert nicht.

Im speziellen Fall dieser handgeschriebenen Zahlen funktioniert das folgendermaßen: Man beginnt mit einem neuronalen Netz, das nicht die geringste Ahnung davon hat, was es tut. Bei einem Bild mit einer 4 kann das neuronale Netz rundheraus mit 89-prozentiger Sicherheit behaupten, dass darauf eine 3 zu sehen ist, und die Wahrscheinlichkeit, dass es eine 4 zeigt, beispielsweise nur 2 Prozent beträgt. Denn die Muster in der mittleren Spalte und der Bündelungsschritt in der rechten Spalte sind zunächst noch vom Zufall bestimmt. Glücklicherweise weiß der Computer als Gesamtsystem dank unserer Eingabe, dass auf diesem Bild eine 4 zu sehen ist. Damit beginnt das Lernen.

Das richtige Ergebnis ist bekannt. Und wir wissen, wie weit das neuronale Netz danebenliegt. Mit folgendem Resultat: Der Computer kann ausrechnen, was anders gewesen sein müsste, damit er der richtigen Antwort nähergekommen wäre. Jede einzelne Berechnung im neuronalen Netz wird vom Computer überprüft. Jedes einzelne Muster wird betrachtet: Hätte es besser funktioniert, wenn dieses Neuron einen Pixel mehr beachtet hätte? Wenn ein Pixel in der Mitte etwas weniger ins Gewicht gefallen wäre? Auf diese Weise werden alle 15 Muster in meinem Beispiel durchgespielt. Und genau dasselbe geschieht in der rechten Spalte: Hätten diese Neuronen bessere Antworten geliefert, wenn sie das Muster Nummer 3 etwas weniger bedeutsam gefunden hätten? Oder wenn Muster Nummer 7 wichtiger genommen worden wäre? Wäre die Wahrscheinlichkeit einer 4 dann auf 3 Prozent gesprungen? Und wäre die Wahrscheinlichkeit einer 3 dann auf 88,5 Prozent zurückgefallen?

All diese Fragen werden mit mathematischen Berechnungen beantwortet, mit sogenannten Differentialgleichungen. Erinnern Sie sich noch aus Ihrer Schulzeit daran? Letztendlich entscheidet sich der Computer für die Änderungen, die die größte Verbesserung bewirken. Für absolut jedes Teil des neuronalen Netzes werden vom Computer die wirkungsvollsten kleinen Änderungen ausgewählt. Und diese Prozesse führt das Trainingsprogramm alle gleichzeitig durch. Um sich anschließend das nächste Beispiel vorzunehmen und genau dasselbe noch einmal zu tun. So lange, bis das Netz schließlich nicht mehr besser wird.

Für die besonders Wissbegierigen: Diese mathematische Methode heißt *gradient descent:* Gradientenabstieg. Dieser Name weist sofort auf eine gute Metapher hin, um den letzten Aspekt des Lernprozesses nachvollziehen zu können. Das neuronale Netz unternimmt beim Üben eine Art Abstieg. Von einem Punkt, an dem viele Fehler gemacht werden, zu einem Punkt, an dem das neuronale Netz möglichst wenige Fehler macht. Allerdings ist dieser letzte Punkt kein einzigartiger Ort. Algorithmen sind eigentlich nie fehlerfrei, und das strebt man auch nicht an, denn Fehlerfreiheit bedeutet in der Regel, dass sie die Beispiele bis ins letzte Detail auswendig gelernt haben und deshalb bei neuen Bildern furchtbar schlecht funktionieren. Für einen Algorithmus gibt es also nicht nur ein Tal, in das er absteigt, sondern eine Vielzahl unterschiedliche Täler, in denen er wenige Fehler macht, auch wenn er in jedem Tal anders funktioniert. Denn dasselbe Problem lässt sich auf viele verschiedene Arten lösen. Wir wissen nur nicht im Voraus, welche die absolut beste Lösung ist; daher müssen wir einfach hoffen, dass

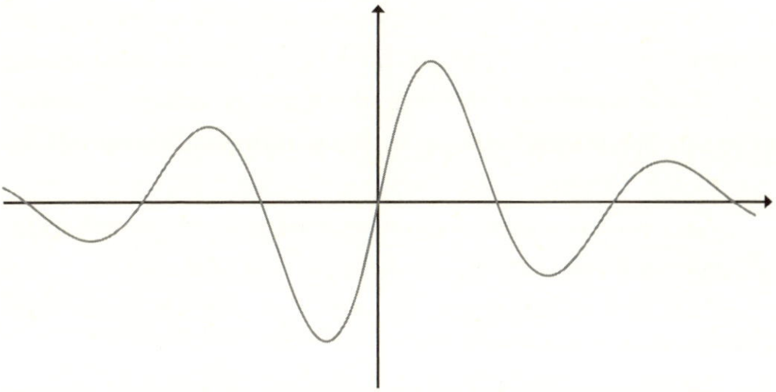

Die Lernmethode neuronaler Netze: kleine Schritte bergab gehen, bis das Netz in einem Tal ankommt (die jeweilige Höhe des Graphs entspricht der Fehlerzahl des Netzes).

der Gradientenabstieg eine Lösung liefert, die dieser nahekommt. Man kann sich den Lernprozess also – wie in der obigen Grafik – (vereinfacht) als einen Abstieg aus vielerlei Höhen in sehr unterschiedlich tiefe Täler vorstellen.

Ein Bergabstieg ist ein guter Vergleich, solange man *eines* im Auge behält: Ein neuronales Netz wird bezogen auf ein Beispiel verbessert. Die Anpassungen sind also nur derart, dass sie für dieses eine Beispiel ein besseres Ergebnis liefern. Es bedeutet nicht, dass der Algorithmus darüber hinaus das bestmögliche Ergebnis liefert, denn niemand weiß, wie man das berechnen kann. Der Lernprozess ist also eigentlich ein Bergabstieg, bei dem man ständig auf seine Füße starrt. Man kann sehen, in welche Richtung der Hang abfällt, und in diese Richtung kann man laufen, aber man kann nicht sehen, welches Tal das tiefste ist. Vielmehr bleibt man an einem bestimmten Punkt stehen, weil man sieht, dass es nirgendwo in der Umgebung weiter nach unten geht – und das Ergebnis daher nicht besser werden kann: So wie es in der Mitte der tiefsten Senke links der Fall ist. Aber hat man damit das tiefste mögliche Tal oder den bestmöglichen Algorithmus erreicht? Niemand weiß das. Aus dem einfachen Grund, weil man bei diesen Anpassungen nicht mehr in den Blick nehmen kann als dieses eine vorliegende Beispiel. Der Computer kann nicht den gesamten Graphen überblicken, der Algorithmus bleibt im ersten Tal, auf das er trifft, hängen.

Will man ein neuronales Netz trainieren, bietet es sich daher an, mehrmals von vorne anzufangen. Da man immer an einem beliebigen Ort beginnt, ist es sehr wahrscheinlich, dass man jedes Mal in einem anderen Tal landet, anders gesagt, dass die Anpassungen der Berechnungen zu anderen Mustern und Entscheidungen führen. Einige Täler sind tiefer als andere; einige trainierte neuronale Netze funktionieren besser als andere. Ohne dass sich der Algorithmus oder die Daten unterscheiden.

Das ist vielleicht unpraktisch, aber es funktioniert. Dank neuronaler Netze müssen wir uns keine expliziten Regeln mehr ausdenken, auf deren Grundlage der Computer Entscheidungen trifft. ELIZA haben wir damit weit hinter uns gelassen. Neuronale Netze gehen auch einen Schritt über evolutionäre Algorithmen hinaus. Für diese mussten sich Programmierer Kriterien ausdenken, um die Vorschläge daran messen zu können, und sie mussten in formalen Regeln fassen, wonach sie auf der Suche waren. Bei neuronalen Netzen lautet die einzige Devise für den Computer: Verbessere die Leistungen des Netzes anhand der vorliegenden Beispiele so weit wie möglich. Dieser Verbesserungsprozess ist mathematischer Natur, und er verläuft nach Regeln, die wir aufgestellt haben (nämlich den Regeln des Gradientenabstiegs); er sagt dem Computer aber nicht inhaltlich, was oder wie er das tun soll. Der Computer bekommt also noch mehr Freiheit, selbst Regeln aufzustellen, was es uns erlaubt, weitaus mehr Probleme zu lösen. Doch das geht längst nicht immer gut. Denn wer garantiert dafür, dass neuronale Netze auch lernen, ihre Aufgabe jenseits der Beispiele, von denen sie gelernt haben, zu erfüllen? Leider niemand. Darin liegt der tiefere Grund, warum der zu Beginn dieses Kapitels erwähnte Tesla auf einen Lastwagen auffuhr.

Die begrenzte Verallgemeinerungsfähigkeit neuronaler Netze

Der Lernprozess von neuronalen Netzen ist alles andere als ideal. Ebenso wie der Tesla durch die Seitenansicht eines Lastwagens in Verwirrung geriet, verlieren Computer auch schnell die Übersicht bei Bildern, die etwas anders sind als die Fotos, anhand derer sie gelernt haben. Das konnten wir schon zu Anfang des Kapitels bei der gedrehten Ansicht eines Rollers sehen, der zu einem Fallschirm wurde. Oder bei der Gesichtserkennung, in der bunte Brillen so für Verwirrung sorgten, dass der Computer eine Person plötzlich für eine völlig andere hielt. Und die Beispielliste ist noch viel länger. Wenn Sie einen Elefanten mit Photoshop in einem Wohnzimmer platzieren, wie es auf der zweiten Seite des Farbteils (Abbildung 4) zu sehen ist, wird er für einen Stuhl gehalten. Platzieren Sie zwei Katzen auf eine etwas ungewöhnliche Weise nebeneinander (Abbildung 5), erkennt das neuronale Netz plötzlich einen Hund in einer ihrer Vorderpfoten.

Die hier getesteten neuronalen Netze haben logischerweise noch nie ein Foto von einem Elefanten in einem Wohnzimmer gesehen. Oder ein Foto, auf dem zwei identische Katzen so seltsam nebeneinanderliegen. Aber während wir Menschen ohne Weiteres mit unerwarteten Situationen umgehen können, versagt ein Computer. Ja, mehr noch, ändert man nur einen einzigen Pixel, bringt man seinen Algorithmus völlig aus dem Konzept. Das fand Anfang 2019 eine Gruppe von Wissenschaftlern heraus. Sehen Sie sich über den QR-Code einmal die Abbildungen auf der ersten Seite ihres Artikels an. Das Foto einer Teekanne wird nach einer kaum wahrnehmbaren Veränderung plötzlich als Joystick klassifiziert. In zwei Hamsterbabys sieht der Computer plötzlich eine Brustwarze.

Was genau läuft hier schief? Nun, ein neuronales Netz erkennt Muster, das ist alles, was es tut. Und die Muster, die es erkennt, stimmt es automatisch auf die Beispiele aus der Lernphase ab. Wir haben allerdings keine Kontrolle darüber, *wie* diese Muster darauf abgestimmt werden. Mit der Konsequenz, dass Computer die falschen Muster erlernen. Nämlich Muster, die zufällig für die Bilder funktionieren, die der Algorithmus gesehen hat, jedoch für ähnliche, aber leicht abweichende Bilder völlig nutzlos sind. Denn schließlich weiß die mathematische Berechnung, die die Fehler des Algorithmus bei einem jeweiligen Beispiel ausgleicht, nicht, welche Muster im Allgemeinen von Bedeutung sind und welche nicht. Wir kommen erst nach umfangreichen Untersuchungen über das Verhalten eines neuronalen Netzes dahinter, welche Muster von ihm gewählt wurden. Glücklicherweise widmet sich die Wissenschaft zunehmend der Erforschung dieses Problems. So fand man unter anderem anhand der vier Darstellungen auf der zweiten Seite des Farbteils (Abbildungen 6–9) heraus, dass Computer zu großen Wert auf die Formen und Farben eines Bildes legen.

Auf der Abbildung 6 links oben sieht man es ganz deutlich. Hier steht ein Eichhörnchen auf seinen Hinterbeinchen, um Wasser aus einem kleinen Brunnen zu trinken. Aber dieser Brunnen hat die Form eines schwarzen Podestes, und es hat den Anschein, als wolle das Eichhörnchen auf dieses Podest springen. So kommt das Netz zu dem Schluss: Hier muss es sich um einen Seelöwen handeln! Schließlich springen diese Tiere in einer solchen Haltung auf leicht feuchte Podeste. Im Bild unten rechts (Abbildung 9) machte der Computer wahrscheinlich einen ähnlichen Fehler. Obwohl die «richtige» Antwort (*Verdigris,* Grünspan) in diesem Fall recht schwer zu erraten ist, liegt die Schlussfolgerung des Netzes (dies sei ein Puzzle) augenscheinlich daneben. Ich vermute, dass das Netz die Bronzeobjekte als Teile sah, die noch nicht ganz in das darunterliegende «Puzzle» passten. Die Form war in diesem Fall ausschlaggebend.

In anderen Fällen ist es gerade der Hintergrund, der den Computer in die Irre führt. Auf dem Bild oben rechts (Abbildung 7) sieht man eine schwarze Libelle auf einem Stuhlsitz. Das Flechtmuster zeigt Strukturen, die ein wenig denen eines Kanaldeckels ähneln (obgleich Kanaldeckel etwas dunkler sind), zumindest war das neuronale Netz dieser Auffassung. Die Libelle hat es völlig ignoriert. Und wenn der Hintergrund ihm mal nicht in die Quere kommt, kann es immer noch die Farbe sein. Eine Aufnahme der Sonne, unten links (Abbildung 8), stellte eine echte Herausforderung dar, weil der Stern auf einer UV-Aufnahme eine blaue Farbe annimmt. Dieses Blau scheint das Netz so verwirrt zu haben, dass es auf eine Qualle schloss; wegen der Farbe des Meeres wirken diese Tiere oft dunkelblau. Der Umstand, dass Quallen eigentlich nie vollkommen rund sind, schien keine Rolle zu spielen. Auch deshalb nicht, weil das neuronale Netz hier, wie auch bei den anderen Bildern, seine Feststellung mit 99-prozentiger Sicherheit traf.

Neuronale Netze liegen häufiger falsch; eine Libelle auf einer gelben Schaufel hielten dieselben neuronalen Netze für eine Banane (was sonst ist leuchtend gelb?), und ein kleiner Pilz, der auf ein paar Holzbrettern ruhte, wurde als Nagel klassifiziert. Schließlich haben Pilze ebenfalls ein langes, gerades Unterteil und ein etwas breiteres Oberteil. Und wenn Holz in der Nähe ist und das Teil die entsprechende Form hat, muss es sich wohl um einen Nagel handeln. Es gibt unzählige Beispiele dieser Art.

Computer sind noch nicht besonders gut darin, Objekte auf Abbildungen zu erkennen, das ist offensichtlich. Aber der entscheidende Punkt ist letztlich der, dass neuronale Netze ganz allgemein ernsthafte Schwierigkeiten damit haben, (richtig) zu generalisieren. Mit anderen Worten, automatisch die Muster aufzuspüren, die tatsächlich relevant sind. Das ist bei Gesichts- und Objekterkennungsalgorithmen der Fall, aber auch bei neuronalen Netzen, die darüber entscheiden, ob bei einem Verdächtigen ein Fluchtrisiko besteht, bei einem selbstlernenden Algorithmus, der den Missbrauch von Sozialleistungen aufspüren soll, und bei Programmen, die Empfehlungen abgeben, ob ein Inhaftierter vorzeitig aus der Haft entlassen werden sollte. Auch diese Algorithmen werden, allein schon deshalb, weil wir nicht kontrollieren können, welche Muster der Computer aus den Daten erlernt, auf die falschen Dinge achten und auf leicht abweichende Fälle seltsam reagieren. Und darüber sollten wir uns wirklich Sorgen machen, denn es bedeutet, dass die künstliche Intelligenz nicht immer leistet, was wir von ihr erwarten.

Chinesische Wissenschaftler haben zum Beispiel einen Tesla mit Hilfe von drei kleinen Aufklebern mitten auf der Straße so verwirrt, dass er in den Gegenverkehr fuhr. Kleine schwarz-weiße Aufkleber können auch dazu verwendet werden, Stoppschilder für Computer in selbstfahrenden Autos völlig unsichtbar zu machen. Das Schild auf der folgenden Abbildung wurde von den Algorithmen nur jedes zehnte Mal erkannt. Neuronale Netze in Waffen sind ebenso störanfällig; sie können in manchen Fällen eine Schildkröte als Gewehr interpretieren. Raketen und Drohnen, die mit künstlicher Intelligenz gesteuert werden, reagieren plötzlich sehr sensibel auf irreführende Informationen. Wir Menschen können diese gar nicht so schnell aufspüren, weil wir Abweichungen von einigen wenigen Pixeln überhaupt nicht wahrnehmen, oder weil wir gar nicht auf die Idee kommen, dass Schildkröten für einen Computer wie Gewehre aussehen könnten.

Neuronale Netze sind nun einmal fragil, wenn man sie für etwas einsetzt, das von ihren Trainingsdaten abweicht. Das muss kein großes Problem sein, denn sie arbeiten in der Regel mit bekannten Fällen, bei denen sie auch die richtige Antwort finden. Die Teslas bauten nicht massenweise Unfälle, weil sie Autos für Plastiktüten hielten. Aber sobald wir anfangen, uns blind auf neuronale Netze zu verlassen, ist diese Begrenztheit verheerend.

Ein Stoppschild mit vier Aufklebern. Die Folge:
Kein selbstfahrendes Auto kapiert mehr, dass es hier anhalten muss.

Bilder im Gehirn

Wenn Computer so schlecht darin sind zu generalisieren, wie gelingt das dann uns? Warum bringt uns keine der hier gezeigten Darstellungen aus dem Konzept? Selbst dann nicht, wenn wir noch nie exakt so ein Bild gesehen haben? Wie erkennen wir Muster?

Unser Gehirn übt sich auch in Mustererkennung. Doch anders als bei dem besprochenen neuronalen Netz für handgeschriebene Zahlen verläuft die Mustererkennung in unserem Gehirn in klar abgegrenzten Phasen. Signale aus den Augen kommen zunächst ganz hinten im Gehirn, beim sogenannten V1 (dem primären visuellen Cortex), an. Von dort werden die elektrischen Impulse zum V2 weitergeleitet, dann zum V4, und schließlich erreichen sie ihr endgültiges Ziel (den inferior-temporalen Cortex). Die speziellen Namen der Hirnregionen spielen keine so große Rolle, der Hauptunterschied besteht darin, dass sie jeweils eine etwas andere Art der Mustererkennung leisten. Und nur dieses Zusammenspiel verschiedener Arten von Mustererkennung sollten Sie sich merken,

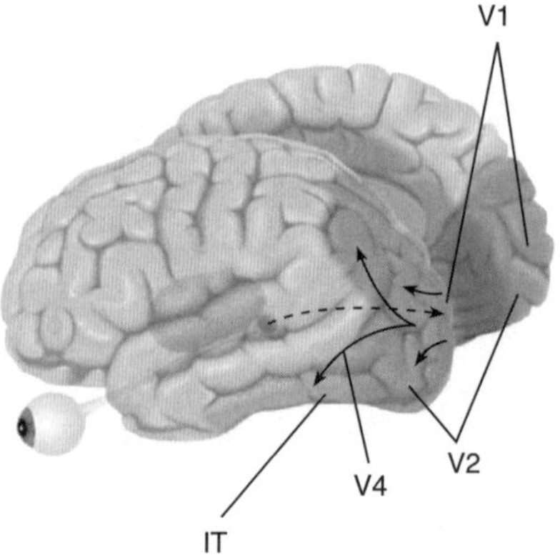

Die Regionen unseres Gehirns, die visuelle Informationen verarbeiten: Der untere Teil ist auf das Erkennen von Dingen ausgerichtet; das beginnt beim V1, verlagert sich dann auf den V2 und gelangt über den V4 schließlich zum IT.

denn seit 2012 wird es auch zur automatischen Gesichtserkennung, für Lügendetektortests und sogar für die computergestützte Beurteilung von Bewerbungsgesprächen imitiert.

Wie immer sich die Technik dieser Verfahren im Einzelnen gestaltet, sie beruht auf diesen vier Bereichen in unserem Gehirn, mit denen wir in einer Zehntelsekunde alles in unserem Blickfeld klassifizieren können. Dass wir wissen, wie das funktioniert, ist zum Teil dem Zweiten Weltkrieg geschuldet. Am Ende dieses Krieges, am 11. September 1944, gab man den Patienten S. in die Obhut von Dr. Joachim Bodamer. Dieser vierundzwanzigjährige Patient hatte eine schwere Verwundung erlitten: Eine Kugel hatte den hinteren Teil seines Gehirns verletzt. Zunächst war er wochenlang blind, und auch als seine Sehfähigkeit langsam wieder zurückkehrte, sah er erst einmal nur schwarz-weiß. Er träumte zwar immer noch in Farben und sollte letzten Endes auch wieder Farben sehen können, doch eine merkwürdige Beeinträchtigung blieb: Er konnte diese Farben nicht mehr richtig benennen, weil die Mustererkennung in seinem Gehirn beschädigt war. Für die Farberkennung war das lästig, aber am dramatischsten war, dass der für die Gesichtserkennung zuständige Teil seines Gehirns ebenfalls in Mitleidenschaft gezogen war. Am 25. November 1944 stand er vor einem Spiegel, den er zunächst für ein großes Foto hielt. Er korrigierte sich allerdings schnell und beschrieb in klaren Worten, wie das Gesicht im Spiegel aussah. Aber er erkannte es nicht als sein eigenes. Soweit es ihn anging, sagte er, könnte es ebenso gut das Gesicht eines anderen sein, sogar das einer Frau. Am selben Tag wurde ein Foto von ihm und drei seiner Freunde aufgenommen, auf dem er sich selbst nur mit Mühe wiederentdeckte, indem er genau auf seine Kleidung achtete. So ging er auch in seinem weiteren Leben vor: Er erkannte Menschen (soweit das möglich war) an ihrer Stimme, der Länge ihrer Haare und an anderen körperlichen Merkmalen. All das war nötig, schloss sein Arzt Bodamer, weil ein wichtiger Teil seines Gehirns geschädigt war.

Diese Annahme erwies sich als richtig: Indem man Gehirne mit einem technisch präziseren Material als einer Kugel beschoss, fand man heraus, dass sich das Erkennen von Objekten und Gesichtern im hinteren (und unteren) Teil des Gehirns abspielt. Die dortigen Neuronen sind mit bestimmten Teilen des Auges verbunden. Verwirrenderweise sind die Neuronen auf der rechten Seite mit unserem linken Gesichtsfeld verbunden und umgekehrt, aber ansonsten verhält sich alles logisch und ist der Mustererkennung in neuronalen Netzen recht ähnlich. Auch im Gehirn vollzieht sich die Mustererkennung schichtweise, wobei unser Patient S. wahrscheinlich in einem der letzten Teile, dem interior-temporalen Cortex (IT), einen Schaden erlitten hatte. Aber lassen Sie uns am Anfang beginnen.

Ein Neuron im V1 erhält elektrische Signale von einem kleinen Bereich des Auges, beispielsweise vom unteren linken Winkel des rechten Auges. Diese Signale sind für das Neuron nicht alle gleich bedeutsam, so wie auch nicht alle Pixel bei den handgeschriebenen Zahlen gleich viel zählten. Denn auch diese Neuronen suchen nach Mustern in den eingehenden Informationen, ähnlich der Tonhöhe, die ich im ersten Kapitel erwähnt habe; bei den Augen ist es so etwas wie eine schräge Linie in der linken unteren Ecke. Erst wenn damit übereinstimmende Signale eingehen, beginnt dieses Neuron selbst wiederum, elektrische Signale weiterzugeben. Wir haben also ein Neuron für «schräge Linie links unten».

Damit ist es noch lange nicht getan. Der besondere Clou unseres Gehirns besteht darin, dass es sehr viele dieser lokalen Muster erkennt. Und sie anschließend mittels «komplexer» Neuronen zu umfassenderen Mustern zusammenfügt. Ein lokales Muster wird von einem Neuron erkannt, das nur dann anspringt, wenn die Augen eine schräge Linie in der linken unteren Ecke registrieren. Das verhält sich nicht anders als bei der Mustererkennung von Zahlen. Danach verarbeitet unser Gehirn die Information weiter. Denn wir haben auch Neuronen, die viele dieser lokalen Muster zusammenfügen. Ein solches Neuron registriert ein umfassenderes Muster; es reagiert, sobald ein oder mehrere lokale Muster wahrgenommen werden. Es kann sich dabei zum Beispiel um ein Neuron handeln, das ein elektrisches Signal aussendet, sobald es registriert, dass es unten links eine schräge Linie gibt, *oder* in der Mitte links, *oder* oben links, *oder* ... Ein solches Neuron fasst diese lokalen Muster zusammen und bietet damit eine gewisse Gesamtschau.

Aber auch danach bleibt noch allerhand zu tun. Die anderen Areale V2, V4 und IT haben die Aufgabe, aus den Signalen unserer Augen immer komplexere Muster zu gewinnen. Es gibt immer wieder neue Schichten, mit Neuronen, die umfassende Muster weiterverarbeiten, um noch komplexere Dinge herauszufiltern. Zunächst sind es allgemeinere Formen wie «Rechteck» oder «Kreis», die Neuronen als eine Kombination aus Linien erkennen können. Indem sie anschließend aber auch diese Formen wieder kombinieren, können die Neuronen in unserem Gehirn noch komplexere Muster finden. Zwei Kreise mit einem Rechteck dazwischen können vielleicht auf zwei Augen und eine Nase hindeuten. Durch Mustererkennung auf der Grundlage zunehmend komplexerer Muster vollzieht unser Gehirn langsam den Schritt von lokalen Linien und Farben zu Pferden, Schraubenziehern und Gesichtern. Das ist also der zentrale Gedanke, den Sie sich merken sollten: Unser Gehirn erkennt Objekte, indem es mit lokalen Mustern beginnt, um dann Schritt für Schritt eine Mustererkennung komplexerer und globalerer Muster zu leisten, bis es am Ende bei Neuronen ankommt, die die endgültige Klassifizierung vornehmen. Nach ihr weiß man, wen man vor sich sieht, welches Werkzeug man in der Hand hält, welches Tier auf einen zukommt ...

Dafür verfügt unser Gehirn sogar über eine sehr strenge Organisation. Wie es das genau macht, wissen wir noch nicht. Immerhin wissen wir, dass die Neuronen in unserem Gehirn schon in einem recht frühen Stadium in Gruppen eingeteilt sind: Es gibt eine Gruppe, die vor allem dann reagiert, wenn wir etwas sehen, das einem Tier gleicht, eine Gruppe für große Objekte, eine für kleine Objekte und so noch viele weitere Gruppen. Die Art von Formen, denen man bei Tieren begegnet, unterscheidet sich anscheinend stark genug von den Formen von Werkzeugen, dass wir die eingehenden Signale schnell unterscheiden können. So können wir uns bei dem Ding, das wir sehen, rasch auf die Beschaffenheit der Formen konzentrieren, die bei ihm wirklich wichtig ist: Bei Tieren ist das die Zahl der Beine, bei Schraubenziehern kann man sich damit eher Zeit lassen.

Dennoch ist unser Gehirn auch nicht so stark spezialisiert, dass wir von Anfang an auf den Typ des Objekts – zum Beispiel auf die Kategorie «Tier» – festgelegt wären. Im Zweifelsfall sendet das Gehirn die Informationen über das Objekt ohnehin an eine vorhergehende Schicht zurück, um noch einmal den Versuch zu unternehmen, weitere einfache Muster zu erkennen. Dies ist einer der Gründe, warum uns gedrehte Darstellungen von Rollern oder Libellen auf knallgelben Griffen nicht verwirren. Aber es bleibt nicht bei der Zurücksendung der Informationen: Selbst im letzten Teil der Objekterkennung, dort, wo die endgültige Entscheidung darüber gefällt wird, was wir sehen, gibt es eine Mischung aus Neuronen für spezifischere Muster wie «Eichhörnchen» und für allgemeinere Muster wie «Säugetier». Vermutlich stellt all dies sicher, dass wir flexibel bleiben und mit Bildern umgehen können, die wir noch nie zuvor gesehen haben. Und es gewährleistet, dass wir dank dieser Organisation genau die richtigen Muster für Bananen, Roller und Fallschirme herausfischen.

Dass das Gehirn so funktioniert, wissen wir auch deshalb, weil all die seltsamen Figuren, die sie auf der folgenden Abbildung sehen, in unserem Gehirn einigermaßen zuverlässig kategorisiert werden. Man kann nichts Bestimmtes darauf erkennen, aber die Objekte auf der rechten Seite werden von den Neuronen erfasst, die auf so etwas wie kleine Tiere spezialisiert sind, während die auf der linken Seite unter Häusern und anderen großen Objekten einsortiert werden. Und wahrscheinlich werden Sie das auch bemerken: Für mich sehen die Flecken auf der rechten Seite jedenfalls «animalischer» aus als die auf der linken Seite. Und all das aufgrund der ausgefeilten Struktur dieser Neuronen.

Diese Strukturen verstehen wir immer besser. 2017 ist es Wissenschaftlern beispielsweise gelungen, bei Makaken 205 Neuronen zu identifizieren, die speziell für die Gesichtserkennung zuständig sind. Diese arbeiten tatsächlich zusammen; es ist also nicht so, dass *ein* Neuron *ein* Gesicht erkennt. Vielmehr erkennen die Neuronen jeweils verschiedene Aspekte von Gesichtern. Erst wenn man all diese kleineren Teile übereinanderlegt (ungefähr so wie bei den vier Mustern handgeschriebener Zahlen), hat man ein Bild des ganzen Gesichts. Wir können das Zusammenfügen dieser Teile mittlerweile so gut imitieren, dass man kaum noch einen Unterschied erkennt zwischen den realen Gesichtern, die die Affen sahen (links), und den Darstellungen, die allein auf Grundlage der Signale in diesen 205 Neuronen erstellt wurden. Die jeweils rechten Fotos in den beiden Spalten basieren nicht auf etwas, das man sehen konnte. Es handelt sich um Darstellungen, die ausschließlich anhand der Hirnströme der Affen angefertigt wurden. Wir müssen also nicht

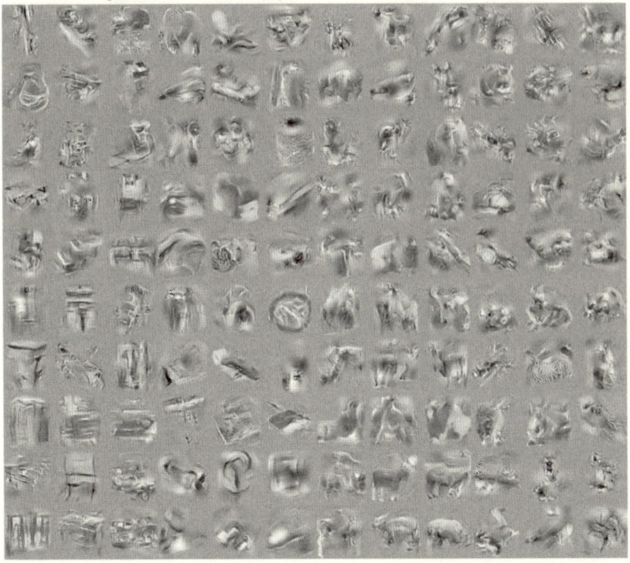

Verformte Darstellungen, die das Gehirn dennoch mit Hilfe desselben Teils des IT erfasst, mit dem es auch auf präzise Darstellungen reagiert. Welche das waren, sieht man an den vier Kennzeichnungen, die über der Abbildung stehen.

mehr tun, als uns ihre Hirnaktivität anzuschauen, um zu wissen, was sie gesehen haben.

Wir können das Endergebnis also aus den Gehirnen der Affen ablesen. Wir verstehen fantastischerweise, was die elektrische Aktivität in ihrem interior-temporalen Cortex (IT) bedeutet. Aber wie gelingt es dem Gehirn, alles, was die Augen registrieren, auf 205 Neuronen zu reduzieren, die jedes mögliche Gesicht identifizieren können? Es wird noch Jahre dauern, bis wir das im Detail verstehen.

Für mich ist es nach wie vor faszinierend, wie gut unser Gehirn Objekte erkennt. Die Idee hört sich eigentlich gar nicht so schwie-

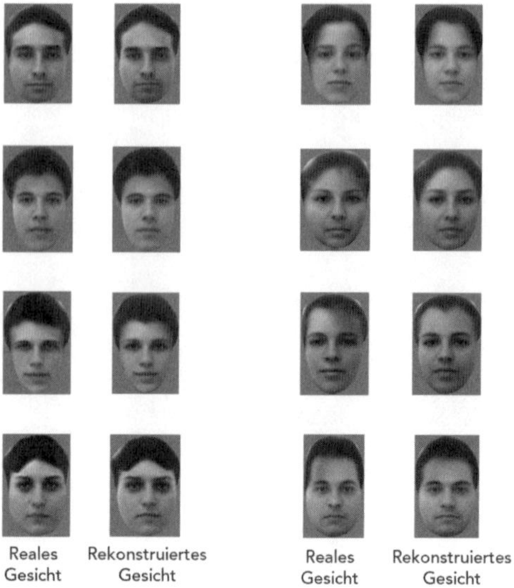

Gesichter, die die Affen gesehen haben (links) und deren Rekonstruktion auf Grundlage der elektrischen Signale in ihren Gehirnen (rechts). Durch die Auswertung von 205 Neuronen war die Rekonstruktion beinahe perfekt.

rig an: Man beginnt mit einfachen lokalen Mustern und kombiniert sie schrittweise zu immer komplexeren umfassenden Mustern. Wie Sie gleich sehen werden, hat man sich genau dieser Idee bedient, um die Gesichtserkennung und all die anderen Verfahren zu entwickeln. Aber bei den neuronalen Netzen ist es uns noch lange nicht gelungen zu erklären, welche Aspekte *wirklich* wichtig sind, um genau jene Muster und Formen zu finden, die dafür entscheidend sind, dass die Dinge in unserer Umgebung (fast) immer richtig erkannt werden. *Wie* das Gehirn das macht, wissen wir noch nicht genau. Aber *dass* es das meisterhaft kann, steht außer Frage.

Das Gehirn mit dem Computer imitieren

Zurück zur künstlichen Intelligenz und allem, was heute mit Bildern geschieht. Zur Gesichtserkennung also, und zu selbstfahrenden Autos, aber auch zu neuen Medikamenten, automatisch bewerteten Bewerbungen und einer besseren Diagnose von Herzinsuffizienzen. Das alles sind Techniken, die etwas mit unserer eigenen Lebenswelt zu tun haben, wie beispielsweise auch der computergestützte Lügendetektor («Silent Talker»), dem man sich wohl bald stellen muss, bevor man in die Europäische Union einreisen darf. Je nachdem, ob der Computer unsere Aussagen über Namen, Staatsbürgerschaft und den Grund der Einreise in die EU als Lüge einschätzt oder nicht, werden wir dann mehr oder weniger Probleme mit dem Zoll bekommen. Was steckt dahinter?

Ein neuronales Netz, das annähernd so organisiert ist wie der visuelle Teil unseres Gehirns. Diese Netze, die als «Convolutional Neural Networks» (CNNs) beziehungsweise «Konvolutionäre Neuronale Netze» bekannt sind, bestehen aus einzelnen Schichten; *convolutional* steht für das «Zusammenfalten» von Mustern, und genau das tut jede Schicht. Genau wie in unserem Gehirn beginnen diese Schichten mit sehr lokalen, einfachen Mustern, wie etwa vertikalen und horizontalen Linien. Diese Muster kombinieren sie Neuronenschicht für Neuronenschicht, um damit langsam, aber sicher zu den komplexen und umfassenderen Mustern von Gesichtern, Emotionen oder Feuerwehrautos zu gelangen. Das ist die zentrale Idee, behalten Sie diese im Hinterkopf. Dafür ist das früher beschriebene neuronale Netz, das handgeschriebene Zahlen erkennt, nicht leistungsfähig genug – selbst nicht in erweiterter Form.

Stellen Sie sich nur einmal vor, man würde dieses Verfahren bei einem normalen Bild – das heute schnell 1920 Pixel breit und 1080 Pixel hoch ist – einsetzen. Dann müsste man jedes künstliche Neuron in der ersten Spalte mit jedem Pixel im Bild verbinden.

Das wären 2073600 Pixel/Pfeile für dieses eine Neuron; damit könnte man nur ein einziges lokales Muster, zum Beispiel einen horizontalen Streifen in der oberen rechten Ecke, erkennen. Um das neuronale Netz einigermaßen in Schwung zu bringen, bräuchte man tausende zusätzlicher Neuronen. Das kann unmöglich funktionieren. Selbst für Supercomputer wären das zu viele Berechnungen. Aus diesem Grund konnten neuronale Netze lange Zeit mit Fotos und Videos überhaupt nichts anfangen.

Bis zum Jahr 2012, als das erste konvolutionäre neuronale Netz das Licht der Welt erblickte. In der folgenden Abbildung sehen Sie eine schematische Darstellung eines solchen Netzes zur Gesichtserkennung, und zwar jenes, das an den bunten Brillen scheiterte. Gesichtserkennung beginnt immer mit sehr einfachen lokalen Mustern, genau wie im Gehirn. Bei diesen Mustern handelt es sich meist um Linien und Farben, die in *sehr* kleinen Bereichen eines Bildes erkannt werden. Die Kreise, die Sie ganz links in der Abbildung sehen, und die (darüber dargestellte) Form eines Musters, das sie erkennen, stehen für etwa 25 × 25 Pixel. Ein kleines Quadrat – 625 Pixel statt 2 Millionen –, das anschließend nach und nach über das Bild geschoben wird. Damit arbeiten diese Netze ganz anders als das Gehirn, in dem jedes Neuron einen festen Punkt im Auge behält. Künstliche Neuronen haben nur ein festes Muster, das sie für jedes Quadrat von 25 mal 25 Pixel auf dieselbe Weise überprüfen wie die handgeschriebenen Zahlen. Dabei werden alle einzelnen Ergebnisse – ob das Muster nun links oben, unten oder rechts oben zu finden ist – gespeichert. Anschließend fährt das Netz mit der nächsten Mustererkennungsrunde fort.

Die folgende Abbildung gibt das in groben Zügen wieder. Es gibt mehrere Schritte und eine ganze Reihe von Mustererkennungen, bei der jedes Neuron eine andere Art von Linie oder Farbe erkennt. Danach führt der Algorithmus – wie die breiten Pfeile andeuten – die Mustererkennung erneut auf Grundlage dieser lokalen einfachen Muster durch: Er versucht, diese lokalen Muster umfassender zu gestalten, sie so zusammenzufügen, dass ein

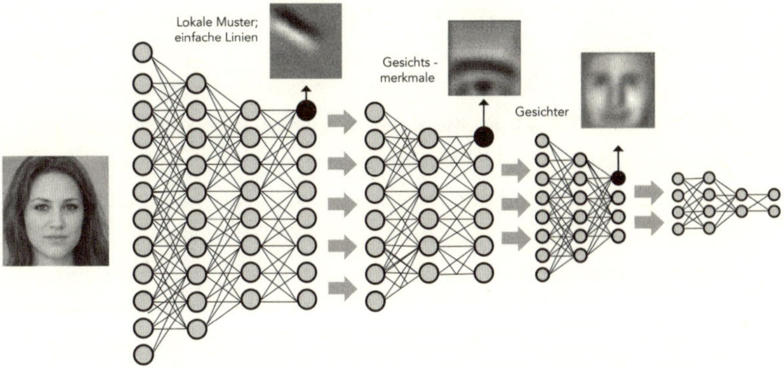

Gesichtserkennung mit einem konvolutionären neuronalen Netz. Von sehr kleinen, lokalen Mustern links arbeitet sich der Algorithmus schrittweise (mit Hilfe wiederholter Mustererkennung) zu komplexeren, umfassenderen Mustern vor.

künstliches Neuron ein Auge oder eine Nase erkennt. In der letzten Runde kommt das Netz bei noch komplexeren Mustern an; nun kann ein ganzer Gesichtstypus von einem Neuron erkannt werden.

Auch für diese globaleren Muster wandert es Schritt für Schritt die gesamte Darstellung ab. Sie sind etwas größer als die erste Gruppe von Mustern, z. B. 100 mal 100 Pixel, aber ansonsten ändert sich nichts an der Vorgehensweise: Zuerst wird geprüft, ob sich in der linken oberen Ecke ein Auge befindet, dann wird geprüft, ob sich ein Auge auf der rechten Seite befindet, dann rückt man ein paar Pixel weiter, und so fährt man fort, bis der Algorithmus das ganze Bild durchsucht hat.

Da dieses Netz mit jedem Neuron, das der Computer über das Bild schiebt, feste Muster erkennt, bleibt die Zahl der Berechnungen in überschaubarem Rahmen. Die lokalen Muster sind so klein, dass der Computer kaum Berechnungen durchführen muss. Überdies wenden Computer noch einen weiteren Trick an: Sie speichern nicht wirklich *alle* Ergebnisse der Suche nach lokalen

Mustern, sondern nur die *besten*, also nur jene Stellen, an denen das Netz tatsächlich eine schräge Linie oder eine ganze Menge Gelb gesehen hat. Danach kann das Netz in den folgenden Schichten (in dieser Abbildung die Bereiche zwischen den breiten Pfeilen) die erkannten lokalen Muster zu einem komplexeren Bild dessen, was die Darstellung zeigt, zusammenfügen. Durchläuft das Netz genügend Zwischenschritte als Schichten – 2012 waren es fünf, heute sind es viel mehr –, dann wird der Computer letztendlich zu globaleren Mustern gelangen, die Gesichter sehr gut erkennen. Und mit anderen Daten lässt sich mit dieser schrittweisen Mustererkennung noch viel mehr als das erreichen.

Ein CNN, für alles zu gebrauchen

Wozu ist ein solches neuronales Netz nützlich? Für vieles! Es lässt sich für alles, was mit der Analyse von Bildern zu tun hat, einsetzen – und oft funktioniert es dort auch optimal. Sehen wir uns zunächst einmal den Lügendetektor an, der vor Kurzem auf den Markt gekommen ist und bald beim Zoll eingesetzt werden könnte. Ähnliche Systeme werden in den USA für die Zeugenbefragung vor Gericht und das Verhör durch Geheimdienste entwickelt. Dem liegt die folgende Idee zugrunde: Wenn Menschen lügen, stehen sie stärker unter Stress als in Momenten, in denen sie die Wahrheit sagen. Das lässt sich an Modulationen ihrer Stimmlage und an flüchtigen, schwer kontrollierbaren Bewegungen in ihrer Mimik (sogenannten Mikroexpressionen) ablesen. Wir sind nicht dazu fähig, jeden Aspekt unseres Verhaltens zu kontrollieren; Lügnern entschlüpft hier und da ein Stirnrunzeln oder ein Hochziehen der Augenbraue. Man kann ein neuronales Netz dazu bringen, diese Mikroexpressionen alle gleichzeitig zu betrachten und Aussagen darüber zu treffen, ob jemand lügt oder nicht: Dazu muss man dem neuronalen Netz sehr viele Videos zeigen und ihm die richtigen Antworten dazu vorgeben. Mit etwas Glück kann es nach ausgiebigem Üben dann tragfähige Aussagen dazu machen, ob ein Mensch – über dessen Wahrhaftigkeit wir nichts wissen –, lügt oder nicht. Silent Talker, das System, das im Sommer 2019 an europäischen Grenzübergängen getestet wurde, lag bei einer Gruppe von 32 Personen in 75 Prozent der Fälle richtig.

Dies ist eine Entwicklung, über die man sich Sorgen machen sollte; ganz unabhängig von der allgemeinen Problematik neuronaler Netze, die ich zuvor angesprochen habe. Der erste Journalist, der Silent Talker ausprobierte, wurde nämlich sofort – und zu Unrecht – als Sicherheitsrisiko eingestuft, nachdem das System zur Auffassung gelangt war, er habe 4 von 16 Fragen nicht wahrheitsgemäß beantwortet. Zudem ist es wissenschaftlich nicht umfassend bewiesen, dass Gesichtsausdrücke eindeutig zeigen, wie wir uns fühlen. Eine sehr umfangreiche Übersichtsstudie fand keine eindeutigen Belege dafür, dass man die Emotionen eines Menschen an seinem Gesichtsausdruck erkennen kann. Ein Stirnrunzeln *kann, muss* aber nicht bedeuten, dass jemand verärgert ist. Emotionen tatsächlich zu entziffern, gestaltet sich überaus schwierig; dazu genügt es nicht, einem neuronalen Netz eine Reihe von Bildern oder Videos vorzulegen und zu hoffen, dass diese in die richtige Schublade gesteckt werden. Der gesamte Kontext und die kulturellen Unterschiede in unserem Verhalten bleiben dabei unberücksichtigt. Das neuronale Netz hat kein Hintergrundwissen, es reduziert nur seine Fehler, wenn wir es darauf hinweisen. Auch gerade deshalb ist dieses Vorgehen besorgniserregend. Denn wir wissen nicht einmal, ob es überhaupt relevante Muster gibt, auf die das neuronale Netz achten kann. Genauso gut könnte man den Computer auffordern, sich zu folgendem Bild ein Rezept auszudenken, was man auf dem großartigen Blog aiweirdness.com tatsächlich getan hat. Dort forderte man einen Algorithmus von Facebook, der normalerweise anhand von Fotos bestimmter Gerichte auf deren Zubereitungsart schließt, dazu auf, ein Rezept für folgendes Bild zu entwickeln.

Welches Rezept würde ein neuronales Netz hierfür erstellen?

Man sieht, auch wenn man ein ganz anderes Bild eingibt, das neuronale Netz erledigt seinen Job. Das Resultat waren die beiden folgenden großartigen Rezepte:

Titel: Hausgemachter Reiniger
Zutaten: Wasser
Anweisungen:
– Alle Zutaten in einem Eimer mischen.
– Zu verwenden zur Reinigung eines Silberdollars oder eines Silberdollar-Geschäfts.
Titel: Super einfaches selbstgemachtes Wasser
Zutaten: Wasser
Anweisungen:
– Wasser kochen, ein wenig Salz hinzufügen, ein paar Teelöffel Vanilleextrakt von guter Qualität hinzufügen, 15 Minuten kochen lassen.
– In ein Glas geben, abkühlen lassen.
– Mit Ihrem Lieblingsbrot genießen.

Denn natürlich möchte man Wasser mit Salz und Vanilleextrakt trinken! Und selbstverständlich will man ein Reinigungsprodukt (für ein Geschäft, das Silberdollar verkauft!?) herstellen, indem man einen Eimer Wasser mit sich selbst mischt. Zum Glück erkennen wir hier sofort, dass das Unsinn ist. Aber wenn es sich um das Ergebnis einer Risikobewertung handelt oder die Entscheidung, ob ein Mensch lügt oder nicht, erkennen wir das womöglich nicht. Und dass es sich um Unsinn handelt, kann beim Silent Talker und ähnlicher Lügendetektor-Software durchaus vorkommen. Vor allem, weil es kaum einen wissenschaftlichen Beleg dafür gibt, dass das Programm auch tatsächlich kann, wofür es von seinen Erfindern gedacht war.

Ein ähnliches Problem habe ich mit HireVue, einem Unternehmen, das neuronale Netze bei Firmen wie Hilton und Unilever in Bewerbungsgesprächen einsetzt. Das Netz bewertet die Stimme, die Mimik und die Wortwahl des Bewerbers, um eine Art «Einsetzbarkeitswert» zu ermitteln. Je höher der Wert, desto besser soll der Bewerber zum jeweiligen Unternehmen passen. Allein, worauf achtet ein solches Netz? Wie wir im nächsten Kapitel sehen werden, versteht es die Bedeutung der Sätze nicht. Auch die Mimik ist, wie wir gerade gesehen haben, gar nicht so einfach zu interpretieren. Der Algorithmus muss außerdem ohne kulturellen Kontext auskommen, denn unsere Gesellschaft ist (glücklicherweise) zu komplex, um sie Algorithmen mit Hilfe von Beispielen zu erklären. Und wir haben nicht die geringste Garantie dafür, dass diese Computer tatsächlich relevante Muster verwenden. Ebenso gut könnten sie irrelevante Aspekte aufgreifen: zum Beispiel den Aspekt, dass die meisten Mitarbeiter weiß und/oder männlich sind. Darauf komme ich im nächsten Kapitel zurück. Kurz gesagt, mache ich mir Sorgen, dass diese Programme das Gleiche tun wie die neuronalen Netze, die eine bestimmte Fischsorte, nämlich Schleie, erkennen sollten. Als Wissenschaftler Anfang 2019 untersuchten, worauf diese Algorithmen bei ihrer Suche nach Schleien achteten, waren das nicht Flossen, Schuppen oder dergleichen. Es waren vielmehr menschliche Finger! Denn die Schleie ist ein Fisch, der oft als Trophäe auf Fotos zu sehen ist, auf denen sie von einem

Angler stolz präsentiert wird (googeln Sie das mal!). Und *das* hat der Computer erkannt, aber über den Fisch selbst wusste er nichts. Wenn das Finden relevanter Muster so oft schiefgeht, warum sollte es dann bei der komplizierteren Beurteilung von Bewerbungsgesprächen auf einmal gut gehen? Warum sollten wir diesen Algorithmen vertrauen?

Ein Grund mehr, dem automatischen Löschen von Beiträgen und Videos im Internet, bei Twitter, YouTube und Facebook, mit einiger Skepsis zu begegnen. Auch hier ist eigentlich vieles an Kontext und kultureller Vielfalt zu bedenken. Die Probleme sind oft recht subtil. So hat Facebook beispielsweise *das* ikonische Foto des Vietnamkrieges entfernt, weil darauf ein nacktes Mädchen zu sehen war. Außerdem wurden eine Zeit lang Fotos von stillenden Frauen entfernt, weil auch sie nackte Haut zeigten. Algorithmen verstehen nicht, dass in solchen Fällen andere Faktoren ins Gewicht fallen. Häufig wissen wir auch selbst noch nicht genau, wo die Grenzen liegen: Was dürfen Politiker sagen und was nicht? Wie weit reicht Meinungsfreiheit? Wenn wir keine Antwort auf diese Fragen haben, können wir einem Algorithmus auch nicht vermitteln, was wir wollen. Das wissen diese Technologieunternehmen sehr gut. Genau aus diesem Grund beschäftigen sie Tausende von Mitarbeitern, die die Posts kontrollieren sollen. Aber auch diese Kontrolleure machen manchmal Fehler.

Glücklicherweise können neuronale Netze auch sehr nützliche Arbeit verrichten. Mit konvolutionären Netzen kann man auf der Grundlage von Satellitenbildern Karten erstellen. Das mag für die westliche Hemisphäre nicht so wichtig erscheinen, denn wir haben unsere Straßen und Naturschutzgebiete schon vor Jahren kartiert. Aber in Entwicklungsländern fehlt es oft an Karten. Bei Naturkatastrophen ist dann unklar, welche Straßen zerstört und welche Orte noch mit einem Auto erreichbar sind. In solchen Fällen kann man zwar mit erheblichem Aufwand und einem großen Team von Hand kartieren, wo sich gut zu befahrende Straßen befinden, aber das ist nicht effizient, und bei Überschwemmungen zählt jede

Minute. Entwicklungsprojekte geben das verfügbare Geld lieber für Dinge aus, die das Leben der Menschen verbessern, als damit Kartographen zu finanzieren. Deshalb bringt unter anderem Facebook Computern bei, automatisch Karten zu zeichnen (über den QR-Code können Sie ein solches Tool in Aktion sehen). So kann das Geld für Impfstoffe eingesetzt werden und nicht für Mitarbeiter, die herausfinden müssen, wo die Menschen wohnen.

Auch Impfstoffe lassen sich schon bald mit Hilfe neuronaler Netze produzieren. Denn eine Möglichkeit, ein neues Medikament zu entwickeln, besteht darin, zu untersuchen, wie eine Erkrankung auf die Moleküle eines möglichen Medikaments reagiert. Dieses Verfahren wendet man zum Beispiel an, um neue HIV-Therapien zu finden. Aber dabei gibt es ein großes Problem: Moleküle haben komplizierte Strukturen, und selbst kleine Veränderungen dieser Struktur können einen großen Einfluss darauf haben, wie sich eine Substanz verhält. Das ist von einiger Bedeutung, denn das Medikament muss schließlich an den Krankheitserreger andocken, sonst bewirkt es nichts (jedenfalls nichts Nützliches).

Aufgrund dieser Komplexität war es bis vor kurzem sehr schwierig, dabei Computer einzusetzen. Doch mit Hilfe neuronaler Netze wird es immer einfacher, die relevanten Molekülstrukturen zu finden. Im Farbteil sehen Sie auf Abbildung 10 das Bild eines Algorithmus aus dem Jahr 2015, der mit einem solchen Mustererkennungs-Teilstück alles innerhalb des gepunkteten Kubus erfassen konnte: immer das gleiche Stück eines Moleküls. Dies zeigt, dass der Computer einigermaßen erfasst, wie Moleküle aufgebaut sind. Zumindest gut genug, um Aussagen darüber zu treffen, wie sich die Moleküle in etwa 90 Prozent der Fälle verhalten. Vor kurzem, 2019, funktionierten solche Algorithmen so gut, dass man den ersten von einem Computer entwickelten Grippeimpfstoff testen konnte.

Schon in naher Zukunft wird es nicht nur möglich sein, einen

Computer für die Entwicklung von Medikamenten zu nutzen, auch eine Diagnose wird vielleicht mit Unterstützung eines neuronalen Netzes schneller und besser erfolgen können. Im Juni 2019 präsentierten Wissenschaftler ein CNN, das auf Grundlage eines einzigen EKGs, das sich schnell und einfach durchführen lässt, eine (kongestive) Herzinsuffizienz nahezu fehlerfrei erkennen kann. Im selben Monat wurde bekannt, dass ein anderes konvolutionäres neuronales Netz auf CT-Scans Lungenkrebs im Frühstadium besser aufspüren kann als Radiologen mit jahrelanger Erfahrung (Radiologen und Computer untersuchten in dieser Studie jeweils etwa 500 Patienten). Das Netz war darin nicht *wesentlich* erfolgreicher als die Radiologen, und schon gar nicht, wenn sich die Radiologen auch frühere CT-Scans anschauen konnten. Gleichwohl hat sich gezeigt, dass neuronale Netze dazu imstande sind, wirklich gute Diagnosen zu stellen. Sie können auf jeder Aufnahme sehr systematisch nach Hinweisen auf Lungenkrebs suchen und nutzen auch dazu die mehrschichtige und zunehmend komplexere Mustererkennung. Das wird hoffentlich dazu beitragen, mehr Menschen präventiv kontrollieren und Lungenkrebs, eine der am häufigsten auftretenden Krebserkrankungen, früher und wirksamer bekämpfen zu können. Ein anderes neuronales Netz ist in der Lage, auf CT-Scans winzige Hinweise auf Hirnblutungen zu identifizieren. Das macht Ärzte keineswegs überflüssig. Nach wie vor brauchen wir Fachkräfte, die prüfen, ob auf den Aufnahmen tatsächlich etwas Besorgniserregendes zu sehen ist, und wir brauchen Menschen, die die Unzulänglichkeiten der Algorithmen im Auge behalten. Diese Algorithmen können noch nicht abwägen, welche Therapien nach einem Befund am besten geeignet sind. Und auch den Kontakt zu den Patienten können (und wollen) wir derzeit nicht automatisieren. Der Vorteil solcher neuronalen Netze liegt darin, dass sie uns die Arbeit erleichtern und sie effizienter machen; sie nehmen uns Routineaufgaben ab, so dass wir uns auf das *wirklich* Wichtige konzentrieren können.

Davon profitiert auch die Wissenschaft. Astronomen nutzen

neuronale Netze zur Erkundung von Planeten außerhalb unseres Sonnensystems. Zum Beispiel mit Hilfe des Satelliten Kepler, der zwischen 2009 und 2018 fast eine halbe Million Sterne daraufhin untersucht hat, ob bei der abgestrahlten Lichtmenge irgendwann eine deutliche Minderung zu verzeichnen war. Eine solche Minderung kann von einer Art Mini-Sonnenfinsternis herrühren, bei der sich kurzzeitig ein Planet zwischen uns und dem betreffenden Stern befindet. Und das funktionierte tatsächlich: Kepler entdeckte 2662 Planeten! Nicht zuletzt dank der neuronalen Netze, die alle von Kepler zur Erde geschickten Daten durchkämmten, und es waren Daten von wirklich *sehr* vielen Sternen.

In Keplers Fall waren sogar zwei neuronale Netze im Einsatz. Eins für die Zeit bis 2013 und das andere für die Zeit danach. Denn sechs Jahre nach dem Start fielen zwei von Keplers Motoren aus, und er begann so stark zu wackeln, dass er nicht mehr als 80 Tage auf dieselbe Stelle schauen konnte. Durch das das Wackeln wichen die Daten nun so stark von den vorhergehenden ab, dass man ein neues neuronales Netz entwickeln musste. Das gelang recht gut, und schon bald entdeckte es zwei neue Planeten. Das neuronale Netz für die Daten, die *vor* 2013 erhoben worden waren, war für die späteren Daten nicht mehr zu gebrauchen, und umgekehrt. Auf diesem Niveau arbeitende neuronale Netze sind stark spezialisierte Technologien.

Gleichwohl ist die ihnen zugrunde liegende Idee sehr flexibel. Gerade deshalb sind sie so unglaublich erfolgreich und breit einsetzbar. Wir können neuronale Netze so gestalten, dass sie die Bildverarbeitung in unseren Gehirnen imitieren. Indem sie wiederholt Muster erkennen und bei jedem Schritt in jeder Schicht etwas komplexere Muster aufspüren, können wir plötzlich automatisch Gesichter erkennen, Herzinsuffizienzen entdecken und Medikamente entwickeln. Nach all diesen Erfolgen lautet eine logische nächste Frage: Was können wir noch imitieren?

Eine ganze Menge, einschließlich unseres Sprachgebrauchs. Neuronale Netze können, wenn man sie etwas anders organisiert, mittlerweile auch mit Sprache erfolgreich umgehen. Daher gibt es heute Sprachassistenten, computergenerierte Nachrichtenbeiträge und Google Translate. Wie funktioniert das alles? Nach der gleichen Idee, die Tinder wahrscheinlich nutzt, um Matches für Sie zu suchen. Höchste Zeit für ein Kapitel voller Fake News und Gewische.

4
VORHERSAGBARE GESPRÄCHE. NEURONALE NETZE UND SPRACHE

Im August 2017 waren die Zeitungen voll davon: Facebook hatte bei einem seiner Projekte zur künstlichen Intelligenz den Stecker gezogen, nachdem der Computer eine eigene Sprache entwickelt hatte. Obwohl die Wörter auf dem Bildschirm für die Wissenschaftler überhaupt keinen Sinn mehr ergaben, kommunizierten die verschiedenen Roboter weiterhin unbeirrt miteinander. Wenn das mal kein Zeichen für die nahende Weltherrschaft der Computer sei, unkte die Presse. Zumal Facebook das Programm so bereitwillig öffentlich zugänglich gemacht hatte.

Neuronale Netze können heute alles Mögliche mit Sprache anstellen. Man kann mit Siri zwar noch keine Geheimsprache entwickeln, aber sie kann schon recht gut mit Fragen umgehen, die man ihr stellt. Jedes Mal, wenn man Google Translate verwendet, arbeitet im Hintergrund ein neuronales Netz. Chatbots finden sich inzwischen auf fast jeder Website. OpenAI, ein bekanntes Forschungsinstitut auf dem Gebiet der künstlichen Intelligenz, hat Anfang 2019 ein neuronales Netz entwickelt, das so überzeugend Fake News produziert, dass es aus Sicherheitsgründen geheim gehalten wurde. Ein Algorithmus aus demselben Jahr, der hingegen einfach online zugänglich ist, schrieb die folgende Nachricht, wobei ihm nur der erste Satz als Inspiration diente:

Iran zerschlägt CIA-Spionagering, einige zum Tode verurteilt
ANKARA (Reuters) – Der Iran hat am Freitag in Teheran sechs Männer wegen Spionage für die CIA angeklagt, sie sollen einen Spionagering zerschlagen haben, der in Dutzenden von Ländern, darunter auch im benachbarten Irak, tätig war.
Wie iranische Medien berichten, wurde Kommandant Myasad Yergalani dabei zum Tode verurteilt. Er ist der Bruder von Generalmajor Anas Yergalani, des hohen Offiziers der iranischen Revolutionsgarden, der Quelle einer Menge vor Gericht gesehener Körpersprache
Die Verurteilung ist ein Schlag gegen die US-Pläne, wegen seines umstrittenen Atomprogramms eine Seeblockade des Iran durchzuführen, wird aber kommen, da Washington versucht, eine stärkere Beziehung mit dem Iran zu etablieren, um seinen Erzfeind zu isolieren, und zu versuchen, die wirtschaftlichen Beziehungen zu fördern.

Beeindruckend, nicht wahr? Wenn man den Text nicht allzu sorgfältig liest, wirkt er wie eine realistische Nachricht. Sieht man sich das Ganze jedoch etwas genauer an, fallen einem immer mehr Merkwürdigkeiten auf. Warum sollte einer dieser sechs Spione der Bruder eines iranischen Topgenerals sein? Wer würde jemals schreiben, dass jemand «die Quelle einer Menge vor Gericht gesehener Körpersprache» ist? Und warum organisieren die USA eine Blockade, um den Iran zu isolieren, wenn sie sich gleichzeitig um engere wirtschaftliche Beziehungen mit dem Iran bemühen? Besonders logisch ist ein solcher Bericht noch nicht, auch wenn er meilenweit von ELIZAs kläglichem Sprachgebrauch entfernt ist.

Wie schnell verläuft denn nun die Entwicklung einer maschinellen Sprache? Verstehen Computer tatsächlich bald, was wir sagen? Werden wir binnen kurzem von Fake News überflutet, die in Sekundenschnelle von einem Prozessor produziert werden? Und wie ist es möglich, dass ein Chatbot wie Tay (2016 von Microsoft auf Twitter installiert) innerhalb von vierundzwanzig Stunden zu einem sexistischen, rassistischen Hitler-Anhänger wurde?

Darauf werden wir im Laufe des Kapitels noch zurückkommen. Zunächst einmal zu diesem Facebook-Computer mit seiner eigenen

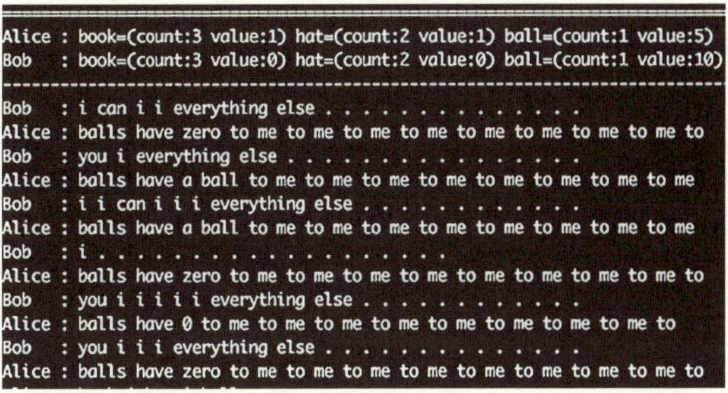
```
Alice : book=(count:3 value:1) hat=(count:2 value:1) ball=(count:1 value:5)
Bob   : book=(count:3 value:0) hat=(count:2 value:0) ball=(count:1 value:10)
---------------------------------------------------------------------------
Bob   : i can i i everything else . . . . . . . . . . . . . .
Alice : balls have zero to me to me to me to me to me to me to me to me to
Bob   : you i everything else . . . . . . . . . . . . . .
Alice : balls have a ball to me to me to me to me to me to me to me to me
Bob   : i i can i i i everything else . . . . . . . . . . . . . .
Alice : balls have a ball to me to me to me to me to me to me to me to me
Bob   : i . . . . . . . . . . . . . . . . . . .
Alice : balls have zero to me to me to me to me to me to me to me to me to
Bob   : you i i i i i everything else . . . . . . . . . . . .
Alice : balls have 0 to me to me to me to me to me to me to me to me to
Bob   : you i i i everything else . . . . . . . . . . . . . .
Alice : balls have zero to me to me to me to me to me to me to me to me to
```

Die «eigene Sprache», die von dem neuronalen Netz auf Facebook entwickelt wurde: Folge einer aus dem Ruder gelaufenen Übungseinheit eines neuronalen Netzes mit sich selbst.

Sprache. Worum ging es dabei: Das eigentliche Ziel bestand darin, einem neuronalen Netz das Verhandeln beizubringen; um zu sehen, wie schwierig es ist, Maschinen zur Zusammenarbeit zu bewegen. Denn wenn wir je einen Computer haben sollten, der intelligenter ist als wir, wäre es günstig, wenn er sich kooperativ und nicht konfrontativ verhielte. Dazu wurde der Computer in eine Situation versetzt, in der er über eine Reihe von Gegenständen (wie Bücher, Hüte und/oder Bälle) verfügte, wie die andere Partei auch. Für jeden Gegenstand erhielt der Computer eine bestimmte Punktezahl, die ein wenig von der Punktezahl der Gegenpartei abwich. Schließlich legt nicht jeder den gleichen Wert auf die gleichen Dinge.

Der Computer sollte nun lernen, so zu tauschen, dass beide Parteien zufrieden sind und er eine möglichst hohe Punktzahl erreicht. Mit anderen Worten, er sollte möglichst viele Objekte bekommen, die er *wirklich* gerne haben wollte. Die Verhandlungen gerieten jedoch ein wenig außer Kontrolle, als beide Parteien von neuronalen Netzen eingenommen wurden. Oben sehen Sie, wie ein solches Gespräch verlief.

Das ist nicht gerade gutes Englisch, aber reicht es aus, um hier tatsächlich sagen zu können, der Computer habe seine eigene Sprache entwickelt? Genau wie beim ELIZA-Effekt im zweiten Kapitel würde man damit viel mehr hinter dem Verhalten des Computers vermuten, als dort zu finden ist. Denn eigentlich spielte das neuronale Netz hier nur verrückt und begann, Unsinn zu verzapfen.

Zunächst lehrte Facebook das neuronale Netz, Gespräche auf der Grundlage von 5808 gespeicherten Verhandlungen zwischen Menschen zu führen. Bei jedem dieser Gespräche versuchte der Computer vorherzusagen, wie beide Parteien reagieren würden. Und aus jedem Fehler in der Vorhersage lernte er, so dass der Algorithmus nach Ablauf dieser Lerneinheit auch eigenständig während einer Verhandlung reagieren konnte. Er imitierte einfach, wie Menschen dabei vorgingen.

Das ging erst dann schief, als die Mitarbeiter von Facebook auf die Idee kamen, das Training fortzusetzen, indem sie den Computer gegen einen anderen Computer antreten ließen. Beide neuronalen Netze (die Kopien voneinander waren) lernten gleichzeitig aus den Gesprächen, übernahmen dabei aber auch viele merkwürdige Züge voneinander. Wenn ein Computer sagte: «Gib mir den Ball», und daraufhin einen Ball bekam, lernte der Computer, dass das Wort «mir» *(to me)* gute Ergebnisse liefert: Wenn man um etwas bittet, ist die Wahrscheinlichkeit größer, dass man es bekommt. Daher begann das Netz, immer öfter «mir» *(to me)* zu wiederholen. Der eine Computer verstärkte die absurden Aussagen des anderen und umgekehrt (auch der andere dachte: Ja, gute Idee, in der Wiederholung liegt die Kraft), und weil es keinen Menschen gab, der den Computer wieder auf den rechten Weg brachte, entwickelten sie diese idiotische Sprache.

Die neuronalen Netze hatten keinen blassen Schimmer, was sie taten, und «kommunizierten» nur in ausgesprochen beschränktem Maße. Aber die Medien bauschten ihre «Konversation» zu einer neuen Sprache auf, die die Wissenschaftler nicht verstanden. Und sie unterstellten, man habe schnell den Stecker gezogen, um zu verhindern, dass die Computer untereinander Pläne schmiedeten, uns die Macht zu entreißen. In Wirklichkeit wurden sie abgeschaltet, weil die eigentliche Idee darin bestand, Computer zur Zusammenarbeit mit Menschen zu befähigen. Und das war ihnen mit der Sprache, die sich diese Algorithmen gegenseitig beigebracht hatten, nicht gelungen. Wie stellen wir nun also sicher, dass neuronale Netze dazu fähig sind? Warum ist Siri durchaus in der Lage zu kommunizieren?

Wortschatz und Wischen

Wörter sind für einen Computer eine knifflige Angelegenheit. Sie lassen sich nicht einfach in Zahlen erfassen, im Unterschied zu Bildern, bei denen man jedem einzelnen Pixel einen bestimmten Wert zuordnet. Jeden Buchstaben mit einer Zahl zu verbinden, wäre ein recht sinnloses Unterfangen. Wörter haben eine Bedeutung, die völlig verloren ginge, wenn man sie durch aus dem Hut gezauberte Zahlen ersetzte. Aufgrund ihrer Bedeutung bilden Wörter ein zusammenhängendes Sinngebilde, einen Satz. Wörter beziehen sich aufeinander, während das einzelne Zahlen nicht tun.

Der formale Charakter der künstlichen Intelligenz, der bereits im ersten Kapitel zur Sprache kam, erschwert ein solches Vorgehen zusätzlich. Die Mathematik, auf die man dabei angewiesen ist, hat nichts mit Bedeutung zu tun. Bei ihr dreht sich alles um die Arten und Weisen, auf die sich ein Symbol durch ein anderes ersetzen lässt. Während wir mit Sprache gerade alles Informelle erfassen wollen, weil Sprache für uns nur von Wert ist, sofern sie Bedeutung vermittelt. Im zweiten Kapitel haben wir bereits gesehen, dass es für uns nicht einfach ist, diese informelle Bedeutung in formale Regeln zu gießen: ELIZA und die damaligen Übersetzungsprogramme funktionierten nicht besonders gut. Darum haben wir diese Versuche aufgegeben.

Statt expliziter Regeln nutzen wir seit den achtziger Jahren einen anderen Trick: Den von ihrer Bedeutung verursachten Zusammenhang von Wörtern erfassen wir mathematisch als die Wahrscheinlichkeit, dass sich Wörter in der Nähe zueinander befinden. Drachen haben etwas mit Prinzessinnen zu tun, weil man diese beiden Wörter in Märchen oft im selben Satz findet. Flugzeugträger sind wiederum etwas ganz anderes, und das weiß der Computer, weil er so gut wie nie einen Text scannt, in dem sowohl Drachen als auch Flugzeugträger vorkommen. Flugzeugträger sind für Computer jedoch mit Düsenjägern und dem Meer verwandt; auch wenn sie keine Ahnung haben, was das alles ist.

Auch neuronale Netze gehen auf diese Weise mit Sprache um. Sie imitieren die Bedeutung eines Wortes anhand der Wahrscheinlichkeit, mit der andere Wörter in seiner Nachbarschaft auftauchen. Das geht so: Man legt im Voraus fest, welcher Wortschatz dem Computer zur Verfügung stehen soll, beispielsweise die zehntausend gebräuchlichsten Wörter. Dann untersucht der Computer in Millionen von Texten für jedes Wort, welches Wort ihm vorausgeht und welches ihm folgt. Daraus ergibt sich pro Wort eine ungeheuer lange Reihe von Zahlen, die angibt, wie oft man gewisse andere Wörter in der Nähe des Wortes antrifft. Sie beziffert die Wahrscheinlichkeit, mit der diese anderen Wörter gemeinsam mit diesem einen Wort in demselben Satz auftauchen.

So kann ein Computer beispielsweise den Unterschied zwischen Verben und Substantiven erkennen. Neben einem Verb steht eher selten ein zweites Verb, während sich Substantive mit einer gewissen Regelmäßigkeit neben einem Verb finden. Selbst wenn man nur zählt, welche Wörter wo stehen, lassen sich die Wortarten an ihrer Stellung und ihrer Rolle im Satz erkennen. Allein mit diesen formalen Verbindungen zwischen den Wörtern kommt man schon recht weit.

Zumindest, wenn man bei den Wörtern noch einen zusätzlichen Trick anwendet. Einen Trick, den Tinder wahrscheinlich

Drei potenzielle Matches auf Tinder. Rechts unten sind die Likes (Herz) oder Dislikes (X) zu sehen.

auch nutzt, um Ihnen beim Wischen über das Display neue Leute vorzustellen. Lassen Sie uns also zunächst einige potenzielle Matches bei Tinder anschauen, um über einen kleinen Umweg besser zu verstehen, wie Algorithmen beim Verfassen von Texten vorgehen. Es ist also an der Zeit, ein wenig zu wischen, wobei ich es mir nicht verkneifen konnte, schon mal damit anzufangen.

Das sind die Daten, die Tinder von mir hat: welche Profile ich like und welche mich weniger ansprechen. Die große Frage ist nun: Was halte ich wohl vom nächsten angebotenen Profil?

Rein intuitiv können Sie sich wahrscheinlich vorstellen, wie meine Reaktion ausfällt. Dieses Foto gleicht ein bisschen dem mittleren, daher gefällt mir dieses Bild wahrscheinlich auch nicht. Vielleicht habe ich etwas gegen Brillen oder (schüttere) Bärte. Was auch immer es ist, es wird mit den Profilen zusammenhängen, die ich sehe.

Und diese Eigenschaften der Profile kann der Computer aufspüren, indem er untersucht, wie sich die vielen Nutzer, die schon vor mir gewischt haben, entschieden haben. Indem er immer vorhersagt, ob ein Profil *gelikt* wird oder nicht, lernt er, dieses Profil einzuschätzen. Das ist die Idee, um die es geht: Wie Sie gleich sehen werden, lernt ein Computer, auch Wörter zu verstehen, indem er vorhersagt, ob ein Wort in einen bestimmten Satz passt oder nicht.

Bleiben wir noch kurz bei Tinder. Bevor der Computer darüber nachdenkt, welche Profile zu Ihnen passen könnten oder nicht, versucht dieser Algorithmus zunächst, die Eigenschaften von Profilen zu erfassen. Dies tut er, indem er immer und immer wieder vorhersagt, ob dieses Profil von einem Nutzer gelikt wird, der eine Reihe anderer Profile bewertet hat. Dank der enormen Datenbank von Tinder lassen sich sehr viele Gruppen bilden, von denen man weiß, wie sie sich bei den ersten Profilen entschieden haben und wie sich bei dem Profil, das der Computer erfassen will, letztendlich entscheiden. So lässt sich die Vorhersage des Computers an dem tatsächlichen Wischen der User auf Tinder überprüfen.

Das neuronale Netz, das diese Vorhersagen machen muss, braucht natürlich einige Zeit, um zu lernen. Aber hat es diesen Prozess einmal durchlaufen, hat der Algorithmus eine Reihe von Mustern gefunden, die das Profil für den Computer charakterisieren. Dies sind genau die Muster, mittels derer der Computer entscheidet, ob jemand das Profil liken wird oder nicht. Es könnte sein, dass das Profil ein Foto mit Brille zeigt oder dass man jemanden Hockey spielen sieht oder ein Haustier zu sehen ist und so weiter. Es kann aber auch etwas viel Beliebigeres oder gerade etwas viel Spezifischeres sein; über die Muster, die ein Netz lernt, haben wir schließlich keine Kontrolle.

Mit diesen Mustern ausgerüstet, kann sich Tinder endlich ans Werk machen. Das Programm versteht nun, was für all die unterschiedlichen Profile typisch ist (denn man wiederholt diesen Vorhersagetrick für sehr viele Profile). Und wie wählt Tinder dann ein

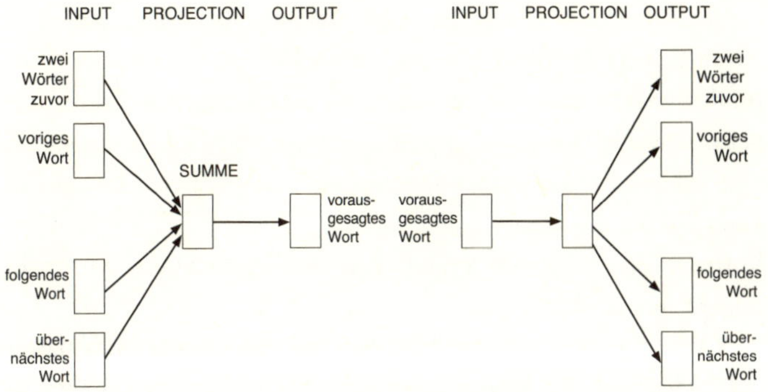

Die zwei Versionen von Word2Vec: Ergänze das fehlende Wort anhand des restlichen Satzteils (links) oder den Rest des Satzes anhand eines Wortes (rechts).

neues potenzielles Match für Sie aus? Nun, das System schaut sich zunächst einmal an, welche Merkmale Ihnen gefallen, welche Profile sie gelikt haben. Dann ermittelt der Computer den Durchschnitt all dieser Profile. Das ist möglich, weil die Profile für den Computer in Form einer Reihe von Zahlen aus dem neuronalen Netz wiedergegeben sind. Dieser Durchschnitt steht für Ihre Vorliebe auf Tinder. Der Rest ist einfach: Tinder durchsucht möglichst viele Profile, die Ihrer Vorliebe möglichst nahekommen. Im Idealfall bedeutet das mehr Matches, denn Tinder sucht gleichzeitig nach Nutzern aus der Gruppe, von denen Sie wahrscheinlich gelikt werden. Man kann dann nur hoffen, dass das zum Erfolg führt, denn leider gibt es für ein Match keine Garantie.

Damit hat man bei Texten kein Problem. Aber das Tinder-Prinzip, die Methode mit dem Namen TinVec, wird auch dort eingesetzt. Im Grunde hat Tinder diese Idee sogar von Word2Vec kopiert, einem Verfahren, das Google 2013 entwickelt hat, um Computern einen Wortschatz beizubringen. Word2Vec arbeitet auf gleiche Weise: Ein neuronales Netz wandelt Wörter in Zahlen um, indem es auf Grundlage des restlichen Satzteils diese Wörter vorhersagt.

Jedes neuronale Netz, das sich mit Sprache befasst – denken Sie an Google Translate, aber auch an Algorithmen, die Fake News produzieren –, arbeitet mit einer der Versionen von Word2Vec, beispielsweise mit derjenigen, die Sie hier oben sehen. Das Netz sagt anhand des Kontexts ein einzelnes Wort voraus, oder anhand eines Wortes die umliegenden Wörter. In beiden Fällen sind es die Vorhersagen, die dafür sorgen, dass der Algorithmus Wörter in Zahlen umwandeln kann.

Ohne jegliches Sinnverständnis kann ein solches Netz damit der Bedeutung der Wörter überraschend nahekommen. Es «rechnet» nämlich mit den von Word2Vec produzierten Zahlenreihen. Diese Reihen von Wahrscheinlichkeiten (dafür, welche Wörter sich in der Nähe befinden) kann ein Computer voneinander subtrahieren und miteinander addieren. So kann ein Programm folgende Berechnung anstellen: «König» – «Mann» + «Frau». Was bedeutet, dass man die Wahrscheinlichkeit, die der Kontext von «Mann» darstellt, von derjenigen von «König» subtrahiert und danach die Wahrscheinlichkeit von «Frau» hinzuaddiert. Mit anderen Worten: Mit dieser Berechnung versucht man herauszufinden, was einer Frau so gleicht, wie ein Mann einem König gleicht. Was kommt dabei heraus? Eine Reihe von Wahrscheinlichkeiten, die denen für das Wort «Königin» verdächtig nahekommen. Mit anderen Worten: Ein weiblicher König ist eine Königin. Und das rein auf Basis davon, welche Wörter nebeneinanderstehen! In der folgenden Abbildung können Sie es noch deutlicher erkennen. Dort dienen die Zahlenreihen dazu festzustellen, wo sich ein Wort in dem Graphen befindet. Die errechneten Verhältnisse der Wörter zueinander (wie sehr die Zahlenreihen sich gleichen, gemessen mittels der *Kosinus-Ähnlichkeit*, falls Sie das interessiert) werden mit Pfeilen (Vektoren) wiedergegeben.

Man muss sich allerdings vorsehen, wie ernst man diese Beispiele nimmt. Denn es handelt sich schließlich nur um Wahrscheinlichkeiten. Mit der kleinen Variation «König» – «Mann» + «Königin» (was gleicht einer Königin so wie ein Mann einem

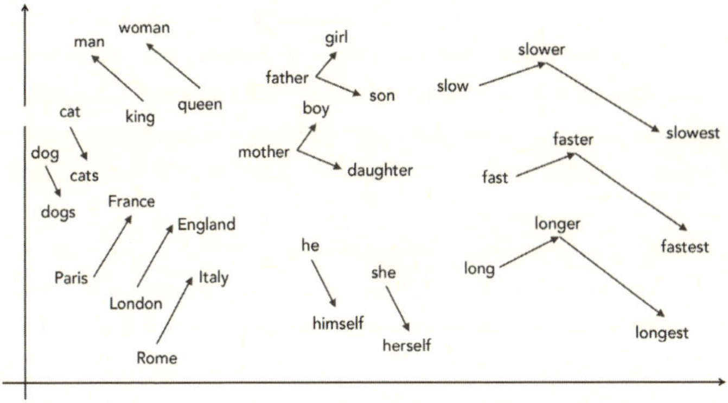

Verhältnisse der Wörter zueinander bei Word2Vec. Der Abstand (die Pfeillänge) zwischen den Zahlen für König *(king)* und Mann *(man)* ist identisch mit dem zwischen den Zahlen für Königin *(queen)* und Frau *(woman)* und so weiter.

König?) landet man zunächst bei «Frau», kommt aber auch «versuchtem Kidnapping» sehr nahe. Anscheinend hat sich dieses spezielle neuronale Netz auch zahlreiche Texte über entführte weibliche Mitglieder von Königshäusern angesehen. Nach Ansicht desselben Netzes gleicht ein Affe einem Menschen wie ein Dinosaurier einem Fossil. Sind wir also die sterblichen Überreste von Affen? Was, in aller Welt, hat dieses neuronale Netz gelesen?

Diese Beispiele sind vor allem amüsant, sie zeigen aber auch, dass man mit einer simplen Wahrscheinlichkeitsrechnung einiges an Bedeutung imitieren kann. Man kann diese Berechnungen aber auch viel seriöser einsetzen. Mitte des Jahres 2019 zeigten Wissenschaftler, dass ein Computer, den man 3,3 Millionen wissenschaftliche Publikationen über die Eigenschaften von Materialien lesen ließ, mit Hilfe von Word2Vec alle möglichen Erkenntnisse über diese Materialien auflas. Beispielsweise kann man sofort das Periodensystem aus den Wahrscheinlichkeitsreihen ablesen, die der Computer ausspuckt. Gleiches gilt für die Eigenschaften von Materialien. Wenn man weiß, dass NiFe ferromagnetisch ist, kann man den Computer fragen, wie sich andere Materialien verhalten. Wie man fragen kann, was die weibliche Variante von «König» ist, kann man auch fragen, welche Art von Magnetismus ein anderes Material hat. Zum Beispiel IrMn (Iridium-Mangan-Legierung): Berechne «ferromagnetisch» – NiFe + IrMn. Man bekommt dann die Antwort «antiferromagnetisch». Und siehe da, das ist genau die für IrMn passende Art von Magnetismus!

Besonders beeindruckend ist, dass die Wissenschaftler nach Materialien mit interessanten Eigenschaften suchen konnten. Beispielsweise nach der Eigenschaft «thermoelektrisch» (Ihr Kühlschrank funktioniert mit Hilfe derartiger Materialien, die das Innere des Geräts kühlen, wenn man ihnen Strom zuführt). In der unmittelbaren Nachbarschaft dieses Wortes standen alle möglichen Namen von Substanzen, deren besondere Eigenschaften man eigentlich zu kennen geglaubt hatte. Doch das war längst nicht immer der Fall. Gelegentlich pickte der Computer Eigenschaften von Substanzen heraus, *bevor* die Wissenschaftler diese entdeckt hatten. Die Wahrscheinlichkeiten, mit denen Wörter in der Nähe zueinander gefunden wurden, wirkten sich in der Summe so aus, dass sie implizites Wissen über Materialien zum Vorschein brachten, das zwar in diesen Millionen von Artikeln enthalten war, dessen sich aber kein Wissenschaftler bewusst war. So kann man bizarrerweise diesen statistischen Kniff auch dazu nutzen, Wissenschaft zu betreiben. Leider eignet er sich fast ebenso gut dazu, Fake News zu produzieren.

Fake News aus einem Chip

Ein Eisenbahnwaggon mit radioaktiven Stoffen wurde heute in Cincinnati gestohlen. Sein Verbleib ist unbekannt.
Der Vorfall ereignete sich auf der Strecke von den Stationen Covington und Ashland in die Innenstadt. In einer E-Mail an Nachrichten-

agenturen in Ohio gab das US-Energieministerium bekannt, dass es mit der Federal Railroad Administration zusammenarbeitet, um den Dieb zu fassen.

«Der Diebstahl dieses Nuklearmaterials wird erhebliche negative Folgen für die Gesundheit der Bevölkerung und die Umwelt, unsere Arbeitskräfte und die Wirtschaft haben», sagte Tom Hicks, der US-Energieminister, in einer Erklärung. «Unsere oberste Priorität ist es, das Diebesgut zu sichern und Vorkehrungen zu treffen, dass so etwas nicht noch einmal passiert.»

Das gestohlene Material stammt von der Kernforschungsanlage der Universität von Cincinnati im Research Triangle Park, heißt es in einer Pressemitteilung des Ministeriums. Die Nuclear Regulatory Commission gab zunächst keine Informationen heraus. Laut der Mitteilung leitet das Office of Nuclear Material Safety and Security des U. S. Department of Energy die Ermittlungen.

«Die Sicherheit der Menschen, der Umwelt und des nationalen Nuklearlagers hat für uns höchste Priorität», sagte Hicks. «Wir werden der Sache auf den Grund gehen und keine Ausreden zulassen.»

Diese Nachricht ist von einem neuronalen Netz verfasst worden. Der kursivierte Teil wurde von Menschen vorgegeben, den Rest improvisierte der Computer. Der Algorithmus wählt nur aus, welches Wort angesichts des vorhergehenden Textes am wahrscheinlichsten folgt. Da dieser Algorithmus GPT-2 (das Netz, dessen Code von Open AI geheim gehalten wird) viel gelesen und sich auch eine Menge gelesenen Textes gemerkt hat, produziert er Nachrichten, die täuschend echt aussehen. Auch wenn die Regierung in Wirklichkeit vielleicht nicht so stark betonen würde, dass der Vorfall enorme negative Folgen für die Gesundheit und die Wirtschaft haben wird. Und wohl auch nicht sagen würde, dass sie keine Ausreden für den Diebstahl zulassen werde.

Werden wir nun auf kurz oder lang von solchen Nachrichten überflutet? Vielleicht. Einerseits wird im Internet schon so viel Unsinn verbreitet, dass wir auch heute bereits auf die Quelle achten müssen, wenn wir online auf etwas stoßen. Computer können die Menge an Unsinn also höchstens noch vergrößern. Andererseits sind die Hirngespinste der Chips von unterschiedlicher Qualität. Neuronale Netze scheinen durchaus in der Lage zu sein, Propagandaartikel (wie jene auf der Breitbart-Nachrichtenseite) gut umzuschreiben, aber das Verfassen von Fake News gehört nicht zu ihren hervorstechenden Qualitäten. Daher erscheinen tagtäglich gefakte – aber lächerliche – Artikel auf der Basis echter Zeitungartikel, wie sie hier über den QR-Code zu sehen sind.

Folgendes hat das neuronale Netz Grover (ein Top-Algorithmus) aus einer 2019 veröffentlichten Schlagzeile über Pestizide fabriziert.

> *EU-Experten bestätigen, dass Pestizide ungeborene Kinder schädigen können*
> Eine einflussreiche Gruppe von Top-Agrarwissenschaftlern und Experten hat die EU-Behörden dafür gerügt, dass sie keine klaren Regeln für den Einsatz von Pestiziden für diese Kinder vorgelegt haben, berichtet die BBC.
> Guy Burgess, Aktivist für Gleichberechtigung und Menschen mit Behinderungen, sagt, dass die Europäische Kommission «offener und transparenter» in ihrem Umgang mit dem Thema der reproduktiven Gesundheit werden muss.
> …
> Wegen möglicher Auswirkungen auf die Entwicklung des Fötus wurden etwa 5 Millionen Eier von gefährdeten Spermien und Spermien, die von solchen Meerschweinchen stammen, den Vögeln entnommen, einige mehr als ein Jahr nach ihrer Befruchtung.
> Die Kinderwunschklinik, in der die Eier entnommen wurden, sagte, dass viele Jungvögel wahrscheinlich Gaumenspalten entwickelten oder Pubertätsstörungen hatten.
> Gob, gob, gob: Einige experimentell gentechnisch veränderte Eier, von denen bekannt ist, dass sie Schlagfehler triggern. Die Kinderwunschklinik, in der die Eier entnommen wurden, sagt, es könnte

> bedeuten, dass viele Jungvögel wahrscheinlich Gaumenspalten entwickelten oder Pubertätsstörungen hatten.
>
> Die Europäische Agentur für Tiermedikamente und öffentliche Gesundheit weigert sich, den gentechnisch veränderten Status der Eier zu bestätigen, und besteht darauf, anonym zu bleiben.
>
> …

Allein schon diese Truthahngeräusche – «gob, gob, gob» – sind in einem seriösen Zeitungsartikel merkwürdig. Und die Jungvögel, die mit der Pubertät zu kämpfen haben, die EU-Behörde, die anonym bleiben möchte, die Millionen gefährdeter Samenzellen und die (fast identische) Wiederholung eines ganzen Satzes kann man auch nicht wirklich ernst nehmen.

Welche Auswirkungen Fake News haben, die von Menschen verfasst werden, ist allerdings ebenfalls nicht ganz klar. Im Jahr 2016, nicht lange nach der Wahl von Donald Trump, führten zwei Wirtschaftswissenschaftler eine Untersuchung über die tatsächlichen Auswirkungen solcher Nachrichten durch. Und die waren gar nicht so schlimm: Längere Beiträge über die Wahlen, die der Wahrheit entsprachen, wurden von 70 Prozent der Befragten wiedererkannt und für wahr gehalten. An gefakte Nachrichten erinnerten sich gerade einmal 15 Prozent aller Befragten. Zudem wurden auch neue – von den Wissenschaftlern erfundene – Fake News unter die Nachrichten gemischt. Auch an diese meinten sich 14 Prozent der Befragten «zu erinnern». Menschen wissen also nicht einmal kurz nach den Wahlen, bei denen diese Nachrichten eine Rolle gespielt haben, welche sie tatsächlich wahrgenommen haben. Der Einfluss von Fake News scheint also zum Glück für uns (die wir auf den gesunden Menschenverstand vertrauen) marginal zu sein.

Machen Sie sich trotzdem Sorgen um computergenerierte Texte? Dann testen Sie die kleinere Version des Algorithmus mittels dieser beiden QR-Codes. Statt der 1,5 Milliarden Zahlen in der geheimen Version werden hier in der Lernphase jeweils «nur» 345 und 774 Millionen Zahlen in das Netz eingegeben (das neuronale Netz ist also um einiges kleiner). Geben Sie Ihren Namen ein, um zu sehen, was der Algorithmus daraus macht (aus irgendeinem Grund bin ich beim ersten QR-Code ein enttäuschter Wirtschaftsprofessor, der zweite schwankt zwischen einem Hacker und einem Ernährungswissenschaftler), oder geben Sie den ersten Satz Ihres Lieblingsbuchs ein. Man sieht gut, wie die Wahrscheinlichkeiten in einem solchen Algorithmus verteilt sind, und dass er noch nicht sehr weit kommt.

Das große Problem ist der Kontext. Computer verlieren den roten Faden, weil sie selbst kein Thema im Sinn haben, über das sie sprechen wollen. So kann es passieren, dass der Text plötzlich von Agrarwissenschaftlern und Pestiziden zu einem Aktivisten für Gleichberechtigung springt – wie in den ersten Zeilen im oben erwähnten Grover-Bericht. Das ist auch der Grund, warum Siri keine langen Gespräche mit uns führen kann. Irgendwann erinnert sich der Computer nicht mehr daran, was zuvor schon alles gesagt worden ist. Und dann ist das Gespräch zu Ende oder es geht plötzlich in eine ganz andere Richtung. Selbst die beste Version von GPT-2, einem der herausragendsten Algorithmen aus dem Jahr 2019, wiederholt sich gelegentlich.

Man sollte es nicht meinen, aber Computer haben an diesem Punkt kein Gedächtnis. Sie haben zwar Zugang zu riesigen Datenbanken mit einer Fülle an Informationen. Und ein neuronales Netz hat sich auch auf der Basis von Millionen von Textzeilen an menschliches Gesprächsverhalten angepasst. Aber dennoch ist es für ein neuronales Netz erstaunlich schwierig, sich zu merken, worum es bei Ihrem letzten Satz ging. Kein Wunder, dass Computer keine inspirierenden Gesprächspartner sind und ihre Versuche, Prosa zu produzieren, enttäuschen.

Erinnern Sie sich noch einmal an die neuronalen Netze aus dem vorigen Kapitel. Sie arbeiten Bild für Bild. Man zeigt ihnen

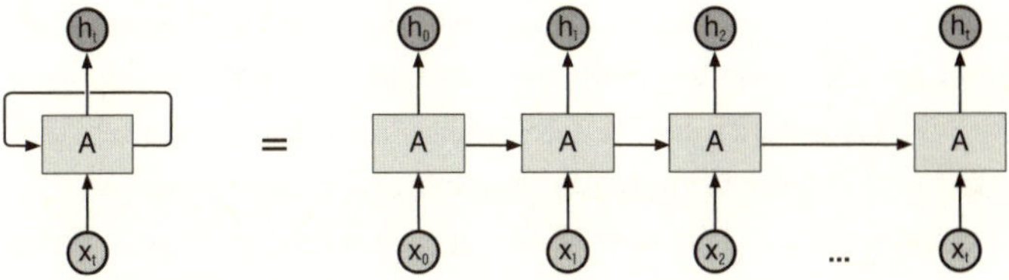

Ein rekurrentes neuronales Netz. Links sieht man die Eingabe, die von unten kommt, vom Netz verarbeitet wird und oben als Ausgabe herausgeht. Gleichzeitig wird das Resultat als zusätzliche Eingabe für die nächste Runde zurückgeleitet. Rechts sieht man, wie das von Wort zu Wort funktioniert: Die Berechnung A von Wort X_0 zählt bei der Berechnung von Wort X_1 mit und so weiter.

ein Foto und sie analysieren es. Anschließend vergisst das Netz alles, was es über das Bild wusste. Das ist ganz in unserem Sinne; denn es wäre einigermaßen unpraktisch, wenn ein Computer behaupten würde, dass ein Auto vor ihrem Tesla fährt, weil er noch daran zurückdenkt, wie die Straße vor zwanzig Minuten aussah. Aber bei Gesprächen muss man sehr wohl zurückdenken. Dafür braucht man deshalb ein ganz anders geartetes neuronales Netz: ein Netz mit einer Feedbackschleife, die den Computer mit einer Art Rückspiegel ausstattet. Hier sehen Sie eine schematische Darstellung eines solchen «*rekurrenten*» neuronalen Netzes mit einer Schleife (links), die rechts für eine Wort-zu-Wort-Bearbeitung aufgefaltet wird.

Stellen Sie sich vor, dass das Rechteck A Tausende bis Millionen von Neuronen enthält, die ein solches neuronales Netz benötigt. Um diesen Neuronen so etwas wie ein Gedächtnis zu verleihen, mit dem sie wissen können, was sie gerade gesagt haben, lässt man sie nicht einfach das nächste Wort (über dem Rechteck) ausspucken. Man sorgt dafür, dass ein gewisser Teil der Berechnung in A als weitere Eingabe auch wieder in das neuronale Netz zurückgeführt wird. Auf diese Weise kann das neuronale Netz besser das nächste Wort wählen. Ohne diese Feedbackschleife kann der Computer nur auf das Wort unmittelbar davor zurückblicken. Mit einer Schleife kann er weiter zurückschauen, indem der Algorithmus die Gründe, die hinter der vorherigen Wortwahl standen, weiterleitet. Da diese Gründe und Berechnungen wiederum von dem Wort *davor* (also dem zwei Worte zurückliegenden Wort) abhängen, «merkt sich» der Computer doch etwas von dem Gespräch. Deshalb sehen Sie rechts in der Abbildung die ausgearbeitete Abfolge, in der die Berechnung A für ein Wort immer an den nächsten Berechnungsschritt weitergegeben wird.

Die modernsten Algorithmen, die die oben vorgestellten Texte geschrieben haben, sind noch komplizierter aufgebaut. Rekurrente neuronale Netze wie das hier beschriebene haben nämlich kein besonders großes Erinnerungsvermögen. Indirekt erinnern sie sich zwar an einige vorhergehende Sätze, da auch die Wortwahl, die zehn Wörter zurückliegt, noch die aktuelle Wortwahl beeinflusst. Doch dieser Einfluss wird mit jedem Kettenglied geringer. Eine Feedbackschleife ist sicherlich hilfreich, aber sie ist nicht perfekt. Auch aus diesem Grund sind in den vergangenen Jahren schnell verbesserte Versionen textgenerierender Computer nach den beiden grundlegenden Ideen entstanden: zum einen der Idee, Wörter in Zahlen umzuwandeln, zum anderen der Idee, neuronale Netze mit einem Gedächtnis auszustatten.

Nun muss man hinzufügen, dass diese neuen Techniken schnell kompliziert werden. Es ist daher auch kein Problem, wenn Sie die nachfolgenden Erklärungen nicht ganz nachvollziehen. Mir geht es vor allem darum zu zeigen, wie sich die künstliche Intelligenz gegenwärtig weiterentwickelt. Welche Aspekte rasche Verbesserung erfahren und wo Fortschritte sehr selten sind. Damit Sie nicht nur über den Stand der Forschung auf dem Laufenden sind, sondern auch realistische Erwartungen an die kommenden Entwicklungen haben. Überspringen Sie also ruhig einige technische Details, wenn es Ihnen zu viel wird.

Das Tempo der modernen künstlichen Intelligenz: Sprachsprünge

Dass Ihr Computer Texte schreiben kann (oder Texte auch übersetzen, Gesprochenes wie durch Zauberhand in geschriebenen Text umwandeln und Artikel zusammenfassen kann), ist zwei Techniken zu verdanken: einer Methode zur Umwandlung von Wörtern in Zahlen und einer Strategie zur Unterstützung neuronaler Netze beim Aufbau eines Gedächtnisses. In beiden Bereichen hat sich seit 2013, als Word2Vec konzipiert wurde, eine Menge getan. Dabei handelt es sich jedoch hauptsächlich um Verfeinerungen der ursprünglichen Ideen; revolutionäre Durchbrüche waren seither kaum zu verzeichnen.

Beginnen wir mit der Übertragung unserer Sprache in die mathematische Sprache der künstlichen Intelligenz. Sie ist möglich, indem man den Computer vorhersagen lässt, welche Wörter sich in der Nähe des Wortes befinden, an dem man interessiert ist. Für das Wort «Ausstellung» verfügt der Computer also über eine Reihe von Zahlen, anhand derer das Netz vorhersagt, welche Wörter sich (wahrscheinlich) in seiner Nähe finden. Und diese Zahlenreihe ist, was den Algorithmus anbetrifft, völlig unabhängig von der Sequenz, die das Netz für das Wort «Zelteausstellung» verwendet, obgleich man durchaus erwarten könnte, dass sie sich beide letzten Endes ähnlich sein werden. Um das herauszufinden, muss man allerdings genügend Texte zur Verfügung haben, die speziell von Zelteausstellungen handeln. Aber wie oft, glauben Sie, wird Ihnen dieses Wort wohl begegnen?

Daher brachte Facebook 2016 mit FastText eine verbesserte Version von Word2Vec auf den Markt. Der einzige Unterschied dieser Version zu Word2Vec besteht darin, dass der Computer jetzt nicht ganze Wörter wie beispielsweise das Wort «Zelte» betrachtet, sondern die Wörter in einzelne Stücke zerlegt. Anstelle *eines* Wortes arbeitet FastText mit einer Folge von Buchstaben:

Ze, Zel, el, elt, lt, lte, te. Wenn man sie zusammenfügt, erhält man wieder «Zelte», aber das bringt nun einen entscheidenden Vorteil mit sich: Man kann jetzt sehen, dass «Zeltchen» etwas mit «Zelten» zu tun hat. Der Computer kann nun, wenn er zum ersten Mal auf das Wort «Zelt» stößt, abschätzen, worum es dabei geht, indem er die Bestandteile ähnlicher Wörter zusammensetzt. Und das geschieht im wahrsten Sinne des Wortes: FastText fügt einfach die Zahlenreihe für den Wortteil «Zelte» zu den Zahlen für «Ausstellung» hinzu. Denn separat sieht man diese Wörter oft genug, um sie dem neuronalen Netz gut beibringen zu können.

Zwei Jahre später war die Zeit für den nächsten Schritt gekommen. Denn obwohl Computer nun besser mit seltenen Wörtern umgehen konnten, kamen sie immer noch schlecht mit Wörtern gleicher Schreibweise, aber unterschiedlicher Bedeutung zurande. Es ist schon praktisch, wenn der Computer nicht plötzlich den Strafantrag der Staatsanwaltschaft zur Sprache bringt, wenn es um ein Gericht in einem Restaurant geht. Word2Vec machte jedoch keinen Unterschied zwischen den beiden Bedeutungen von «Gericht» und warf sie in einen Topf. Die Lösung dieses Problems kam 2018 mit der Entwicklung von BERT und ELMO: Seither ist es ein Sport geworden, diese Art von neuronalen Netzen nach Figuren aus der Sesamstraße zu benennen.

BERT (Bidirectional Encoder Representations from Transformers) geht auf eine einfache Idee zurück: Speisen und juristische Institutionen lassen sich voneinander unterscheiden, wenn man einen etwas breiteren Kontext in Betracht zieht. Zum Beispiel den Rest des Satzes. Auf diese Weise finden wir Menschen den Sinn eines Wortes schließlich auch heraus: Wir sagen über Gerichte in einem Restaurant andere Dinge als über die Richter am Gericht. BERT trifft seine Vorhersagen also nicht aufgrund eines einzigen Wortes. Der Algorithmus entfernt etwa 15 Prozent der Wörter aus einem ganzen Satz und sagt dann voraus, was wohl am besten in die Lücke passt. BERT verwendet also als Kontext den gesamten Satz und nicht nur ein paar Wörter, die sich in der Nähe befinden.

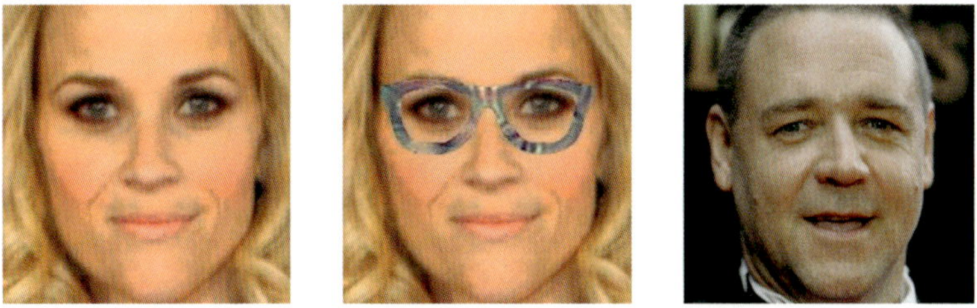

1 Reese Witherspoon (links) wird von neuronalen Netzen normalerweise korrekt erkannt. Fügt man dem Foto eine besonders bunte Brille hinzu (Mitte), ist der Computer überzeugt, dass es sich um Russell Crowe (rechts) handelt.

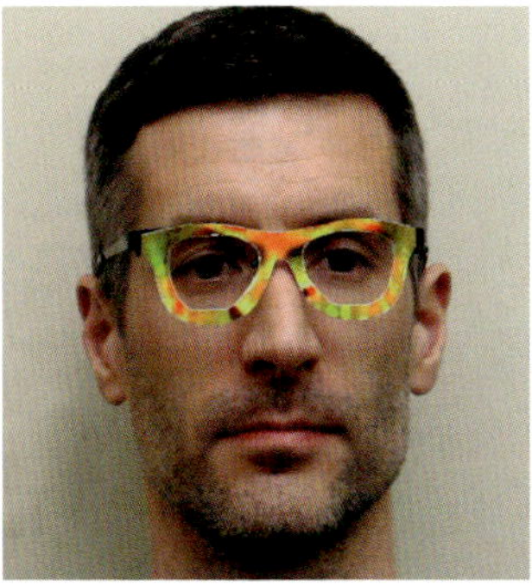

2–3 Mit einer nicht weniger stylischen Brille wird man für den Computer zu einem Filmstar und Supermodel, in diesem Fall zu Milla Jovovich.

4–5 Links ein Wohnzimmer mit einem Elefanten, der anscheinend ein Stuhl ist (der Computer erkennt auch eine Reihe von Dingen, wie den Becher neben dem Sofa, nicht mehr). Rechts eine doppelte Katze, mit einer Vorderpfote, die wohl irgendwie einem Hund gleicht.

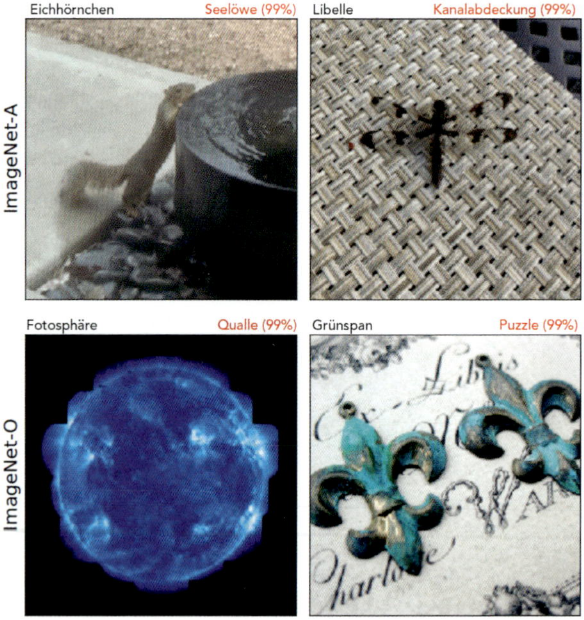

6–9 Computer erkennen Darstellungen nicht, entweder aufgrund ihrer Form (links oben und wahrscheinlich rechts unten) oder aufgrund ihrer Farbe (links unten und rechts oben).

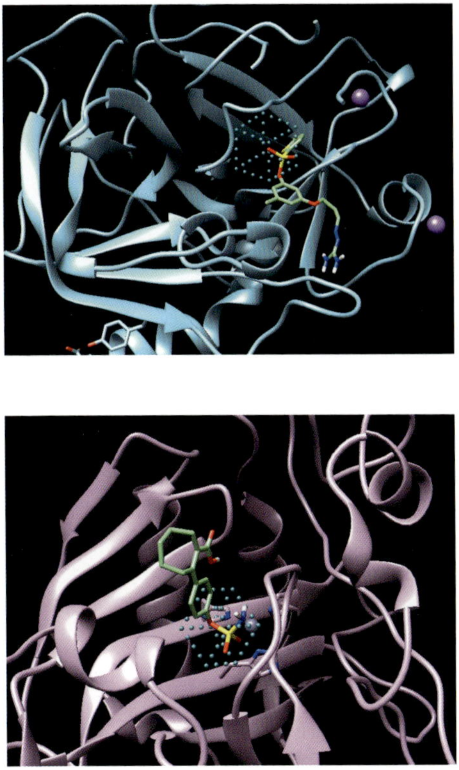

10 Eine Anzahl von Molekülen, in denen, wie der gepunktete Kubus zeigt, das Mustererkennungselement des neuronalen Netzes konsequent dasselbe Molekül aufspürt.

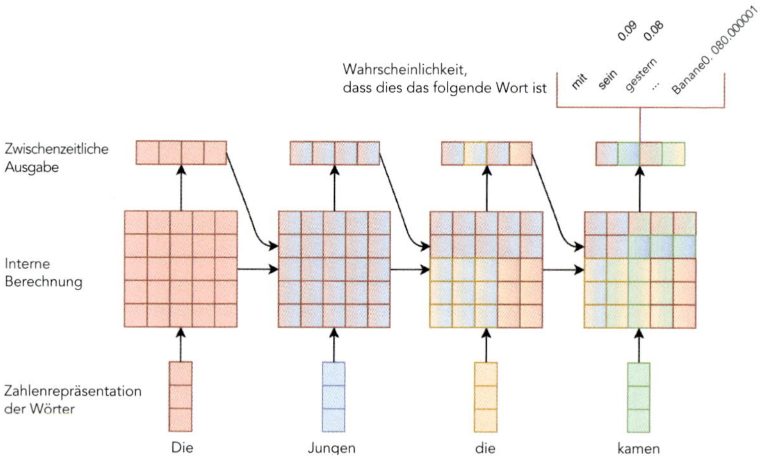

11 Die verblassende Erinnerung eines neuronalen Netzes. Es beginnt links, und je mehr Wörter es gesehen hat (je weiter es nach rechts rückt), desto schwieriger wird es, das ursprüngliche Rosarot zu bewahren.

12–13 Zwei von einem neuronalen Netz kreierte Porträtfotos. Keine der beiden Personen existiert.

Ein kleiner Vogel mit braunen und weißen Federn und einem roten Kopf

14 Ein neuronales Netz erhielt den oben stehenden Satz; allein auf dieser Grundlage entstanden diese Fotos.

15 Ein aus einem Hund gestaltetes Tässchen Espresso, warum denn nicht?

16 Gemälde von CAN, die die Testpersonen am meisten schätzten.

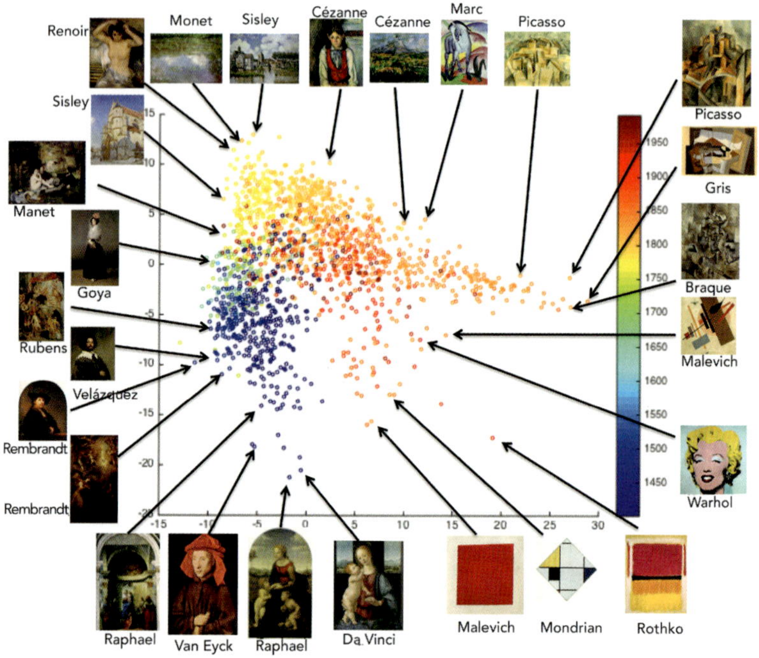

17 Die unterschiedlichen Farben repräsentieren die künstlerischen Stile. Chronologisch beginnt man links unten mit Dunkelblau. Dann vollzieht sich die Entwicklung der Kunst im Uhrzeigersinn über Grün, Gelb, Orange zu Rot, bis sie unten bei Mondrian und Malewitsch ankommt.

Diese zusätzlichen Informationen tragen dazu bei, Köche und Richter auseinanderzuhalten. Außerdem kann man noch überprüfen, ob die vorhergesagten Wörter auch die Wörter sind, die man gerade entfernt hat (anfangs stimmen sie noch nicht überein, denn da setzt das neuronale Netz irgendetwas Beliebiges ein; aber mit der Zeit kommt es dem richtigen Ergebnis immer näher).

ELMO (Embeddings from Language Models) geht genau umgekehrt vor. Es versucht nicht, ein einzelnes Wort anhand eines breiteren Kontexts vorherzusagen, sondern den Rest des Satzes anhand von Gruppen aus drei Wörtern. Wenn man zum Beispiel die Wortgruppe «das Gericht entscheidet» statt nur das Wort «Gericht» betrachtet, kann man schon erahnen, welche Bedeutung das Wort innerhalb des Satzes hat: Hier geht es um die Justiz und nicht um die kulinarische Welt. Entsprechend kann ELMO anschließend, auf etwas andere Art und Weise, mit diesen Wörtern umgehen.

Wie man sieht, geht es mit diesen Entwicklungen von Word2Vec nicht besonders schnell voran. Es gibt noch alle möglichen Seitenpfade und alternative Methoden, denen ich hier nicht nachgehe, aber das ändert nichts daran, dass sich bei Word2Vec selbst kaum etwas verändert hat. Ja, es funktioniert nun wesentlich besser, was technisch ganz schön schwierig war, aber die Grundidee ist unverändert geblieben. Selbst die bahnbrechenden Algorithmen aus dem Jahr 2019 arbeiten noch mit der Idee von Word2Vec aus dem Jahr 2013, nur sind die Netze heute etwas raffinierter. Und so verhält es sich meistens, auch mit den neuronalen Netzen, die mit diesen Zahlen etwas bewerkstelligen, zum Beispiel Fake News schreiben sollen.

All das hat vor viel längerer Zeit, in den achtziger Jahren, mit den bereits erwähnten rekurrenten neuronalen Netzen begonnen. Seither sind davon alle möglichen Varianten ausgetüftelt worden, vor allem weil die erste Version Schwierigkeiten hatte, sich längere Zeit etwas zu merken. Schauen Sie sich nur mal auf Seite 4 des Farbteils (Abbildung 11) an, wie schwierig es ist, etwas von der rosaroten Farbe (die für das erste Wort des Satzes steht) im neuronalen Netz (dem mittleren Quadrat) zu bewahren, je weiter man im Satz kommt. Da immer andere Wörter, das heißt hier andere Farben, hinzukommen, ist davon beim vierten Wort kaum noch etwas übrig. Dasselbe vollzieht sich in den echten rekurrenten neuronalen Netzen, nur hier mit den Zahlen, die sich das Netz zu merken versucht. Es besteht nicht die geringste Chance, dass sich ein solcher Algorithmus noch daran erinnert, dass es im vorigen Kapitel um Gesichtserkennung ging.

Entsprechend hart hat man daran gearbeitet, intelligentere Wege zu finden, um Informationen zu bewahren. Die erfolgreichste Version ist als Long Short-Term Memory (LSTM) aus dem Jahr 1997 bekannt. Alexa (von Amazon), Google Translate und Siri (von Apple) basierten noch 2016 auf diesen Netzen. Auch die automatischen Übersetzungen von Nachrichten auf Ihrer Facebook-Timeline wurden 2017 noch von LSTMs durchgeführt.

Ein LSTM geht beim Bewahren früherer Informationen etwas systematischer vor. Wie das genau vonstattengeht, soll im Moment keine Rolle spielen, unter dem Strich lässt sich jedoch sagen, dass ein solches neuronales Netz einen normalen Teil eines Computerspeichers imitiert, so dass es die Information, dass dieses Buch mit dem Wort «Computer» anfängt, so lange bewahren kann, wie es will. Neu daran ist, dass das neuronale Netz berechnet, wie viel von dem internen Gedächtnis «vergessen» werden soll und wie viel neue Informationen an dessen Stelle treten sollen. Während sich ein einfaches rekurrentes neuronales Netz lediglich die vorangehende Berechnung genau merkt, wird hier also aktiv gesteuert, welche Zahlen in die nächste Runde weitergetragen werden und welche Ergebnisse im Papierkorb landen. Auch das vollzieht sich anfangs vollkommen willkürlich, aber indem das Netz darauf achtet, welches Maß an Erinnerung zur geringsten Fehlermenge führt, kann ein solches neuronales Netz – mit viel Übung – doch ein nützliches Kurzzeitgedächtnis aufbauen.

LSTMs arbeiten recht gut; Siri, Alexa & Co. haben im Jahr 2017 als virtuelle Assistenten schon ganz ordentlich funktioniert. Sie konnten etwas im Internet recherchieren oder jemanden auf eine Aufforderung hin anrufen. Aber ein richtiges Gespräch konnten sie nicht führen (und das können sie auch heute noch nicht), und nach wie vor ist es schwierig, mit einem LSTM einen etwas längeren zusammenhängenden Text zu schreiben. So kann es sein, dass ein mit LSTM gefakter Artikel auf Wikipedia über eine neu gegründete japanische Band plötzlich von Auftritten der Band in Reykjavik berichtet. So gut ist das Gedächtnis eines LSTM also auch wieder nicht.

Sprachprogramme auf dem neuesten Stand der Entwicklung arbeiten nicht mir LSTMs, sondern nutzen eine ganz neue Erfindung von Google aus dem Jahr 2017, den Transformer (möglicherweise haben Sie mit ihm mittels der beiden QR-Codes auf den Seiten 115/116 schon gesprochen). Dieses neuronale Netz geht das Problem ganz anders an. Statt nur das unmittelbar vorhergehende Wort als Eingabe für das nächste Wort in Betracht zu ziehen, kann ein Transformer viel mehr vorhergehende Wörter direkt in die Berechnung einbeziehen. Er betrachtet beispielsweise alle 100 vorhergehenden Wörter gleichzeitig. So muss er die Berechnung des einen Wortes nicht mehr zur Berechnung des nächsten Wortes mitschleppen.

Das ist möglich, weil Computer heute eine viel höhere Rechenleistung haben. In den achtziger Jahren war es für einen Prozessor viel zu anspruchsvoll, bei jedem neuen Wort auf Hunderte von Wörtern zurückzublicken. Heute ist das möglich, und es hat einige Vorteile. Denn der große Trick des Transformer liegt darin, dass er all diese vorhergehenden Wörter nutzen kann, um herauszufinden, welche Teile des bereits gelesenen Textes für das nächste Wort am wichtigsten sind.

Auf der folgenden Abbildung sehen Sie ein Beispiel. Das Netz soll entscheiden, welche Wörter im Satz für das englische Wort *«it»* am wichtigsten sind. Und was zeigt sich? Der Computer hat sich

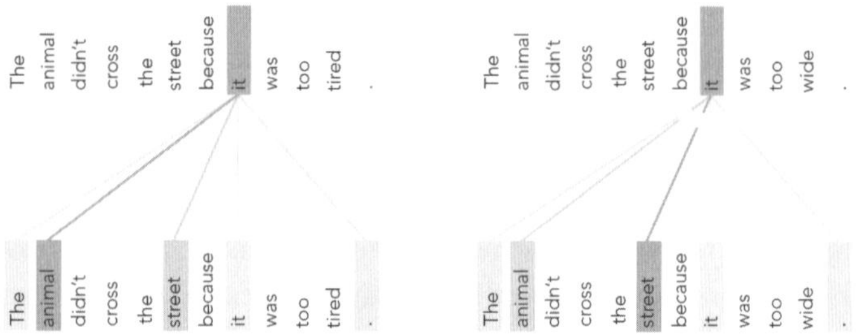

Worauf verweist *«it»*? Im linken Satz auf ein Tier, im rechten auf eine Straße. Dieser Teil des Transformers kapiert das, dank des zusätzlichen Kontexts. *«animal»* ist links dunkler eingefärbt und *«street»* rechts: Diese Wörter (Zahlenreihen im Netz) fallen stärker ins Gewicht.

selbst beigebracht, dass sich ein solches Pronomen wahrscheinlich auf ein Tier *(animal)* bezieht, wenn *«it»* müde ist, und dass es sich auf eine Straße *(street)* bezieht, wenn *«it»* zu breit ist!

Diese Neuronen (denn das sind sie noch immer, einfach eine Ansammlung von Kreisen und Pfeilen, die Berechnungen durchführen) können viel kompliziertere Muster erlernen, weil ihnen so viele vorhergehende Wörter zur Verfügung stehen. Pronomen sind beispielsweise unglaublich kontextabhängig. Indem man viele solcher Muster aufgreift – denken Sie an GPT-2, den geheimen Algorithmus von OpenAI, der beim Lernen an bis zu 1,5 Milliarden Stellen angepasst wird –, kann ein Computer ganz anständig schreiben. Freilich nicht perfekt, denn bis dahin ist es noch ein langer Weg.

Warum scheint sich die künstliche Intelligenz dann doch so schnell zu entwickeln? Erstens: Innerhalb eines einzelnen Bereichs der künstlichen Intelligenz mögen vielleicht nicht besonders viele Durchbrüche zu verzeichnen sein, aber wenn man alle Bereiche zusammennimmt, zeigt sich plötzlich doch eine ganze Reihe wichtiger Verbesserungen. Zweitens: Computer sind bei vielen spezifischen Aufgaben (endlich) ungefähr genauso gut wie Menschen.

Bei der Spracherkennung etwa sind neuronale Netze tatsächlich gut, solange man keinen merkwürdigen Akzent hat. Schach, Go, Poker; in all diesen Spielen sind Computer sogar besser als Menschen. Wenn man sich die Limitierungen von Computern nicht bewusst macht, hat es den Anschein, als würden uns die Computer auf allen Ebenen einholen – obwohl sie eigentlich vor allem spezialisierte Tätigkeiten übernehmen können. Es werden allerdings in raschem Tempo mehr.

Müssen wir uns nun über dieses Tempo Sorgen machen? Nicht unbedingt. Im Moment imitieren Computer uns nur, und das können sie besonders gut, wenn die Aufgabenstellungen klar formuliert sind und kaum tatsächliches Verstehen erfordern. Die Weltherrschaft übernehmen? Das werden sie wohl nicht so bald. Dass sie Bücher schreiben, liegt auch noch in weiter Ferne. Auch Ronald Gipharts Versuch, gemeinsam mit einem Computer eine Geschichte zu schreiben, war vor allem aufgrund eines guten Patchworks von seiner Seite erfolgreich. Das können Sie in der über den QR-Code zugänglichen Online-Version gut erkennen, die anzeigt, welche Textpassagen vom Computer geschrieben wurden.

Sind Sie immer noch nicht beruhigt? Dann werfen Sie einen Blick auf eine Zutatenliste für einen Kuchen, die ebenfalls von dem brillanten GPT-2 geschrieben wurde:

Zutaten für einen Kuchen:
1. Mehl
2. Salz
3. Zucker
4. Nicht tauschen
5. Geschnittene Champignons und Chilischoten
6. Zimt
7. Eier
8. Scharfe Soße
9. Koriander

10. Pfefferminze
11. Limonade
12. Süße Leckereien
13. Und natürlich Garnierungen!

Warum ist das so unsinnig? Und warum funktioniert diese Spracherkennung nur, solange man keinen merkwürdigen Akzent hat? Warum werden Chatbots auf Twitter so schnell rassistisch und sexistisch? All das geht auf ein und dieselbe Ursache zurück: auf unzulängliche Daten.

Die Abhängigkeit von Daten

Viele der Probleme mit neuronalen Netzen gehen auf uns selbst zurück. Wir entscheiden, welche Beispiele der Computer in seiner Lernphase zu sehen bekommt. Wenn diese Beispiele nicht gut zu den Aufgaben passen, die wir dem Algorithmus anschließend stellen, scheitert er grandios. GPT-2 hat Millionen von Texten gesehen, insbesondere von Websites, die sich auf dem Internetforum Reddit befanden. Aber die Wahrscheinlichkeit, dass darauf viele Rezepte zu finden waren, ist nicht besonders hoch. Daher schlägt er vor, Limonade, scharfe Soße und Pilze in den Kuchen zu tun, vergisst aber, Butter oder Backpulver zu erwähnen. Die Daten reichten einfach nicht aus; GPT-2 weiß, dass es sich um Lebensmittel handelt, hatte aber nicht genug über das Backen gelesen, um unsere Texte zu diesem Thema überzeugend imitieren zu können.

Gleiches findet man auch bei Übersetzungen, deren Qualität von den jeweiligen Texten abhängt, mit denen der Algorithmus gefüttert wird. Eine 2017 durchgeführte Studie konnte diese Wirkung deutlich nachweisen. Die Wissenschaftler erkannten, dass ein neuronales Netz den deutschen Satz «*Schaue um dich herum*» mit «*Switches to paused*» übersetzt, wenn das Netz nur Informatiktexte gesehen hatte, und mit *«Take heed of your own souls»*, wenn es ausschließlich mit Texten aus dem Koran trainiert worden war. Das Dumme ist, dass dies durchaus gute, vollständige Sätze sind, so dass man (ohne zusätzlichen Kontext) nicht merken kann, dass die Übersetzung völlig unsinnig ist. Glücklicherweise kommt niemand auf die Idee, Google Translate nur Korantexte lesen zu lassen.

Auch bei der Spracherkennung geht oft noch einiges schief, zum Beispiel wenn das Netz sich zu wenig mit Akzenten auskennt. Eine normale englische oder amerikanische Aussprache bereitet den Netzen keinerlei Probleme, aber mit einem schottischen Akzent kommen Siri, Alexa und Google Assistant viel weniger gut zurecht (über den QR-Code können Sie sich ein Beispielvideo ansehen). Spracherkennung ist eine recht diffizile Angelegenheit; der Computer muss Hintergrundgeräusche herausfiltern, Echos entfernen und dann mit den verbliebenen Tönen arbeiten. Für den Computer sind diese Töne, beispielsweise die Höhe der Frequenzen, die in den zehn Sekunden bei ihm ankam, in denen man gesprochen hat, eine Reihe von Zahlen. Diese Zahlen wandern eine nach der anderen, in der richtigen Reihenfolge, durch das Netz, bis es einen ganzen Satz gehört hat. Der Computer analysiert damit den Klang, um anschließend (dank des in solchen Netzen eingebauten Gedächtnisses) mit dem nächsten Teilstück des Algorithmus entscheiden zu können, welches Wort mit der größten Wahrscheinlichkeit am Anfang stand. Und welches Wort ihm folgte, auch auf Grundlage dessen, was der Computer im restlichen Satzteil gehört zu haben meint. Denn es ist viel logischer, *«Die Lerche singt ihr Lied»* zu sagen, als *«Die Lärche singt ihr Lied»*, und der Computer wird nicht plötzlich anfangen, von trällernden Nadelbäumen zu sprechen, nur weil er denkt, dass Sie über Lärchen gesprochen hätten.

Ein solcher Algorithmus hört sich in Ihrem Smartphone also zunächst Ihren ganzen Satz an und wandelt ihn dann mit Hilfe dieses Gedächtnisspeichers in den wahrscheinlichsten Satz um, der zu diesen Klängen passt. Handelt es sich jedoch um eine Kombination von Klängen, die der Computer nicht kennt, etwa bei einem schottischen Akzent, ist diese Übertragung in Wörter zum Scheitern verurteilt. Siri wird sich beschweren, dass sie nicht weiß, was man von ihr will. Und das bleibt so, bis es weitere Beispiele mit schottischer Aussprache – einschließlich deren «Übersetzung» – gibt, um das Netz zu verbessern. Das ist einer der Hauptgründe dafür, dass Technologieunternehmen unsere Gespräche abhören und aufnehmen. Da sie für diesen Lernprozess Daten benötigen, steht unsere Privatsphäre auf dem Spiel.

Eine unzulängliche Datenlage führt bei Algorithmen an vielen Stellen zu Fehlfunktionen. Mitte 2019 entdeckte Facebook, dass die Algorithmen, die Objekte auf Fotos erkennen (siehe voriges Kapitel), nur bei Fotos aus wohlhabenden Ländern richtig funktionieren. Ein Spender mit Flüssigseife wird von Computern ohne allzu große Probleme als Reinigungsmittel erkannt (außer von Watson von IBM). Aber ein festes Stück Seife erkennen sie nicht und sehen darin etwas Essbares (Käse, Hamburger).

Aus welchem Grund? Die meisten Fotos, die diese neuronalen Netze zu sehen bekommen, stammen aus wohlhabenden Ländern. So fällt es vergleichbaren Algorithmen für selbstfahrende Autos skandalöserweise schwerer, Fußgänger mit dunkler Hautfarbe als Fußgänger mit heller Hautfarbe zu erkennen. Eine ganze Reihe von Algorithmen, die Anfang 2019 getestet wurden, erkannte dunkelhäutige Personen auf zahlreichen Fotos überhaupt nicht. Vermutlich, weil sie in den Beispielen, mit denen die neuronalen Netze trainiert wurden, fast viermal (!) weniger vorkamen. Dies muss übrigens nicht unbedingt bedeuten, dass selbstfahrende Autos diese Fußgänger tatsächlich nicht sehen, denn sie nutzen auch eine Art von Radar, der von diesem Problem nicht betroffen ist. Dennoch ist so etwas, gelinde gesagt, nicht gerade wünschenswert.

Leider stellen solche Diskriminierungen ein zusätzliches Risiko von künstlicher Intelligenz dar. Bei selbstfahrenden Autos ist das tatsächlich noch auf das Fehlen von Daten zurückzuführen, aber in

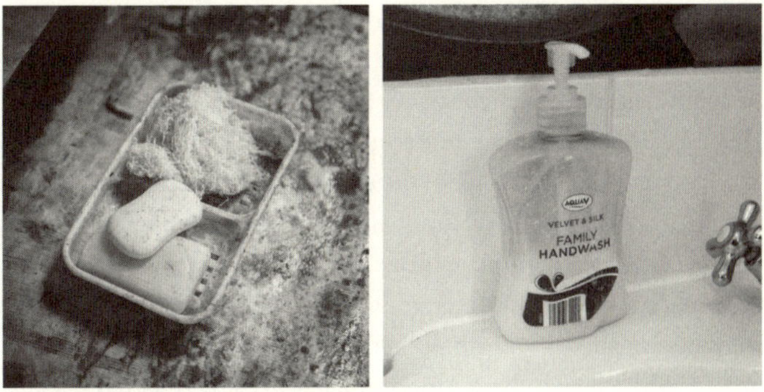

Zwei Arten von Seife. Computer erkennen nur die in reichen Ländern gängigste Form.

mindestens ebenso vielen Fällen geht es darauf zurück, dass sich in die Daten eine implizite Diskriminierung eingeschlichen hat. Selbst dann, wenn die Algorithmen die besten Absichten haben. So gibt es mittlerweile Algorithmen, die Twitter und andere Websites automatisch scannen, um Hassbotschaften zu entfernen, wie etwa Perspective von Google. Allerdings sind diese noch lange nicht perfekt – 2017 konnte man ihnen leicht entwischen, wenn man Tippfehler einbaute, und Schimpfwörter wurden fast schon automatisch als Hassbotschaft deklariert, ganz gleich, wie der Rest des Satzes aussah. Im August 2019 trat zudem noch ein weiteres Problem zutage: Sie diskriminierten afroamerikanische Dialekte.

Diese neuronalen Netze müssen lernen, welcher Sprachgebrauch unserer Ansicht nach zulässig ist und welcher nicht. Das bedeutet, dass wir Personen instruieren müssen, bei sehr vielen Sätzen anzugeben, ob es sich darin um einen normalen Sprachgebrauch oder um Hassbotschaften handelt. Und was stellte sich dabei heraus? Sätze in afroamerikanischem Dialekt wie *«I saw his ass yesterday»* werden viel negativer bewertet als ähnliche Sätze in Standardenglisch. Was zur Folge hat, dass der betreffende Algorithmus alle möglichen Botschaften von Minderheiten entfernt, da sie angeblich hasserfüllt sind. Nicht weil das wirklich der Fall ist, sondern weil die Personen, die die Daten eingegeben haben, sich mit diesem Sprachgebrauch nicht genügend auskannten oder ihn aus anderen Gründen negativer bewerteten.

Und das sind gewiss nicht die einzigen Bereiche, die von Rassismus betroffen sind. Im Gesundheitswesen ist es noch schlimmer. In den USA werden neuronale Netze genutzt, um festzustellen, welche Menschen wegen komplexer gesundheitlicher Probleme besondere Zuwendungen bekommen sollten. Wie sich jedoch 2019 herausstellte, wirkten sich diese Algorithmen sehr zum Nachteil schwarzer Patienten aus. Im Vergleich zu weißen Patienten mit gleicher Risikoeinstufung kamen schwarze Patienten wesentlich schlechter weg. Sehr viel weniger von ihnen erhielten (zusätzliche) Unterstützungsleistungen: vor der Korrektur durch die Wissenschaftler lediglich 17,7 Prozent. Obwohl es eigentlich, wäre es allein nach ihren Beschwerden gegangen, 46 Prozent hätten sein müssen.

Nicht, dass Absicht dahintergesteckt hätte. Der Algorithmus orientierte sich daran, wie viel Geld für Patienten aufgewendet wurde, da man diese Aufwendungen als einen guten Maßstab für ihren Krankheitszustand betrachtete. Doch das trifft auf die USA nicht zu. Schwarze Patienten haben dort weniger (leicht) Zugang zur Gesundheitsversorgung, so dass für sie auch weniger Geld aufgewendet wird. Und so wirkte sich der Algorithmus, dem nur die Daten zu den Kosten zur Verfügung standen, plötzlich ausgesprochen rassistisch aus.

Auf ähnliche Weise kann ein Algorithmus auch sexistische Züge annehmen. Jahrelang versuchte Amazon, ein Programm zu schreiben, das aus einem Stapel von Lebensläufen den besten Kandidaten für eine Stelle auswählen kann. Man schulte das Programm, indem man einem neuronalen Netz eine Menge Bewerbungen vorlegte und ihm mitteilte, wer die Stelle tatsächlich bekommen hat. Danach müsste es doch fair zugehen, oder nicht? Nicht ganz. Der Algorithmus zog daraus zunächst die Lehre, dass für technische Berufe keine Frauen eingestellt werden dürften.

Jeder Lebenslauf, in dem auch nur das Wort «Frau» auftauchte, ganz gleich, wo, erhielt Minuspunkte.

Das bekam man bei Amazon noch in den Griff, doch der Sexismus war hartnäckiger als gedacht. Im weiteren Verlauf des Trainings hatte das neuronale Netz herausgefunden, dass an einigen englischen Schulen nur Frauen zugelassen werden. Wurde eine solche Schule in einem Lebenslauf erwähnt, dann hatte die Bewerberin Pech, denn damit handelte sie sich eine Menge Minuspunkte ein. Selbst subtile Unterschiede im Sprachgebrauch von Männern und Frauen griff der Computer auf, um Frauen abzustrafen. Nach einigen Jahren hat Amazon es schließlich aufgegeben, diesen Prozess zu automatisieren. Im vorigen Kapitel haben wir jedoch bereits gesehen, dass andere Unternehmen in Bewerbungsverfahren durchaus Algorithmen einsetzen. Haben sie die gleichen Probleme wie Amazon? Bei Amazon waren letztlich die Daten unzulänglich; es gab eine Präferenz für Männer in technischen Berufen, die vom Computer immer wieder aufgegriffen und sogar verstärkt wurde. Das aber wird bestimmt nicht nur bei Amazon so sein.

Sexismus findet sich auch in Algorithmen wie BERT, die selbständig Texte schreiben. Sie lesen alles Mögliche, was wir geschrieben haben, und bekommen daher die impliziten Werturteile in diesen Texten gleich mitgeliefert. Im Juni 2019 konstatierten Wissenschaftler, dass diese Algorithmen den Begriff «Wissenschaft» stärker mit Männern als mit Frauen assoziieren. Auch «Karriere» ist für sie eher männlich konnotiert, während der Begriff «Familie» eher Frauen zugeordnet wird. Zumindest wenn man der Wahrscheinlichkeitsverteilung in den Algorithmen glauben darf: Es bestand eine höhere Wahrscheinlichkeit, dass sie die Aussage «... sind an ihrer Karriere interessiert» mit dem Wort «Männer» statt mit dem Wort «Frauen» ergänzten. Wenn man diese Kennzeichen des Sprachgebrauchs nutzt, um Lebensläufe automatisch zu scannen, ergibt sich genau das gleiche Problem wie bei Amazon: Sexismus in den Personalentscheidungen. Und all das wegen unzulänglichen Datenmaterials.

Man konnte das auch in der «neu entwickelten Sprache» von Facebook sehen, die ich zu Anfang des Kapitels thematisiert habe. In den Daten gab es eine Merkwürdigkeit: Der Algorithmus lernte von einem anderen Netz, das nicht korrekt sprach, und die beiden verstärkten ihre merkwürdigen Eigenschaften gegenseitig. Solche Verstärkungen findet man auch in Chatbots auf Twitter. Tay, von Microsoft, wurde innerhalb von vierundzwanzig Stunden rassistisch und sexistisch, weil eine Gruppe von Nutzern den Algorithmus konstant mit rassistischen und sexistischen Kommentaren fütterte. Packt man nur genug Mist in ein neuronales Netz hinein, kommt wie von selbst wieder Mist heraus.

Ein letztes Beispiel für Algorithmen, die aufgrund der eingegebenen Daten scheitern: 2016 wollte Amazon an bestimmten Orten in den USA einen Lieferservice am Tag der Bestellung anbieten. Das Unternehmen ließ einen Algorithmus auswählen, welche Gebiete dafür infrage kämen, denn sie wollten möglichst neutral und effizient vorgehen. Mit welchem Ergebnis? Ganz Boston konnte diesen Service in Anspruch nehmen – bis auf drei Postleitzahlbezirke, in denen zufälligerweise hauptsächlich Minderheiten wohnten. Auch New York wurde weitgehend dafür ausgewählt, mit Ausnahme der Bronx und Teilen von Queens, also wiederum Gebieten, in denen vorwiegend Minderheiten lebten. Die Liste ähnlicher Fälle ließ sich ohne Probleme noch erweitern. Und der Grund dafür war nicht, dass Amazon diese Gruppen gezielt ausschließen wollte, sondern weil der Algorithmus die Entfernung zu Kaufhäusern, die Zahl der Unternehmen, die in dieses Gebiet liefern, und die Zahl der Menschen, die Mitglieder von Amazon Prime waren, berücksichtigte. Da Minderheiten in den USA systematisch schlecht versorgt werden, fallen diese Zahlen in schwarzen Stadtvierteln viel niedriger aus. Ohne es zu wollen, wurden die ärmeren Viertel auch hier gegenüber den reicheren zurückgesetzt, selbst wenn Amazon in etlichen Fällen korrigierend eingriff, nachdem die Ungleichverteilung ans Licht gekommen war.

Daten sind also heikel. Oft ist der Mangel an Daten ein Problem, aber wenn man große Mengen an Daten hat, die – absichtlich oder unabsichtlich – diskriminierend sind, ist das gleichermaßen problematisch. Mit diesen Schwierigkeiten werden wir uns leider auch in den kommenden Jahren noch herumschlagen müssen. Neuronale Netze müssen nun einmal lernen, und wir können ihnen nicht vorgeben, welche Muster sie lernen sollen und welche nicht.

Bleiben wir daher bei Algorithmen vorsichtig, beispielsweise wenn sie dazu genutzt werden, um vorherzusagen, welche Inhaftierten nach ihrer vorzeitigen Entlassung am ehesten wieder straffällig werden oder wer bei Anträgen auf Sozialleistungen wahrscheinlich betrügt. Ehe man sich versieht, schleichen sich Diskriminierungen ein. Das bedeutet keineswegs, dass wir auf neuronale Netze verzichten müssten. Diskriminierung (in den gesammelten Daten) kann gerade sichtbarer werden, wenn man das Vorgehen neuronaler Netze im Blick behält: Amazon hatte diesen Sexismus schließlich schon eine ganze Weile im Programm. Es ist und bleibt schwierig, aber es besteht immerhin die Chance, dass Algorithmen derartige Verhaltensweisen sichtbarer und messbarer machen und so dazu beitragen können, sie einzudämmen. Außerdem gibt es noch einen weiteren guten Grund, die Arbeit mit neuronalen Netzen nicht aufzugeben: Diesen negativen Beispielen lassen sich leicht großartige Erfolgsstorys gegenüberstellen.

Was man mit Wahrscheinlichkeiten nicht alles so anfangen kann!

Computer sind zu viel mehr in der Lage, als Fake News zu erfassen und Sprachen zu erkennen, und das, obwohl sie keinen blassen Schimmer von der Bedeutung der Wörter haben, mit denen sie arbeiten. Zu ihrer Unwissenheit kommen wir später, hier zunächst einige Glanzleistungen der heutigen Technik. Haben Sie zum Beispiel schon bemerkt, dass Gmail Ihnen vorschlägt, wie ein Satz, den Sie gerade eintippen, weitergehen könnte? Das ist möglich, weil ein neuronales Netz berechnet, welche Wörter höchstwahrscheinlich folgen werden. Wenn die Wahrscheinlichkeit dafür hoch genug ist, werden Ihnen diese Wörter angezeigt. Und bei mir kommen diese Vorschläge dem, was ich im Sinn hatte, oft verdammt nahe.

Auch Google Translate funktioniert dank Techniken wie den erweiterten Versionen von Word2Vec und Transformers inzwischen verhältnismäßig gut. In der Übersetzung des im zweiten Kapitel erwähnten Satzes aus der Bibel ins Russische («Der Geist ist willig, doch das Fleisch ist schwach») geht es heute anders als in den fünfziger Jahren nicht mehr um Wodka und faules Fleisch. Heute begegnet einem statt «willig» höchstens noch «sehnsüchtig». Gar nicht so übel, und daher auch einer der Gründe dafür, dass Google eine Zeit lang Google Translate als Basis für die In-Ear-Kopfhörer (Pixel Buds) nutzte, die Gespräche live übersetzen können. Mit Hilfe dieser Programme tatsächlich zu kommunizieren, ist noch nicht einfach, aber das wird sich von selbst verbessern. Maschinelle Übersetzungen erreichen mittlerweile eine recht gute Qualität; in einer Studie aus dem Jahr 2018 wurden 17 bis 34 Prozent der algorithmischen Übersetzungen von Romanen vom Niveau her mit menschlichen Übersetzungen gleichgesetzt.

Bei alldem geht es um Sprache. Doch die Tricks aus diesem Kapitel lassen sich auch für Musik und Filme einsetzen. Word2Vec lässt sich so transformieren, dass es für YouTube oder Spotify genutzt werden kann. Statt des wahrscheinlichsten nächsten Wortes lässt man es nun den wahrscheinlichsten nächsten Film oder Song in der Liste vorhersagen. Sie zeigen dem Computer, was Sie im letzten Jahr gehört haben, und er lernt, welche Titel einander gleichen. Anhand der Wahrscheinlichkeiten der einzelnen Songs ermittelt der Computer, wo Ihr Musikgeschmack liegt, und kann Ihnen sofort viele neue Titel im gleichen Stil empfehlen.

Zurück zu den Wörtern. Algorithmen können nicht nur diskriminierend agieren, sondern auch dazu beitragen, Ungleichheit zu verringern, indem sie Menschen einen besseren Zugang zu Informationen und Kommunikationsmitteln ermöglichen. Dank der Spracherkennung und der umgekehrten Möglichkeit, sich Texte automatisch vorlesen zu lassen, können selbst Analphabeten Informationen aus dem Internet bekommen und Nachrichten über ihr Smartphone austauschen. Im Juli 2019 wurde Parrotron angekündigt, ein neuronales Netz, das die gesprochenen Worte einer Person mit starkem Akzent oder die ungewöhnliche Aussprache einer gehörlosen Person in eine Standardaussprache einer immer gleichen Stimme umwandeln kann. Damit können auch Menschen mit einer Sprachbehinderung effektiver kommunizieren.

Außerdem werden mit Hilfe von Algorithmen viel mehr Informationen leicht verfügbar. Da heute bestimmte Nachrichten von Computern geschrieben werden können, kommen auch weniger wichtige Ereignisse auf den Websites großer Zeitungen zur Sprache. Die Ergebnisse von Kommunalwahlen und regionalen Fußballspielen lassen sich mit Algorithmen leicht verarbeiten. In Los Angeles schreiben neuronale Netze über Erdbeben. Bloomberg, ein großes Medienunternehmen, verfasst heute vierteljährlich Tausende von kurzen Artikeln über die Jahresberichte von Unternehmen, ohne dass dabei ein Mensch die Finger im Spiel hätte.

All diese Themen haben etwas gemeinsam: Es gibt eine Reihe von Zahlen, die von einer gewissen Relevanz und oft leicht in den Daten zu finden sind (das Ergebnis eines Spiels, die Stärke eines Bebens, der Gewinn eines Unternehmens). Darüber hinaus gibt es Fixpunkte von einigem Interesse: den Spieler, der die meisten Tore geschossen hat, der Vergleich mit dem Gewinn des Vorjahres. Diese Art von Muster können neuronale Netze inzwischen gut verarbeiten. Aber von echtem Journalismus, der uns einen kritischen Blick auf unsere Welt eröffnet, sind sie noch weit entfernt.

Es bleibt also bei einfachen Nachrichten. Und leider auch bei Fake News, selbst wenn sich dieser algorithmische Unsinn witzigerweise am besten von denselben Algorithmen aufdecken lässt, die ihn produzieren. Dahinter steckt folgende Idee: Neuronale

Netze wählen die ihrer Auffassung nach wahrscheinlichsten Wörter aus. Wenn man weiß, um welche es sich handelt, weil man ein neuronales Netz mit ungefähr den gleichen Daten trainiert hat, kann man sehen, wie «wahrscheinlich» ein Text ist. Ist jedes Wort in einer Wortfolge so gewählt worden, wie es ein Computer tun würde? Oder gibt es im Vergleich zu den Berechnungen des neuronalen Netzes immer wieder Überraschungen? Ist Letzteres der Fall, muss der Text von einem Menschen geschrieben worden sein, der sein Augenmerk stärker auf den Inhalt als auf die Wahrscheinlichkeit eines Wortes richtet. Demonstrationen dieser Methode sind online abrufbar, also überprüfen Sie ruhig, ob Sie wie ein Computer schreiben!

Philosophisches Intermezzo: Wörter und die Welt

Hoffentlich gleichen Ihre Texte nicht allzu sehr denen eines Computers. Laut einigen kurzen Tests mit Passagen aus den vorherigen Kapiteln kommen meine Texte dabei ganz gut weg. Das liegt daran, dass Computer, wie bereits erwähnt, nicht auf die Bedeutung von Wörtern achten. Und daran, dass Algorithmen, so überzeugend einige von ihnen auch sein mögen, überhaupt nicht verstehen, was sie tun. Aber was fehlt ihnen eigentlich? Was ist diese mysteriöse «Bedeutung», die wir begreifen, unser Smartphone oder Laptop aber nicht? Um Ihnen ein besseres Bild davon zu vermitteln, unternehme ich nun einen philosophischen Exkurs. Damit Sie sehen, wozu wir in der Lage sind, diese Algorithmen jedoch ganz und gar nicht.

Was ist Bedeutung? Darüber gehen die Meinungen, wie bei allen philosophischen Fragen, auseinander. Eine der Optionen scheint dem Ansatz, der uns bei Word2Vec begegnet ist, sehr ähnlich zu sein. Die Bedeutung eines Wortes wird, genau wie bei den Algorithmen in unseren Computern, durch den Zusammenhang dieses Wortes mit allen anderen Wörtern bestimmt – durch ein riesiges Netz, das in seiner Gesamtheit beispielsweise hinter der Bedeutung des Wortes «Koala» steht. Das Wort «Koala» bedeutet, was es bedeutet, aufgrund der Verbindung, die es zu Wörtern wie «Tier», «Eukalyptus», «Australien» hat. So wie ein Computer auf der Basis von Wahrscheinlichkeiten kodiert ist, dass man diesen Wörtern im selben Satz begegnet.

Es gibt allerdings *einen* großen Unterschied zwischen dieser Sichtweise auf Bedeutung (dem «Bedeutungsholismus») und den heutigen neuronalen Netzen. Aus Sicht des Bedeutungsholismus geht es nämlich um den Zusammenhang dieser Wörter in unserem Denken. Es geht nicht nur darum, dass Wörter nahe beieinanderstehen, sondern auch und vor allem darum, warum sie es tun. Die Verbindung zwischen «Koala» und «Tier» spielt nicht deshalb eine Rolle, weil man diese Wörter oft zusammen sieht, sondern weil ein Koala ein Tier ist. Ein Tier, das Eukalyptusblätter frisst. Und das ursprünglich aus Australien stammt. Das ist etwas ganz anderes als die Aussage: «Die Wahrscheinlichkeit, dass ‹Koala› und ‹Tier› im selben Satz vorkommen, liegt bei 5 Prozent.» Diese Wahrscheinlichkeit besteht, *weil* wir denken, dass Koalas Tiere sind, aber diesen Denkschritt wird man in einem neuronalen Netz nicht finden. Das Netz ahmt diese inhaltlichen Gedanken nur nach. Bei Word2Vec geht es nur um die Wahrscheinlichkeit, dass gewisse Wörter nahe beieinanderstehen, was sich leicht in Regeln ohne inhaltliche Bedeutung fassen lässt.

Doch wahrscheinlich fehlt dem neuronalen Netz noch mehr. Stellen Sie sich vor: Wir finden heraus, dass Koalas nicht aus Australien stammen, sondern auf irgendwelchen Wegen aus China herübergekommen sind. Ändert sich dadurch die Bedeutung des Wortes «Koala»? Meinen wir dann mit «Koala» plötzlich auf subtile Weise etwas anderes? Ich glaube nicht, denn wir sprechen immer noch von denselben niedlichen, faulen Tieren. Meiner Auffassung nach gäbe es keine Verankerung in der Realität, wenn die Bedeutung eines Wortes ganz und gar vom Denken bestimmt würde. Unsere Gedanken beziehen sich auf etwas: auf die Welt, die uns umgibt. Diese verändert sich nicht; Koalas sind nicht plötzlich physisch anders, wenn wir herausfinden, dass sie ursprünglich nicht aus Australien stammen. Weil sich Koalas nicht verändern, verändert sich auch die Bedeutung unseres Wortes «Koala» nicht.

Die meisten Philosophen vertreten daher auch eine andere Ansicht: Die Bedeutung eines Satzes hängt davon ab, unter welchen Bedingungen dieser Satz wahr ist. Und die Bedeutung eines Wortes leiten sie aus der Analyse ab, in welcher Weise das Wort zur Wahrheit des Satzes beiträgt. Zum Beispiel: Der Satz «Dort ist ein Koala!» ist wahr, wenn sich dort ein Koala befindet, und unwahr, wenn dort eine Giraffe steht. Deshalb geht es in diesem Satz um Koalas, nicht um Giraffen. Darüber hinaus funktioniert das bei allen möglichen Wörtern: Das Wort «und» beispielsweise bezieht seine Bedeutung aus Sätzen wie «dort gab es Koalas und keine Paviane». Nur wenn beide Teile des Satzes wahr sind – der Teil über Koalas und der über Paviane –, ist der ganze Satz wahr. Aus dieser Art, Sätze miteinander zu kombinieren, ergibt sich die Bedeutung des Wortes «und».

Es handelt sich hier also um eine völlig andere Sichtweise von Bedeutung: Bei diesen («wahrheitskonditionalen») Theorien geht es nicht bloß um unsere Denkschritte von Wort zu Wort oder von Satz zu Satz. Es geht vielmehr um das Zusammenspiel zwischen unseren Worten oder Sätzen und der Welt, die uns umgibt. Denn diese Welt entscheidet darüber, ob ein Satz wahr ist oder nicht: ob tatsächlich Koalas vor uns stehen. Und sie garantiert, dass dieser Satz über Koalas nur dann wahr ist, wenn es tatsächlich diese niedlichen Tiere sind, auf die man gerade zeigt. So kann Bedeutung also auch aufgefasst werden: Etwas ist vollständig von der Situation bestimmt, in der es wahr ist.

Woran fehlt es dann Computern? Zunächst einmal argumentieren sie selbst nicht mit den Wörtern, sondern folgen nur den

Auswirkungen unserer Denkmuster, den Wahrscheinlichkeiten, auf die sich Word2Vec stützt. Aber was noch wichtiger ist: Unsere Argumentation bezieht sich auf die Welt, aus ihr bezieht sie ihre Inspiration. Denn wenn die eben dargestellte Theorie richtig und Wahrheit bedeutsam ist, dann fehlt es neuronalen Netzen noch an viel mehr. Netze, die mit Sprache arbeiten, verwenden Wörter niemals, um die Welt aktiv zu beschreiben. Ein Algorithmus bringt ein Wort wie «Koala» nicht mit dem echten Tier in Verbindung, er gebraucht das Wort nicht *wirklich*. Und er *lernt* das Wort auch nicht, indem er seine Erfahrungen mit dem Tier mit dem Ausdruck «Koala» verbindet. Es geht bei ihm nur um Statistik.

Bedeutung finden wir also noch nicht in neuronalen Netzen; einzig Tricks mit Wahrscheinlichkeitsverteilungen, die unser Bedeutungsverständnis recht gut imitieren können. Es ist erstaunlich, dass die Vorhersage des wahrscheinlichsten folgenden Wortes so gut funktioniert. Ich habe allerdings keinen Schimmer, wie wir neuronalen Netzen Bedeutung beibringen können. Doch ich kann nicht umhin, mich zu fragen: Ist das alles? Sind wir für alle Zeit auf eine künstliche Intelligenz angewiesen, die über die Nachahmung von Bedeutung nicht hinauskommt? Diese Frage stellte sich schon im ersten Kapitel. Darauf können wir jetzt näher eingehen.

Können wir Bedeutung jemals einprogrammieren?

Wird ein Computer jemals die Bedeutung unserer Wörter verstehen? Im ersten Kapitel ist uns bereits eine Antwort darauf begegnet: Nach Ansicht des Philosophen John Searle lautet die Antwort nein, da die formale Struktur der Mathematik niemals den informellen Charakter unserer Gedanken zu erfassen vermag. Searle brachte diese Auffassung im Gedankenexperiment des chinesischen Zimmers zum Ausdruck. Um Ihr Gedächtnis kurz aufzufrischen: Stellen Sie sich vor, Sie sitzen in einem abgeschlossenen

Raum, bewaffnet nur mit einem extrem umfangreichen Chinesisch-Chinesisch-Wörterbuch, das Ihnen, der Sie kein Wort Chinesisch verstehen, für die Beantwortung eingehender Nachrichten dient. Die Person außerhalb des Raumes, die die Nachrichten sendet, denkt, dass Sie mit ihr in fließendem Chinesisch kommunizieren. Sie selbst aber verstehen keines der Wörter, die Sie dem Wörterbuch entnehmen. Sie kopieren nur für Sie bedeutungslose Zeichen und übermitteln sie der Person außerhalb des Raumes.

Ist dieses Argument stichhaltig? Sind Computer zu einer Sprache ohne Bedeutung verdammt? Ich weiß es nicht. Aber ich kann Ihnen näher erklären, worum es hier geht und warum ich noch unsicher bin. Leider gibt es bei solchen großen Zukunftsfragen selten die Gewissheit, eine richtige Antwort gefunden zu haben. Dennoch bin ich verhalten optimistisch, dass Computer eines Tages die Bedeutung ihrer Sprache verstehen werden.

Zu konstatieren ist jedenfalls, dass es Menschen gibt, die mit Searles Gedankenexperiment nicht einverstanden waren. Ja, es gibt eine Computereingabe und eine Computerausgabe, zwischen denen Berechnungen stattfinden, die lediglich nach vorgegebenen Regeln Symbole (Zahlen) einander zuordnen. Das bedeutet aber nicht per se, dass es nichts gibt, was Chinesisch spricht. Sie als solider Kopist tun das vielleicht nicht, aber der Raum als Ganzes tut das vielleicht sehr wohl, wie abstrakt das auch klingen mag. Wir sollten also der Person im Raum überhaupt keine Aufmerksamkeit schenken. Das wäre ebenso absurd, wie zu sagen, dass bestimmte Neuronen in Ihrem Gehirn nicht verstehen, was Sie lesen, und Sie deshalb die Wörter nicht verstehen. Denn Sie als Mensch, als Ganzes, können natürlich mit der Bedeutung von Wörtern umgehen. Vielleicht ist das auch bei einem Computer der Fall, und er versteht als Ganzes durchaus die Bedeutung der Wörter, mögen auch die einzelnen Berechnungen nichts enthalten, was mit Bedeutung zu tun hat. Folgt man diesem Gedanken, könnten die zukünftigen Versionen unserer Algorithmen dazu fähig sein, perfekte, menschlich erscheinende Gespräche zu führen. Und falls diese Algorithmen in ihrem

Verhalten dann tatsächlich so menschlich wirken, warum sollten sie dann nicht auch ein menschliches Verständnis von Sprache haben?

Searle reagiert darauf ein bisschen schwach. Er bittet uns, uns ein etwas anderes Szenario vorzustellen: Sie befinden sich nicht in einem Raum, sondern haben dieses umfängliche chinesische Wörterbuch auswendig gelernt. (Das klingt verrückt, aber im Ernst: Es gab einen Neuseeländer, der 2015 ein französisches Scrabble-Turnier gewonnen hat, weil er einfach das gesamte französische Wörterbuch auswendig gelernt hatte. Der gute Mann sprach kein Wort Französisch.) Zugegeben, das reicht hier nicht aus, denn für Searles modifiziertes Gedankenexperiment muss man für jeden möglichen chinesischen Satz eine Antwort auswendig kennen – man braucht also viel mehr als nur das Wörterbuch –, aber wir werden so tun, als sei dies möglich. Versteht diese Person mit ihrem Kopf voller chinesisch-chinesischer Phrasen wirklich, was sie sagt?

Um etwas mehr Sicherheit zu gewinnen, können Sie über das folgende konkretere Beispiel nachdenken. Angenommen, im Jahr 2007 wäre das Problem der Generierung von Bedeutung in einem Computerprogramm gelöst worden, weil man ein Programm geschrieben hätte, das sich selbst Wörter lehrt. Das lief folgendermaßen ab: Zwei Roboter, auf denen das Programm installiert war, gehen auf einen Tisch mit drei verschiedenen Farben zu. Einer der Roboter wählt eine Farbe aus, gibt ihr selbst einen Namen und verwendet diesen Namen, um zu beschreiben, worauf er achtet. Der andere Roboter muss erraten, welche Farbe dieser Roboter beschreibt. Die Algorithmen in beiden Robotern lernen, miteinander zu kommunizieren, indem sie überprüfen, ob sie richtigliegen. Wenn sie richtigliegen, werden sie beim nächsten Mal bei diesem Wort auf die gleiche Farbe zeigen. Liegen sie falsch, werden sie eine andere Farbe ausprobieren. Wenn sie das oft genug tun, lernen die beiden Roboter, miteinander zu kommunizieren. Der eine verwendet selbsterfundene Wörter für Farben, und der andere kann darauf in der richtigen Art und Weise reagieren. Das entspricht ungefähr der modifizierten Version des chinesischen Zimmers, mit dem einzigen Unterschied, dass die Regeln von den Robotern selbst erfunden wurden; sie prägen sich also keine von außen gesetzten Regeln ein. Nun, was denken Sie, verstehen diese Roboter die Wörter, die sie für Farben verwenden?

Ich glaube, diese Roboter stecken immer noch in diesem chinesischen Zimmer fest. Denn man kann in ihnen auch zwei Computer sehen, die lernen, eine Zahl (die einer Farbe entspricht) mit einer anderen Zahl (die einem Wort entspricht) zu verbinden. Mit anderen Worten: Das neuronale Netz stellt sich darauf ein, dass die Zahl für (das Wort) «Dunkelblau» ausgegeben wird, wenn die Zahl für (die Farbe) Dunkelblau eingeht. Diese beiden Computer tun dies, weil sie zuvor darauf programmiert wurden, eine Zahl für eine Farbe in eine Zahl für ein Wort umzuwandeln. Dabei weiß dieser Roboter nicht, dass es sich dabei um Farben oder Wörter handelt (obwohl er diese Wörter selbst erfunden hat); er weiß nur, dass es Zahlen gibt und dass es Fehler gibt, die reduziert werden sollen.

Bedeutung geben wir dem Ganzen in dem Moment, in dem wir ihr Verhalten *interpretieren*. Genau wie bei ELIZA denken wir dann, dass eine solche Kommunikation nur funktioniert, wenn man versteht, was man sagt. So behaupten wir euphorisch, der Computer habe ein Wort mit einer Farbe verknüpft. Während dieser Computer meiner Ansicht nach immer noch fröhlich in seiner bedeutungslosen Welt herumtollt. Die Person mit einer auswendig gelernten Antwort auf jeden möglichen chinesischen Satz ist da schon einen Schritt weiter. Aber sie spricht offensichtlich immer noch kein Chinesisch, denn nur die richtigen Antworten zu kennen, reicht nicht aus, um zu verstehen, was man sagt. Man muss auch in der Lage sein, damit zu argumentieren und sie außerhalb festgelegter Gespräche konkret anzuwenden, wenn man ihre Bedeutung verstehen will.

Aber auch darüber herrscht Uneinigkeit. Das ist auch gar nicht so verwunderlich. Die Crux derartiger Gedankenexperimente liegt darin, dass es umso schwieriger ist, sich in sie hineinzuversetzen, je ausgefeilter sie sind. Ich habe nicht die geringste Ahnung, wie sich eine solche Person verhalten würde. Wie sollte man von so einer unklaren Situation erwarten, dass sie zur Lösung einer fundamentalen Frage (nämlich der Frage, ob Computer jemals Bedeutung erlernen können) führen werde?

Darin sehe ich auch ein Hauptproblem bei einem anderen oft beschriebenen Gedankenexperiment. Nehmen wir an, wir bauen einen riesigen Computer und verschaffen uns einen vollständigen Überblick über unser Gehirn. Dann simulieren wir jedes Neuron im Gehirn auf diesem Computer. Versteht diese vollständige Simulation nun ihre eigenen Worte? Haben wir in dieser Simulation auch unser Bewusstsein erfasst? Neurowissenschaftler sind sehr darum bemüht, die Bereiche in unserem Gehirn aufzuspüren, die mit unserem Bewusstsein in Zusammenhang stehen. So gibt es zum Beispiel im Endbereich unseres Objekterkennungssystems (siehe voriges Kapitel) Neuronen, die nur dann «feuern», wenn wir auch bewusst ein Gesicht registrieren. Aber ob das bedeutet, dass diese Neuronen unser Bewusstsein hervorbringen, oder ob sie nur mit dem bewussten Erkennen von Gesichtern in Verbindung stehen, lässt sich (noch) nicht testen. Und auf einem ganz anderen Blatt steht dann noch die Frage, wie wir überhaupt die Bedeutung von Wörtern erfassen können. Neurowissenschaftliche Studien lehren uns eine ganze Menge über unser Gehirn, aber ob sie letztendlich zu einer vollständigen Computersimulation des Gehirns führen werden, das ist noch eine offene Frage.

Auch die Mathematik könnte dem im Wege stehen. Denn wir könnten im Prinzip zwar alle diese Neuronen nachahmen (auch wenn uns das heute noch nicht einmal bei dem Gehirn einer Biene gelingt), doch selbst dann bleibt das eine Simulation, die in formalen mathematischen Regeln formuliert ist. Und es ist nun einmal eine Tatsache, dass unser Gehirn nicht nach mathematischen Instruktionen arbeitet. Die Kernfrage lautet also: Arbeitet unser Gehirn, indem es Berechnungen durchführt? Wenn das der Fall wäre – und die populäre *computational theory of mind* besagt genau das –, dann könnten wir auch die Funktionsweise des Gehirns in einem Computer erfassen. Es müsste uns dann nur gelingen, genügend Berechnungen zusammenzufügen, die *ein* Ganzes formen, das so komplex ist, dass es Bewusstsein entwickelt und die Bedeutung von Sprache versteht.

Aber wenn unser Gehirn *mehr* als nur Berechnungen anstellt, wovon zum Beispiel der Philosoph Jerry Fodor überzeugt ist, dann ist die Wahrscheinlichkeit hoch, dass Algorithmen die formalen Grenzen der Mathematik nie überschreiten werden. Mit anderen Worten, wir können ihnen niemals die Bedeutung von Wörtern beibringen oder ihnen Bewusstsein verleihen.

Ich persönlich finde den Gedanken reizvoll, dass unser Gehirn nichts anderes tut, als Input auf komplexe Weise in Output umzuwandeln. Wie denken Sie darüber? Ihre Antwort auf diese Frage entscheidet letztlich darüber, wie Sie über Bedeutung (und Bewusstsein) in Computern denken.

Es ist und bleibt schwierig vorauszusagen, was die Zukunft bringen wird. Vielleicht fragen Sie sich auch, ob es tatsächlich so wichtig ist, ob ein Computer versteht, was geschieht. Genügt es nicht, wenn Computer Texte schreiben, die wir für wertvoll halten? Wenn sie Werke erschaffen, die wir als Kunst betrachten und uns große Summen kosten lassen, ist es dann so wichtig, was dahintersteckt? Denn auch im Bereich der Kunst ist mit künstlicher Intelligenz zunehmend mehr möglich.

Im nächsten Kapitel werden wir nicht nur die Techniken, die dem zugrunde liegen, diskutieren, sondern auch Fragen zum künstlerischen Wert und zur Kreativität, die ein Computer heute entfalten kann. Kann ein Computer zum Beispiel kreativ genug sein, um auf den Gedanken zu kommen, dass der beste Weg, beim Spiel Go niemals zu verlieren, in der Auslöschung der gesamten Menschheit bestehen könnte?

5

KREATIVITÄT AUS EINEM CHIP

Schauen Sie sich die Porträts auf Seite 5 des Farbteils an, bevor Sie weiterlesen. Was denken Sie, sind das gute Fotos? Ist Ihnen der seltsame Tropfen unter dem linken Ohr der Frau oben aufgefallen? Und der etwas merkwürdige Hintergrund, möglicherweise Bretter, von denen nicht richtig zu erkennen ist, wo sie sich befinden? Der zweidimensional wirkende Hut des Mädchens unten und die Verformung ihres linken Ohres? Die losen Haarsträhnen auf dem Foto? All diese Merkwürdigkeiten sind darauf zurückzuführen, dass diese Fotos nicht real sind; ein Computer hat sie sich ausgedacht. Genau wie alle anderen Porträtfotos, die Sie sie sich über diesen QR-Code anschauen können. Dort sehen Sie auch, dass die Ergebnisse von ganz unterschiedlicher Qualität sind. Manchmal sind sie sehr gut – haben Sie bemerkt, dass die Menschen, mit denen ich im vierten Kapitel getindert habe, nicht echt waren? –, aber manchen Fotos sieht man an, dass sie gefälscht sind.

Auch Videos sind vor Fälschung nicht mehr sicher. Gewiss haben Sie schon einmal von *Deepfakes* gehört, von Filmsequenzen, die komplett oder teilweise von einem Computer erfunden worden sind. Man bekommt in ihnen beispielsweise eine sprechende Mona Lisa zu sehen, einen Präsidenten Obama, der sich plötzlich sehr beleidigend verhält, oder ein Interview, in dem sich das Gesicht des Schauspielers Bill Hader auf einmal in das von Tom

Cruise verwandelt. Auch die Musik ist den Algorithmen schon zum Opfer gefallen. Sie können Bachs Werk so gut imitieren, dass es selbst Experten schwerfällt, echte von unechten Werken zu unterscheiden. Mit der Malerei steht es nicht viel besser. Die ersten Gemälde neuronaler Netze sind bereits verkauft worden, und das für immense Summen. Vor allem die abstrakten Werke von Computern sind (zumindest für Laien) schwer von Gemälden zeitgenössischer Künstler zu unterscheiden.

Was steckt hinter diesen Fälschungen? Sind neuronale Netze heimlich so kreativ geworden wie Menschen? Sind es nicht mehr nur Routineaufgaben – wie die Überprüfung von CT-Scans auf Krebszellen oder die Gewinnermittlung in Geschäftsberichten –, die automatisiert werden können? Haben Algorithmen genug Kreativität, um gewisse Informationen in der Hinterhand zu behalten? Oder um irgendwann die Weltherrschaft zu übernehmen? In jedem Fall haben die neuronalen Netze, die diesen Porträtfotos zugrunde liegen, sogenannte GANs, enorme Auswirkungen.

Schauen Sie sich die Bildchen hier unten an. Das neuronale Netz hatte den Auftrag: Fülle die weiße Lücke aus. Die Eingabe bestand also immer aus einem Bild, wie sie es ganz links sehen. Gleich rechts daneben sieht man, womit ein neuronales Netz aus dem Jahr 2009 die Lücke füllte. Der Rest stammt, von links nach rechts gesehen, aus den Jahren 2017, 2018, ein weiteres Mal aus dem Jahr 2018, und schließlich aus dem Jahr 2019. Nicht, dass das Gesicht ganz rechts nun perfekt wäre, aber es kommt einem perfekten Gesicht doch schockierend nahe.

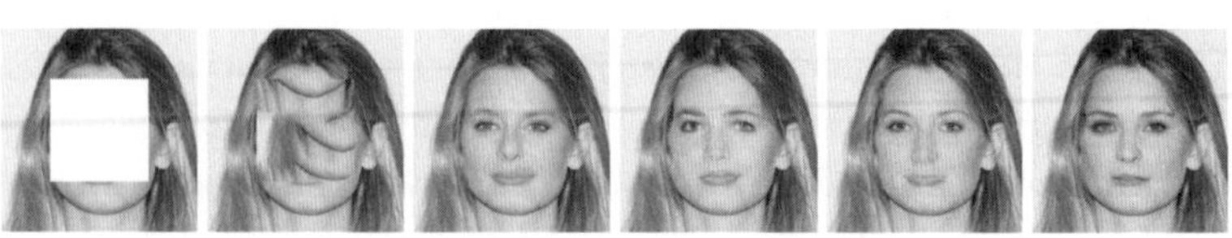

Eine Lücke im linken Foto, gefüllt von verschiedenen neuronalen Netzen aus den Jahren 2009 (links) bis 2019 (ganz rechts).

Der Fälscher und der Polizist: die Funktionsweise eines GAN

Werfen wir einen Blick unter die Motorhaube dieser neuronalen Netze. Zunächst einmal zum Namen: GAN steht für *generative adversarial networks*. «*Generative*» gibt an, was sie tun: Diese Algorithmen erzeugen etwas Neues. Aber sie tun dies in einer Art internem Zweikampf, daher «*adversarial*». Ein GAN ist eine Zusammenführung zweier neuronaler Netze. Eines der Netze hat die Aufgabe, neue (künstliche) Bilder zu erstellen. Betrachten Sie es als Fälscher. Diese Bilder werden einem zweiten Netz, einer Art Polizist, präsentiert, der neben den gefälschten Bildern auch echte Bilder zu sehen bekommt. Die Aufgabe des zweiten Netzes besteht nun darin, bei jedem Bild zu entscheiden, ob es authentisch oder gefälscht ist. Erst dann, wenn das Netz die authentischen und die gefälschten Bilder kaum mehr voneinander zu unterscheiden vermag, bekommen wir die gefälschten Bilder zu sehen. Dann nämlich ist das erste Netz in der Lage, die echten Bilder so gut zu imitieren, dass der Computer (das zweite Netz) keinen Unterschied mehr erkennt. Und wenn es gut funktioniert, dann sehen wir selbst auch keinen Unterschied mehr.

Warum ist hier dieser umständliche Aufbau aus zwei Netzen nötig, wo wir ihn für die schreibenden Algorithmen aus dem vorherigen Kapitel doch nicht benötigten? Das liegt daran, dass wir bei Wörtern einen Gradmesser für die richtige Wahl eines folgenden Wortes gefunden haben. Die Koppelung an Wahrscheinlichkeiten gibt uns eine Methode an die Hand, mit der wir berechnen können, ob der Computer einen soliden Text produziert. Einen solchen Gradmesser gibt es bei Porträtfotos, Videos, Kunstwerken und Ähnlichem nicht. Wir können nicht sagen, dass das eine Pixel «wahrscheinlicher» ist als das andere. Und wie sollten wir erklären können, wie ein realistisches Gesicht nach den formalen Regeln der Mathematik aussieht? Das ist eine reichlich knifflige Angelegenheit. Man hat das zwar versucht (mit Hilfe sogenannter *generative moment matching networks*), aber letztendlich kommen Computer besser zurecht, wenn wir gar nicht erst versuchen, explizite Regeln aufzustellen. Mittlerweile (siehe zweites Kapitel) wissen wir, dass unsere Talente woanders liegen, daher ist es auch hier effektiver, den Computer mit einem Haufen Daten zu füttern und dann zu hoffen, dass er die richtigen Muster selbst lernt.

Wie macht ein GAN das genau? Das können Sie in der folgenden schematischen Darstellung nachverfolgen. Der Fälscher im Algorithmus, unten links, hat als Eingabe einige zufällige Zahlen zur Verfügung. Die sich fortwährend ändernde Eingabe veranlasst den Computer, jedes Mal ein neues gefaktes Foto oder einen neuen gefakten Film zu erzeugen. Auf der Basis stetig wechselnder Eingaben erzeugt der Fälscher also ein, immer ein klein wenig anders gestaltetes, realistisches Bild. Dieses Bild wird, in der Lernphase des Netzes, an den Polizisten rechts weitergeleitet. Er ist der Garant dafür, dass wir trotz allem einen Gradmesser für den Erfolg der ganzen Prozedur haben. Immer dann, wenn der Polizist noch einen Unterschied zwischen den echten und den gefälschten Fotos erkennt, muss der Fälscher nachbessern.

Inzwischen ist Ihnen sicherlich klar geworden, dass beide Netze am Anfang kaum etwas richtig machen. Wie jedes neuronale Netz beginnen sie mit einer Reihe zufälliger Berechnungen. Der Fälscher wird also ein Bild produzieren, das ganz und gar nicht realistisch wirkt. Oder besser gesagt: Die Wahrscheinlichkeit, dass der Fälscher am Anfang gute Fotos produziert, ist aufgrund dieses willkürlichen Geschehens extrem gering. Auf der anderen Seite ist der Polizist genauso unwissend. Er entscheidet zunächst aufs Geratewohl, ob ein Foto echt oder gefälscht ist. Mit der Zeit werden sie dann Schritt für Schritt besser.

Das beginnt immer mit dem Polizisten, rechts. Es läuft ähnlich ab wie bei wirklichen Fälschern, die Falschgeld herstellen. Solange sie damit durchkommen, Blüten auf Normalpapier zu drucken, werden sie das auch weiterhin tun. Aber was tun sie, wenn die Zen-

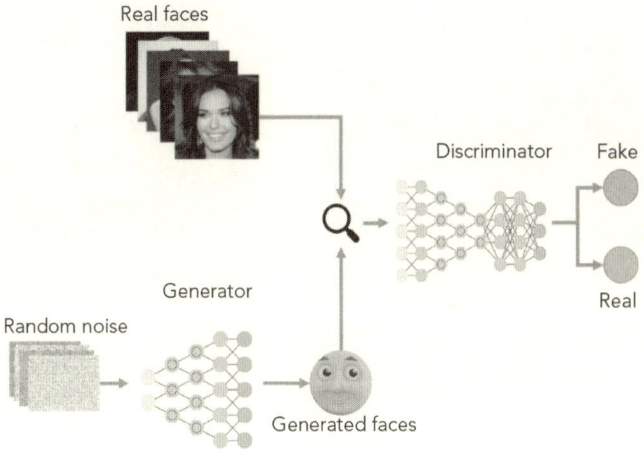

Die interne Funktionsweise eines *generative adversarial network* (GAN). Links unten der Teil («Generator»), der neue Bilder kreiert. Diese werden vom rechten Netz («Discriminator») mit vorhandenen Bildern verglichen.

tralbank auf die Qualität des Papiers achtet? Dann werden sich die Fälscher besseres Papier kaufen müssen. Gleiches gilt für Wasserzeichen, Hologramme und all die anderen Sicherheitsmerkmale auf Banknoten. Solange die Behörde nicht genauer hinschaut oder keine zusätzlichen Sicherheitsmaßnahmen einführt, müssen sich die Fälscher nicht die Mühe machen, ihre Methoden zu verfeinern.

Nicht wesentlich anders verhält es sich bei den GANs. Der Algorithmus betrachtet zunächst die Fehler, die der Polizeibeamte macht. Er tut dies auf der Grundlage der von uns eingegebenen richtigen Antworten, die der Computer zu imitieren lernen muss. Wie kann der Computer die Berechnungen so anpassen, dass das Netz häufiger echte Fotos von gefälschten unterscheiden kann? Wie wird das Polizeinetz immer besser? Indem es herausfindet, welche kleinen Veränderungen die größte Wirkung haben. Auf

Drei Bilder von Katzen, die von demselben Programm produziert wurden, das auch die beiden am Anfang dieses Kapitels erwähnten Porträts erstellt hat.

diese Weise wird es die echten Bilder öfter identifizieren können, weil der Computer als Ganzes durchaus weiß, welche Bilder gefälscht sind und welche nicht. Dem Computer müssen wir nämlich nichts mehr erklären, nachdem wir eine Datenbank mit Fotos ausgewählt haben.

Diese kleinen Verbesserungsschritte für den Polizisten werden ausreichend oft wiederholt, bis anzunehmen ist, dass der Fälscher in Schwierigkeiten geraten wird. Nun ist es an der Zeit, das Fälschernetz zu verbessern. Hier kommt der «adversarial»-Teil ins Spiel: Man verbessert den Fälscher, indem man sich ansieht, welche Veränderungen an diesem Netz bewirken, dass sich die Erfolgsquote des Polizisten verschlechtert.

Indem man die Berechnungen des Fälschers fortwährend so anpasst, dass die Wahrscheinlichkeit, entlarvt zu werden, immer geringer wird, gelingt es (nach einem Durchlauf von Tausenden von Fotos) letztendlich doch, einem Computer beizubringen, realistische Bilder zu fabrizieren. Zumindest, wenn die Daten qualitativ gut sind. Sehen Sie sich die Katzenbilder an.

Mittels der QR-Codes können Sie sich viele weitere Bilder anschauen, jedes einzelne ist ebenso unrealistisch wie diese drei. Das liegt vor allem an verwirrenden Daten: Katzenbilder aus dem Internet, die auch Text enthalten, und Fotos, auf denen auch Menschen zu sehen sind; das neuronale Netz hat nicht kapiert, dass es sich dabei nicht um Katzen handelt. Was in dem mittleren Bild passiert ist, ist auch mir ein Rätsel. Anatomisch stimmt da recht wenig.

Gezielte Manipulation

Gefakte Porträtfotos mögen ganz reizvoll sein, aber so ein GAN kann man eigentlich nur für ein Profilbild auf LinkedIn oder ähnlichen Portalen verwenden (Anfang 2019 wurden beispielsweise russische Fake-Profile aufgedeckt). Mit dem Netz, das oben dargestellt ist, kann man vorhandene Fotos nicht gezielt bearbeiten. Dieses Netz lässt sich nämlich kaum steuern: Wenn man sich die Websites mit gefälschten Fotos anschaut, sieht man gleich, dass immer wieder ganz andere Bilder auftauchen. Das ist amüsant, aber Fake News über Trump und Deepfakes lassen sich damit noch nicht produzieren.

GANs werden erst besorgniserregend, wenn man sie ein wenig ausbaut. Die «simple» Idee von dem Fälscher und dem Polizisten stammt aus dem Jahr 2014. Mittlerweile haben Forscher herausgefunden, wie man einem solchen Netz einen gezielten Auftrag geben kann. Wie Sie unten sehen, kann man beispielsweise den StarGAN-Algorithmus instruieren, den Gesichtsausdruck einer Person in einen zornigen, glücklichen oder verängstigten Ausdruck zu verwandeln. Wenn man das einmal gut hinbekommt, dann lassen sich Bilder billig und leicht auf alle erdenklichen Weisen manipulieren.

Sie kennen diese Technik vielleicht von FaceApp, das 2019 groß in Mode kam. Man konnte sich von dem Programm zeigen lassen, wie man in späteren Jahren aussehen würde. Und man konnte mit

Vier Beispiele für die Veränderungen des Gesichtsausdrucks, die mit StarGAN möglich sind. Die linke Spalte enthält das (echte) Porträtfoto, die Porträts in den drei Spalten rechts sind vom Netz erstellt worden.

diesem Programm, wie auch mit einem Snapchat-Filter von Anfang 2019, digital das Geschlecht wechseln. Dies alles auf der Basis eines einzigen Fotos des eigenen Gesichts, mit überaus realistischen Ergebnissen. Und was verrät uns das? Es besteht kaum ein Zweifel, dass sich hinter all diesen technischen Spielereien ein GAN verbirgt. Bereits StarGAN, das Netz, das die Gesichter in der obigen Abbildung erstellte, konnte (seit 2018) Merkmale wie Alter und Geschlecht ändern.

Welche Extras braucht man, um Bilder so gezielt manipulieren zu können? Nun, das Polizeinetz muss zweierlei zugleich lernen: zu erkennen, ob ein Foto realistisch wirkt, und einzuschätzen, ob die darauf abgebildete Person zornig oder verängstigt, jung oder alt aussieht. Das ist möglich, indem man bei jedem Foto, von dem das

Netz lernt, angibt, um welche Art von Gesichtsausdruck es sich bei der Person handelt, wie alt sie ist, und welche sonstigen Merkmale noch relevant sind. Die zweite Aufgabe, die sich dem Polizeinetz stellt, besteht darin, möglichst präzise zu identifizieren, welcher Gesichtsausdruck auf dem Foto zu sehen ist. Bei den echten Fotos hat der Computer die richtige (von uns eingegebene) Antwort gespeichert. So kann der Algorithmus die Annahmen des Computerpolizisten anhand der Daten testen, und das neuronale Netz entsprechend verbessern.

Je besser der Polizist wird, umso deutlicher wird im neuronalen Netz, was es bedeutet, dass jemand auf einem Foto zornig schaut. Das kann man anschließend auf der Seite des Fälschers nutzen. Stellt man dem Fälscher eine bestimmte Aufgabe, etwa: «Mach ein Foto von einer zornigen Person», kann man testen, wie gut ihm das gelungen ist. Wenn der Polizist nicht versteht, dass die Person auf dem Foto zornig ist, ist der Fälscher noch nicht gut genug. Der Fälscher lernt, indem er eine Berechnung durchführt, die erkundet, welche Änderungen innerhalb seines Netzes die Wahrscheinlichkeit erhöhen, dass der Polizist die Person auf dem Foto als «zornig» bezeichnet. Und so verhält es sich auch mit der Manipulation zu «alt». Zeigen Sie so einem GAN genug Bilder und Sie können selbst FaceApp konstruieren.

Das ist aber noch nicht alles. Bei weitem nicht. Photoshop erfordert einiges an technischer Kompetenz, um es gut nutzen zu können; ein neuronales Netz kann dasselbe, aber ohne wissen zu müssen, wie diese Einstellungen vorzunehmen sind. Tatsächlich kann ein neuronales Netz Fotos viel umfassender bearbeiten – zum Beispiel Sonnenbrillen entfernen –, als Sie das mit Photoshop jemals könnten. Und das alles mit Hilfe einiger gut gewählter Skizzen von Ihrer Hand, wie sie auf den mittleren Fotos unten zu sehen sind. Den Rest erledigt der Computer.

Die Idee dahinter ist wiederum dieselbe: Das neuronale Netz lernt nicht nur, Fotos von Menschen zu erstellen, sondern auch, Gesichtszüge und dergleichen zu identifizieren. Dadurch kann der

Die Originalfotos links sind auf der Grundlage der Skizzen auf den Fotos in der Mitte von dem GAN zu den gefälschten Ergebnissen rechts verändert worden.

Fälscher, basierend auf dem Wissen des Polizisten über Gesichtsausdrücke, ganz gezielt neue Bilder produzieren. Diese sehen zwar nicht immer überzeugend aus – wie etwa auf dem Foto unten rechts die Strähnen im Haar –, aber man kann sich doch vorstellen, dass man mit einem Foto bald alles Mögliche anstellen kann. Es gibt sogar ein neuronales Netz aus dem Jahr 2018, das den Make-up-Stil auf einem Foto auf das Porträtfoto einer anderen Person übertragen kann. Über den QR-Code können Sie das Pdf eines Artikels sehen, in dem dargelegt wird, wie ein GAN Make-up auf Fotos von Männern überträgt (es handelt sich um die Bilder auf S. 3 und 8 des Artikels).

Und wie verhält es sich mit Videos? Die Deepfakes, von denen man manchmal in den Nachrichten hört, funktionieren auf die gleiche Weise. Samsung hat beispielsweise Anfang 2019 einen Algorithmus präsentiert, der aus einem einzigen Foto einen kurzen Film erstellen kann. Das Netz lernt anhand von Filmen, die von Personen mit ähnlichen Gesichtern gemacht wurden, wie sich die markantesten Linien in einem Gesicht verändern. Danach erstellt der Fälscher auf Basis des neuen Fotos eine Aufnahme, bei der sich die Gesichtszüge in ähnlicher Weise verändern. Was dabei herauskommt, sind Filme von sprechenden Gemälden und Interviews mit Menschen, die nie stattgefunden haben. Ganz so wie die beiden Beispiele, die Sie hier unten sehen. Oder die zehn Deepfakes in dem Video, das Sie sich über den QR-Code anschauen können.

Auf diese Weise können wir also neuronale Netze einigermaßen lenken und damit vermeiden, dass sie irgendein beliebiges Bildchen oder Filmchen generieren. Wir können einem GAN sogar beibringen, Bilder auf der Grundlage eines beschreibenden Satzes

Auf Grundlage eines einzigen Fotos (links) kann ein GAN, mit Hilfe kurzer Filme von Menschen, die der fotografierten Person ähnlich sehen (Aufnahmen in der Mitte), einen Clip von der fotografierten Person erstellen (ganz rechts Bilder aus dem daraus entstandenen Clip).

zu produzieren. Das Einzige, was wir dazu tun müssen, ist, zu allen Fotos, aus denen das Netz lernt, auch einen Satz zu liefern. (Nun ja, das ist ein wenig untertrieben, denn es ist relativ schwierig, ein neuronales Netz zu entwickeln, das wirklich gut darin ist, neue Bilder zu erschaffen *und* Bilder und Beschreibungen einander zuzuordnen, aber immerhin haben wir es darin schon recht weit gebracht.)

Schauen Sie sich einmal das Bild auf Seite 6 des Farbteils an (Abbildung 14); das GAN hat es nur aufgrund einer Beschreibung erstellt. Man kann es mit diesen beschreibenden Sätzen auch etwas bunter treiben («das ist eine Tasse Espresso, die aus einem Hund gemacht wurde», siehe Bild 15 auf Seite 6 des Farbteils). Möchten Sie selbst mit Bildbeschreibungen spielen? Oder möchten Sie einmal via GANimal sehen, wie Ihr Haustier als Löwe aussieht? Folgen Sie den QR-Codes!

Mittlerweile ist Ihnen sicherlich klar geworden, dass Computer in rasend schnellem Tempo die Vertrauenswürdigkeit von Bildern infrage stellen. Wohl stimmt es, dass wir schon eine ganze Weile Fotos mit Photoshop bearbeiten können. Und auch davor konnte man mit einem Foto oder einem Video schon ein verzerrtes Bild der Realität vermitteln, indem man den Bildausschnitt geschickt wählte oder ein Studio nutzte. Es gibt auch Leute, die behaupten, selbst die Aufnahmen der ersten Mondlandung seien gefakt. Denn schon in den sechziger Jahren konnten wir Bilder fälschen, auch wenn das um einiges schwieriger war.

Bildern war noch nie hundertprozentig zu trauen. Doch früher hat es viel Geld und Mühe gekostet, so etwas glaubwürdig in Szene zu setzen oder wirklich gute Bearbeitungen mit Photoshop zu erstellen. Neuronale Netze hingegen machen alle diese Anpassungen sowohl kostengünstig als auch allgemein zugänglich. Um die GANs zu nutzen, die ich hier vorgestellt habe, benötigt man keine besonderen Kenntnisse. Die eigentliche Arbeit erledigt eine Software.

Künstliche Intelligenz macht Bildbearbeitung um vieles einfacher und bequemer als früher. Wir werden uns daran gewöhnen müssen, dass Bilder genauso leicht trügen können wie Worte. Das wird uns noch einige Kopfschmerzen bereiten. Ohne Frage können wir eine kritische Distanz zu Bildmaterial einnehmen; im Kino glaubt ja auch niemand, dass das Geschehen auf der Leinwand der Realität entspricht – zumal es fast keinen Film mehr ohne Computereffekte gibt. Wir verstehen sehr wohl, dass das alles nicht real ist. Nachdem ich einen Marvel-Film gesehen habe, glaube ich nicht plötzlich an Superhelden. Und mir ist auch klar, dass Fotos von Models fast immer bearbeitet sind.

Das Hauptproblem ist, dass diese gefakten Bilder nahtlos an echte Bilder anschließen. Wir könnten darauf dieselben Politiker sehen, im selben Umfeld, aber mit einer völlig anderen Botschaft. Würden wir darauf tatsächlich sehenden Auges hereinfallen? In gewissem Maße tun wir das bereits, bei Fake News. Aber auch das Gegenteil kann passieren: Manchmal werden wahrheitsgetreue Filmaufnahmen und Nachrichten als Fake abgetan. Hier müssen wir achtsam sein und uns auch bei Filmen und Fotos fragen: Aus welcher Quelle stammen sie? Habe ich sie auf der Website einer großen Zeitung gesehen? Dann besteht eine gute Chance, dass sie echt sind. Stammen sie von einer obskur wirkenden Website? Vielleicht sollten wir dann noch ein paar Fragezeichen mehr dahintersetzen.

Der Umstand, dass wir schon auf guten Journalismus und exzellente Wissenschaft bauen können, die vertrauenswürdige Informationen liefern, wird dabei, so hoffe ich, hilfreich sein. Wie wir schon gesehen haben, bleiben Fake News nicht annähernd so gut in Erinnerung wie Tatsachen. Außerdem hilft es sicherlich sehr, dass wir Fakten vorerst noch häufiger und konsequenter zu sehen bekommen, und sie in aller Regel auch besser in ein (hoffentlich größtenteils korrektes) Weltbild passen. Ich hoffe, dass das so bleibt und wir weiterhin voneinander abweichende Berichterstattungen kritisch genug betrachten, um nicht massenhaft Fake News auf den Leim zu gehen. Darüber hinaus kann auch die Technik selbst einen gewissen Beitrag leisten. GANs sind nicht mehr zu stoppen. Der Code ist öffentlich zugänglich, wir können die Uhr nicht mehr zurückdrehen. Was wir aber tun können, ist, neuronale Netze zum Aufspüren von Manipulationen einzusetzen. Adobe, das Unternehmen, das hinter Photoshop steht, hat ein neuronales Netz entwickelt, das erkennt, welche Modifikationen an einem Foto mit Photoshop vorgenommen wurden. Der Algorithmus ist überdies in der Lage, diese Modifikationen rückgängig zu machen, so dass man (fast) wieder das Originalfoto zu sehen bekommt. Es gibt auch schon neuronale Netze, die erkennen, ob einem Foto etwas hinzugefügt worden ist; detektivisch wie Sherlock Holmes untersuchen sie dazu die unvollkommenen Ränder, die solche Bearbeitungen hinterlassen können (zu sehen über den QR-Code). Wir dürfen nicht davon ausgehen, dass mehr Technologie alle Probleme lösen wird, aber sie kann hoffentlich dazu beitragen, dass nicht die ganze Last auf unseren Schultern liegt. Sich bei jedem Foto oder Video fragen zu müssen, ob es echt ist, das kann niemand durchhalten.

Computerkunst!?

GANs werden, wie gesagt, beträchtliche Auswirkungen haben. Vielleicht sogar in der Kunstwelt, da wir heute über das Know-how verfügen, automatisch neue Bilder zu produzieren. 2018 wurde zum Beispiel eines der ersten «Kunstwerke» eines Computers versteigert, ein Porträt des fiktiven Edmond Belamy. Nicht für die 10 000 US-Dollar, die das Auktionshaus Christie's erwartet hatte, sondern für den schockierenden Betrag von 432 500 US-Dollar.

Das Porträt des fiktiven Edmond Belamy, signiert mit der Formel, die belegt, dass der Fälscher dafür sorgen muss, dass der Polizist so gut wie keinen Unterschied zwischen echter Kunst und Fälschungen erkennt.

Unter einem gewissen Blickwinkel macht allein diese Summe das Bild schon zu einem Kunstwerk: Wenn jemand bereit ist, für ein Gemälde, das nur mit der Formel signiert ist, die hinter dem Algorithmus steht, so viel zu bezahlen, dann wird es durch diese Wertschätzung schon zu mehr als einem bloßen Bildchen, das von einem Computer ausgespuckt wurde.

Belamys Porträt ist nicht das einzige Gemälde, das in diesem Kontext Aufsehen erregt hat. Im Jahr 2016 erblickte auch ein neues Gemälde von Rembrandt das Licht der Welt. Dabei beziehe ich mich nicht auf die Entdeckung des Kunstexperten Jan Six aus demselben Jahr, sondern auf das Resultat des niederländischen Projekts «The Next Rembrandt». In diesem Projekt wurden Hunderte von Rembrandts Gemälden mit Hilfe von künstlicher Intelligenz analysiert (welche Netze genau beteiligt waren, wurde nicht bekannt gegeben, aber es würde mich nicht wundern, wenn GANs dabei eine Rolle gespielt hätten), um ein möglichst realistisches neues Porträt zu erstellen. Wenn man kein Kunstkenner ist, muss man sich schon sehr bemühen, um das Bild – es ist über den QR-Code zu sehen – von einem echten Werk des Meisters zu unterscheiden.

Wie innovativ sind diese Computer? Sind GANs nun auch schon zu einer Bedrohung für kreative Berufe geworden? Wird auch Kreativität, von der immer behauptet wird, dass sie kaum automatisiert werden könne, von neuronalen Netzen vereinnahmt? Ich würde mir noch keine Sorgen machen, beide «Kunstwerke» basieren nämlich vollkommen auf Imitation. Für den neuen Rembrandt wurden etwa 350 Porträts verwendet, die als Datenmaterial für alle möglichen Computeralgorithmen dienten. Im Falle des Porträts von Belamy waren es verschiedenartigere Gemälde. Aber das Ziel eines GANs ist immer dasselbe: etwas zu erschaffen, das nach Ansicht des Computers nicht von echten Werken zu unterscheiden ist. Das Ziel ist also: das *Imitieren* bestehender Kunst.

Ähnlich verhält es sich im Bereich der Musik. Ein neuronales Netz mit dem Namen DeepBach produziert Musikstücke im Stil von Johann Sebastian Bach, die selbst von Menschen mit hoher musikalischer Expertise als authentische Werke angesehen werden. Spielen Sie selbst einmal mit einem neuronalen Netz, das Musik komponiert, mit Hilfe des oberen QR-Codes. Ganz ähnlich wie das GPT-2 aus dem vorigen Kapitel wählt das Netz immer die wahrscheinlichste nächste Note aus der Datenbank aus. Glauben Sie, den Unterschied zwischen einem Computer und Bach heraushören zu können? Dann unterziehen Sie sich über den unteren QR-Code der Bach-Challenge.

Computer sind also so gut im Nachahmen von Kreativität geworden, dass wir den Unterschied nicht immer wahrnehmen. Wenn man Kunst im Sinne der Wirkung definiert, die diese Werke auf uns ausüben, also im Sinne des ästhetischen Werts eines Werkes, dann bleibt uns nicht viel anderes übrig, als einzuräumen, dass Computer tatsächlich Künstler sind. Wenn wir den Unterschied nicht erkennen, dann spielt es keine Rolle, wer oder was das Gemälde oder das Musikstück erschaffen hat, das man als Kunst ansieht. Aber *wirklich* kreativ sind neuronale Netze deshalb noch lange nicht; sie imitieren bloß unsere Werke.

Können wir uns dessen aber so sicher sein? 2017 haben Forscher eine clevere Variante entwickelt, die unter dem Namen CAN, Creative Adversarial Network, bekannt ist. Die Bilder, die aus diesem Netz stammen (die besten habe ich auf Seite 7 des Farbteils zusammengestellt), hielt eine Gruppe von Testpersonen für ebenso gut wie die Spitzenexponate der Art Basel, einer renommierten Messe für zeitgenössische Kunst, im Jahr 2016. Vielleicht müssen die Künstler sich also doch Sorgen machen.

Die Idee, die hinter CAN steht: Der Fälscher versucht nicht, Gemälde zu erschaffen, die sich einer bekannten Strömung zuordnen lassen. Ein zeitgenössischer Künstler wird auch keinen Rembrandt imitieren, warum sollte man das also einen Computer tun lassen? Der Polizist des CAN hat die Aufgabe, Gemälde in die üblichen Kunstströmungen einzuordnen, der Fälscher aber will gerade etwas hervorbringen, das *nicht* unter eine der Standardklassifizierungen fällt. «Kreativität» wird dem Netz abgerungen, weil es etwas erfinden muss, das keine der bekannten Eigenschaften aufweist. Also eine neue Art des Farbgebrauchs, der Komposition und so weiter.

CAN funktioniert unter anderem deshalb so gut, weil Computer überraschend geschickt darin sind, Kunst zu klassifizieren. 2018 entdeckten Wissenschaftler, dass ein neuronales Netz, das Kunstwerke dem richtigen Stil einzuordnen lernte, so viel Verständnis für die Stile entwickelt hatte, dass es ihm, ohne jeglichen Hinweis auf die Entstehungszeit der Gemälde, gelang, sie chronologisch und in der richtigen Abfolge der Stile zu ordnen. Selbst die Entwicklung eines einzelnen Künstlers wie Cézanne, der zunächst mehr wie Van Gogh und in seiner späteren Schaffensphase mehr wie Picasso malte, konnte man anhand der Ordnung des Computers nachvollziehen. Kunsthistoriker sind schon lange der Ansicht, dass Cézanne beim stilistischen Übergang vom Postimpressionismus zum Kubismus eine bedeutende Rolle spielte!

Aber macht das die Werke von CAN tatsächlich zu Kunstwerken? Genügt es, bekannte Stile zu vermeiden und etwas (beliebig) anderes zu erschaffen? Das hängt ganz davon ab, wie man Kunst definiert. Wenn wir uns nur darauf verlassen, was wir sehen, sind Computer mittlerweile einfach zu gut darin, Künstler zu imitieren. Ein anderer Definitionsansatz macht es etwas leichter, Computer als Kunstschaffende auszuschließen. Man kann darauf achten, was in den Museen hängt: Nur das, was Experten der Kunstwelt zuordnen, ist echte Kunst. In diesem Fall können wir erleichtert aufatmen, denn im Rijksmuseum gibt es noch keinen «Rembrandt», der von einem Computer gemalt wurde. Allerdings ist auch das wohl nur eine Frage der Zeit. Angesichts dessen, dass die ersten von Computern geschaffenen Werke bereits für hohe Beträge verkauft wurden, werden sie wohl unweigerlich auch in Museen Einzug halten.

Diese Definitionen von Kunst helfen uns also nicht weiter, zumindest nicht dabei, mein Gefühl zu erklären, dass der Computer etwas weniger Beeindruckendes erschafft als ein menschlicher Künstler. Auch wenn ich vielleicht den Unterschied zwischen einem von einem CAN und einem von Menschenhand geschaffenen Gemälde nicht wahrnehme, würde ich mich doch leicht getäuscht fühlen, wenn ich herausfände, dass eines meiner Lieblingsbilder von einem Algorithmus gemalt worden wäre. Und ich bin nicht der Einzige, dem das so geht: Emmy, ein älterer Algorithmus, der Ende der neunziger Jahre Musik komponierte, konnte auch Bach-Kenner schon zum Narren halten. Sein Entwickler, David Cope, sah sich spontanen Drohungen von Musikwissenschaftlern ausgesetzt, die sich betrogen fühlten. Zu ihrem großen Verdruss bereiteten ihnen die Computerstücke tatsächlich Genuss.

Diese Musikwissenschaftler machten sich womöglich Sorgen um ihre weitere Karriere. Meine eigenen Zweifel, ob dieses Schaffen kreativ ist, entzünden sich jedoch an der willkürlichen Arbeitsweise von CAN und all den anderen GANs. Ich glaube, es genügt mir nicht, dass CAN Dinge erschafft, die anders sind als die Vorbilder, auf die sich der Algorithmus stützt. Denken Sie an die Aktion von Banksy, bei der 2018 ein Gemälde direkt nach der Versteigerung (zur Hälfte) geschreddert wurde. Das hatte bis dahin noch niemand gemacht, und der Akt wurde von manchen sogar als sein bisher größtes Kunstwerk gesehen. Nicht nur, weil er neu war, sondern weil eine Idee dahintersteckte: Kunst ist entsetzlich kommerzialisiert. Auch an Banksys eigenem Werk verdienen Sammler und Auktionshäuser skandalöse Summen. Dagegen wollte der Künstler protestieren, indem er ein Werk kurz nach dem Verkauf zerstörte. Vielleicht kam Banksy rein zufällig auf die Idee, so zu agieren, aber es steckte eine klare Absicht dahinter. Er hat sich bewusst dafür entschieden, sein Bild zu zerstören. Auch wegen dieser Intention halte ich seine Aktion für kreativ, was immer man sonst davon halten mag.

Solche Intentionen findet man bei der künstlichen Intelligenz noch nicht. Es gibt keinen guten Grund, warum CAN die zuvor gezeigten Werke geschaffen hat und nicht «völlig andere Werke, die sich schwer klassifizieren lassen». Es gibt keinen inhaltlichen Grund, warum die Algorithmen aus dem vorigen Kapitel die Texte schreiben, die sie schreiben. Auch deshalb werden die eher kreativen Berufe kaum je zu automatisieren sein. Aber, menschlich, wie wir sind, erfinden wir oft solche Gründe. Das haben wir schon mit dem Chatbot ELIZA aus den sechziger Jahren getan, und neuronale Netze haben es nur noch attraktiver gemacht, damit fortzufahren. Unter anderem liegt das an einer der gravierenden Begrenztheiten dieser Form von künstlicher Intelligenz: Sie ist völlig intransparent. Gerade diese Undurchsichtigkeit macht es verlockend, sich einzubilden, dass hinter einem neuronalen Netz viel mehr steckt, als es tatsächlich der Fall ist. Während wir bei ELIZA noch die expliziten Regeln aufdecken können, um unsere Vorstellungen zu entkräften, ist das bei CAN um einiges schwieriger.

Mangelnde Transparenz

Ein neuronales Netz führt schnell mal Millionen bis Milliarden Berechnungen durch, um zu einer Entscheidung zu kommen. Berechnungen, die wir nicht erdacht haben, wenn man von der allgemeinen Architektur des Netzes einmal absieht. Berechnungen, die zudem aufgrund eines Lernprozesses mit Millionen kleiner Anpassungen verfeinert worden sind, die wir nicht nachvollzogen haben. Damit will ich nicht sagen, dass neuronale Netze unvorhersehbar sind; jede einzelne dieser Anpassungen könnten wir selbst nachrechnen, wenn wir genug Zeit dazu hätten. Ich meine einfach, dass es bei derart vielen Berechnungen und Abänderungen schier unmöglich ist, sie alle selbst nachzuverfolgen. Was besagt das? Niemand weiß genau, wie ein neuronales Netz zu einer Entscheidung gelangt.

Dieses Mysterium macht es viel leichter, ein neuronales Netz als kreativ anzusehen. Das passt gut zum Mythos des genialen Künstlers, der in einem für Normalsterbliche unergründlichen Prozess aus dem Nichts heraus Neues zu schaffen vermag. Aber abgesehen davon ist es ärgerlich, dass neuronale Netze so intransparent sind. Bekommt man vielleicht keinen Kredit, weil ein neuronales Netz die eigene finanzielle Lage untersucht hat? Wird man vielleicht deshalb nicht auf Kaution freigelassen, weil ein selbstlernender Algorithmus (z. B. der in den USA tatsächlich verwendete COMPAS) entschieden hat, dass man gefährlich ist? In diesen Fällen ist es schwer auszumachen, warum diese Entscheidungen zum eigenen Nachteil ausfallen. Denn man erhält keine Aufklärung darüber. Anders als in den USA dürfen in Europa solche Algorithmen für so etwas wie Kreditentscheidungen dank der Datenschutz-Grundverordnung (DSGVO) nicht verwendet werden. Sie schreibt vor, dass man als Betroffener immer das Recht auf eine menschliche Beurteilung und Erläuterung von Entscheidungen hat.

Freilich arbeiten Wissenschaftler hart daran, die Algorithmen transparenter zu machen, in der Hoffnung, dass wir irgendwann doch sagen können, welche Faktoren für den Algorithmus ausschlaggebend waren. Stellen Sie sich einen Moment lang vor, dass Sie auf Kaution freigelassen werden wollen, der Richter dazu aber nicht bereit ist, weil der Computer Sie als «hohes Risiko» einstuft. Dann können Sie ein zweites Programm nutzen, um zu sehen, wie der Computer zu dieser Einschätzung gelangt ist. Dieses zweite Programm ändert Ihre Daten so lange ab, bis die Einschätzung des neuronalen Netzes von einem «hohen» in ein «geringes Risiko» umschlägt. Es sucht nach der kleinstmöglichen Änderung in Ihrer Akte, aufgrund derer Sie doch auf Kaution freigelassen werden könnten. Die Idee dahinter ist, dass diese kleinste Veränderung, beispielsweise die Löschung Ihres Strafregisters, zeigt, welches Argument für den Computer entscheidend war. Wären Sie früher nicht schon mit dem Gesetz in Konflikt geraten, hätten Sie nun keinerlei Probleme. Schön und gut, aber ideal ist das nicht, wenn man bedenkt, wie unberechenbar neuronale Netze in ihren Entscheidungen sein können. Sie verallgemeinern längst nicht immer auf eine logische oder wünschenswerte Weise. Diese Methode, Algorithmen transparenter zu machen, bietet uns also keine Garantien, obwohl sie gut funktionieren kann.

Gleichwohl wird es mit der zunehmenden Nutzung solcher selbstlernenden Algorithmen immer wichtiger, ihre interne Funktionsweise in den Griff zu kriegen. Man will schließlich nicht, dass Unternehmen und Behörden nicht mehr haftbar gemacht werden können, weil sie auch selbst nicht genau wissen, wie ihre Algorithmen funktionieren. Ein etwas radikalerer Versuch, mehr Kontrolle über sie zu erlangen, besteht darin, das Vorgehen eines neuronalen Netzes mit einer anderen Art von künstlicher Intelligenz, die mit expliziten, interpretierbaren Regeln arbeitet, vollständig zu imitieren. Dies kann weitgehend automatisch geschehen, da es selbstlernende Algorithmen gibt, die einfacher zu verstehen sind (aber selbst viel weniger gute Ergebnisse liefern als neuronale Netze). Der einzige Nachteil ist, dass wir einzig sicherstellen können, dass der verstehbare Algorithmus zu den gleichen Ergebnissen kommt. Nicht immer sicherstellen können wir hingegen, dass er *auf die gleiche Weise* zu den gleichen Ergebnissen kommt. Oder dass die beiden Algorithmen in neuen Fällen das Gleiche tun würden.

Womöglich denken Sie jetzt, ich sei etwas zu pessimistisch, was das Ausmaß betrifft, in dem wir Netze transparenter machen können. Hatte ich denn nicht gesagt, dass wir die Chronologie von Kunstwerken aus den Berechnungen eines neuronalen Netzes ableiten können? Ist das nicht ein Zeichen dafür, dass wir verstehen, wie ein solches neuronales Netz funktioniert? Mag sein, aber ganz eindeutig ist das nicht. Sie können das auf Seite 8 des Farbteils in der Grafik mit den unterschiedlichen Farben für die verschiedenen Kunststile sehen.

Diese Grafik stellt eine Art abgeflachte Version der Endberechnungen des neuronalen Netzes dar. Durch diese Abflachung treten zwei Aspekte hervor, unter denen man ein Kunstwerk einordnen kann. Die beiden Achsen wirken zufällig so zusammen, dass sich in ihnen gewissermaßen die Kunstgeschichte wiederfinden lässt. Frühe Kunst, wie die von Raffael und Van Eyck, findet man unten links in Blau. Anschließend dreht Sie sich im Uhrzeigersinn über Rembrandt links unten, Monet oben links und Picasso oben rechts bis zu Mondrian und Rothko unten rechts. Aber wir müssen spekulieren, worin diese beiden Aspekte bestehen. Vielleicht verhält es sich so: Die Kunstwerke links sind eher figurativ und die rechts eher abstrakt, und in den unteren sieht man eher scharfe Linien, während oben sehr suggestive, impressionistische Malstile vorherrschen. Der Computer sagt es uns nicht. Und er verwendet sicherlich nicht nur diese Aspekte: Schauen Sie sich nur die Stilüberschneidung in der oberen linken Ecke an.

Ich will nicht zu pessimistisch sein. Diese Grafik mit den Gemälden zeigt immerhin, dass wir tatsächlich etwas aus dem Vorgehen neuronaler Netze ableiten können. Auch die anderen beiden Strategien (nach einer Änderung innerhalb des Datensatzes suchen oder das neuronale Netz durch ein anderes imitieren lassen) können sicherlich hilfreich sein. Die schlechte Nachricht ist, dass man damit nicht alles erklären kann. Neuronale Netze bleiben größtenteils intransparent und werden uns daher weiterhin überraschen, wie uns auch Menschen überraschen, obwohl sie die Dinge etwas einfacher erklären können, wenn sie dazu willens sind. Aber ist das nicht extrem gefährlich, wenn auch Computer, mittels diverser Techniken wie den GANs, eine gewisse Form von Kreativität besitzen? Müssen wir uns Sorgen machen, dass Roboter die Weltherrschaft übernehmen?

Kreativität jenseits der Kunst: Wie nahe ist die Roboter-Apokalypse?

Kann eine Maschine, die Büroklammern herstellen soll, plötzlich beschließen, dass das ohne Menschen, die ihr dabei im Wege stehen, effizienter ginge, und uns – als eine Art Nebenwirkung – aus dem Weg räumen? Könnte ein Programm, das darauf ausgelegt ist, keine Go-Spiele zu verlieren, die Menschheit auslöschen, weil es denkt, ohne Gegner könne es nicht verlieren? Werden Computer, die als Roboter von neuronalen Netzen gesteuert werden, in der Lage sein, die Weltherrschaft zu übernehmen? Zum Glück lautet die Antwort auf diese Fragen: nein! Das kann mit den neuronalen Netzen, die wir heutzutage verwenden, absolut nicht passieren, schon deshalb nicht, weil die Ziele und Mittel neuronaler Netze sehr eng definiert sind, mag auch oft viel salopper darüber gesprochen werden. Außerdem sind die derzeitigen neuronalen Netze im Vergleich zu uns noch gar nicht so schlau, wie Sie an all den – drolligen – Fehlern, die ihnen unterlaufen, gesehen haben. Wir neigen immer noch dazu, hinter dem Verhalten eines Computerprogramms mehr zu suchen, als tatsächlich vorhanden ist, dieser ELIZA-Effekt macht sich permanent bemerkbar.

Gibt es einen besseren Gradmesser für die nahende Weltherrschaft als Computer, die uns in Spielen schlagen, in denen es um territorialen Besitz geht? Vielleicht erinnern Sie sich noch: 2016 gab es eine Menge Wirbel um ein Google-Programm, das es mit dem Go-Weltmeister aufnahm. Go ist eine japanische Version von Schach, nur viel komplexer, weil es weit mehr mögliche Züge gibt. So viele, dass die Suchmethoden, die wir uns im zweiten Kapitel angesehen haben – jene, mit denen uns Computer beim Schach schlagen –, beim Go-Spiel nicht funktionieren. Würde man das versuchen, müsste der Computer *entweder* jahrelang nach einem guten nächsten Zug suchen *oder* aufgrund der begrenzten Rechenzeit alle möglichen dummen Züge machen. So wurde Go, nach Schach, zum heiligen Gral der menschlichen Erkenntnis.

Bis die neuronalen Netze auf der Bildfläche erschienen. 2016 besiegte AlphaGo den damaligen Champion Lee Sedol. Das spielte sich folgendermaßen ab: Das Programm weiß anfangs so gut wie nichts über die Spielregeln oder die üblichen Strategien. Es weiß lediglich, dass einige Züge erlaubt sind und andere nicht. Allein mit dieser Information muss sich das neuronale Netz, in Anbetracht der derzeitigen Stellung auf dem Brett und der vorangegangenen sieben Züge, für den nächsten Zug entscheiden. Zunächst übt der Computer bei einer Vielzahl von Partien gegen menschliche Gegner. Und er steigert sich noch, indem er sich in Partien gegen sich selbst übt.

Die wirklichen Tricks lernt er in dieser Übungsphase. Zu Beginn übt AlphaGo mit Hilfe der Partien von professionellen Spielern. Dabei spielt er nicht selbst gegen eine reale Person, sondern sagt in einem Spiel zwischen zwei menschlichen Spielern jeweils den nächsten Zug voraus. Diese Vorhersage überprüft er anschließend, indem er sich ansieht, wie tatsächlich gezogen wurde (und das bei 30 Millionen Zügen). Das vermittelt AlphaGo eine Vorstellung davon, welche Züge wir für gut halten. Damit kann AlphaGo bereits einige Spiele gewinnen, indem es immer den wahrscheinlichsten Zug wählt. Aber besser als die besten Spieler zu spielen, gestaltet sich um einiges schwieriger. Schließlich imitiert das Netz nur diese menschlichen Spieler.

Um noch besser zu werden, trainiert der Computer also weiter gegen sich selbst. Dieses Mal geht es nicht mehr nur darum vorherzusagen, wie ein Mensch ziehen würde, sondern nur noch darum zu gewinnen. Das neuronale Netz und sein Kontrahent (dasselbe Netz, aber möglicherweise eine ältere Version davon mit einer etwas anderen Spielweise) wählen ihre Züge. Gewinnt das Netz, wird es belohnt: Die Wahrscheinlichkeit, dass es diese Züge beim nächsten Mal wieder macht, erhöht sich. Verliert das Netz, erhalten diese Züge Strafpunkte: Sie waren anscheinend doch nicht so toll, und vielleicht sollte das Netz beim nächsten Mal etwas anderes probieren. Der Witz dabei ist, dass der Computer dieses Netz nicht weiterverwendet, um gegen einen Weltmeister Go zu spielen, es ist nur für den jeweils nächsten Schritt notwendig.

Jetzt sind wir fast am Ziel. AlphaGo verwendet nämlich noch ein weiteres neuronales Netz, um etwas anderes vorherzusagen: die Wahrscheinlichkeit, dass der Computer das Spiel angesichts der Steine, die sich auf dem Brett befinden, gewinnt. Auf der Grundlage all dieser Übungspartien gegen sich selbst (auch hier sind es 30 Millionen Züge) lernt dieses neue Netz, wie groß die Wahrscheinlichkeit ist, bei einer bestimmten Stellung zu gewinnen beziehungsweise nicht zu gewinnen. Möglich ist das, weil das tatsächliche Resultat bereits bekannt ist; es wurde von den Programmierern eingespeichert, als die Übungspartien stattfanden. Was also, wenn das Netz tönte, dass es sowieso gewinnen wird, dann aber die Partie verloren hat? Im letzteren Fall korrigiert der Computer diese Gewinnvorhersage leicht nach unten. Und das passiert

30 Millionen Mal. Das Ergebnis besteht in zwei funktionierenden Netzen: eines, das den Zug vorhersagt, der laut den Experten (vom Anfang) am wahrscheinlichsten ist, und eines, das vorhersagt, ob der Algorithmus angesichts der Stellung auf dem Brett gewinnen wird. Und damit konnte AlphaGo die besten Spieler der Welt besiegen. AlphaGo wählte nämlich einen Zug aus, indem es jeder Option eine Punktzahl gab, 50 Prozent der Punktzahl beruhten auf der Wahrscheinlichkeit, dass ein Experte diesen Zug machen würde, und 50 Prozent auf der Wahrscheinlichkeit, dass dabei ein Sieg herausspringen würde. Der Zug, der auf diese Weise am meisten Punkte auf sich vereint (der Zug, nach dem der Computer wie beim Schach im zweiten Kapitel sucht), ist derjenige, für den sich AlphaGo dann entscheidet.

Das ist eine Menge an Informationen, wobei es nicht so sehr auf die Details ankommt (obgleich mir daran gelegen ist zu zeigen, wie kompliziert es war, sich diese Programme auszudenken). Merken Sie sich vor allem die Quintessenz des Ganzen: AlphaGo wählt mit Hilfe einer Mischung aus Wissen darüber, wie Menschen Go spielen, und dem, was der Computer selbst an Wissen darüber entwickelt, welche Stellung zum Sieg führt. Damit ging das Programm in das weltberühmte Duell gegen Lee Sedol. AlphaGo hat in diesen Matches sehr kreativ gespielt. Am dramatischsten war Zug Nummer 37 der zweiten Partie, der aller menschlichen Erkenntnis zur Spielstrategie zuwiderlief. Es musste sich um einen Fehler handeln, keinem großen Meister würde es je einfallen, so zu spielen. Erst viel später im Spiel stellte sich heraus, dass es eine strategische Meisterleistung war, die letztlich zu Lee Sedols Niederlage führte. AlphaGo hatte, möglicherweise ohne es jemals zuvor versucht zu haben, einen Zug gefunden, der von den Kommentatoren nach Ablauf der Partie überschwänglich bejubelt wurde.

Computer überraschen uns ab und zu mit einer ungewöhnlichen Lösung für ein Problem. Das machen sie eigentlich schon seit langem, denken Sie nur an die vielen verrückten Beispiele von evolutionären Algorithmen, wie beispielsweise dem abstürzenden

Flugzeug. AlphaGo geht nicht wesentlich anders vor. Neuronale Netze bieten eine Möglichkeit, nach Lösungen zu suchen, die nicht so sehr an unsere Gewohnheiten gebunden sind, und daher finden sie manchmal etwas Überraschendes. Aber für den Computer war der geniale Zug Nummer 37 nicht anders als alle anderen Züge, auch wenn es sich um einen Zug handelte, bei dem die Wahrscheinlichkeit, von einem Menschen gewählt zu werden, gering war. Das wirkte sich in der zweiten Partie zum Vorteil von AlphaGo aus, dennoch gewann auch Sedol eine Partie (die vierte) – durch den brillanten Zug Nummer 78, den AlphaGo in den Vorhersagen der menschlichen Experten überhaupt nicht einkalkuliert hatte. Prompt lief es schlecht für den Computer.

Letztendlich verlor Sedol vier der fünf Partien, unter anderem wegen der unorthodoxen Züge von AlphaGo. Dieses Unerwartete kann auch beunruhigend sein. Was passiert, wenn ein Programm wie AlphaGo entscheidet, dass es für seine Niederlagen nicht bestraft wird, wenn es keine Gegenspieler mehr gibt? Aber dazu kann es nicht kommen. Neuronale Netze sind, wie wir in den vorigen Kapiteln immer wieder gesehen haben, sehr spezialisiert. AlphaGo wird auf genau zwei Aufgaben hin trainiert: auf die Vorhersage der Gewinnchancen bei einer bestimmten Spielstellung und auf die Vorhersage des wahrscheinlichsten nächsten Zugs eines Menschen. Das Ziel des Programms ist nicht so allgemein gefasst wie «Vermeide, deine Spiele zu verlieren» oder «Gewinne möglichst viele Partien». Die Begriffe «gewinnen» und «verlieren» sind in den Algorithmus nur in Form eines +1-Wertes oder −1-Wertes nach dem letzten Zug eingebettet. Und wenn AlphaGo überhaupt ein Ziel hat, dann besteht es in einer möglichst geringen Abweichung zwischen der Vorhersage, ob es +1 oder −1 sein wird, und dem tatsächlichen Ergebnis.

Außerdem kann AlphaGo keine seltsamen Dinge tun, um diese Wahrscheinlichkeiten zu verändern. Das Programm ist so geschrieben, dass alle möglichen Vorgehensweisen festgelegt sind: AlphaGo kann einen Zug im Spiel machen und sich auf der Basis des Gesamtergebnisses der Trainingspartien nach streng mathematischen Regeln (wie im dritten Kapitel erläutert) justieren. Damit endet seine Kreativität. So verlockend es auch sein mag, hinter den erstaunlichsten Zügen von AlphaGo etwas zu suchen, es gibt dort nichts zu finden.

Liegt das an der Wahl des Beispiels? Manchmal scheint es so. Schlägt man etwa das Buch *Leben 3.0* von Max Tegmark auf, erhält man ein viel beunruhigenderes Bild. Tegmark thematisiert auch die Ziele der künstlichen Intelligenz, aber aus einem anderen Blickwinkel. Er tut dies anhand eines fiktiven Programms, dessen Auftrag darin besteht, in einer Pac-Man-ähnlichen Umgebung so viele Schafe wie möglich vor einem großen bösen Wolf zu retten. An einem bestimmten Ort befindet sich auch eine Bombe. Wenn der Computer auf sie trifft, verliert er das Spiel. Natürlich wird ein neuronales Netz lernen, dass seine Punktzahl viel niedriger ausfällt, wenn es mit der Bombe kollidiert (wir nehmen einen Moment lang an, dass das Ziel des Netzes darin besteht, eine maximale Punktzahl zu erreichen; das ist etwas weniger idealistisch als Tegmarks Ziel, «möglichst viele Schafe zu retten»). Mit genügend Übung wird der Computer lernen, der Bombe auszuweichen.

Tegmark zieht daraus folgenden Schluss: Der Algorithmus bekommt ein zweites Ziel, nämlich Selbsterhaltung. Meiner Ansicht nach ist das jedoch irreführend formuliert. Ja, das Programm wird der Bombe ausweichen, aber das Einzige, was es dazu tun muss, ist, die Berechnungen im Netz so anzupassen, dass die Entscheidung «gehe zu Feld 23» (angenommen, die Bombe liegt auf Feld 23) immer eine geringe Wahrscheinlichkeit erhält. Handelt es sich dabei um Selbsterhaltung? Aus unserer Sicht schon, aber für das neuronale Netz passiert hier nichts Besonderes. Es hat nur gelernt, dass die Punktzahl (aus welchem Grund auch immer) drastisch abnimmt, wenn es auf dieses bewusste Feld kommt. Sofern man überhaupt von einem zweiten Ziel sprechen kann, handelt es sich eher um das Ziel «vermeide Feld 23». Das würde sich auch im Verhalten des neuronalen Netzes widerspiegeln: Platziert man eine

Bombe an einem anderen Ort, wird der Computer fröhlich dagegenrennen.

Solange das von Tegmark beschriebene Programm den neuronalen Netzen, die uns heute zur Verfügung stehen, einigermaßen entspricht (er thematisiert mögliche zukünftige superintelligente Computer, aber wir wissen natürlich überhaupt nicht, wie die funktionieren), brauchen wir uns um die Ziele, die ihnen vorgegeben werden, keine Sorgen zu machen. Denn neuronale Netze brauchen immer eine Formel, um lernen zu können. Diese Formel dient dazu, spezielle Fehler zu berechnen – und in dieser Fehlerberechnung besteht das ganze Ziel des Programms. GPT-2 zum Beispiel berechnet den Fehler hinsichtlich der Übereinstimmung des vorhergesagten nächsten Wortes mit dem tatsächlichen nächsten Wort. Ein GAN berechnet den Fehler hinsichtlich der Klassifizierung von Daten als «reale» oder «gefakte». Tegmarks Programm berechnet, ebenso wie AlphaGo, den Fehler hinsichtlich der Differenz zwischen dem erwarteten Ergebnis nach einer Entscheidung und dem tatsächlich eintretenden Ergebnis. Allgemeine Vorstellungen wie «möglichst oft gewinnen» oder «ein bahnbrechendes Kunstwerk erschaffen» sind für die zugrunde liegenden Formeln viel zu generell. Auch Tegmarks zweites Ziel (Selbsterhaltung) ist viel zu allgemein formuliert. Das Vorgehen künstlicher Intelligenz bewegt sich in engen Grenzen. Deshalb kann ein neuronales Netz, das Büroklammern herstellen soll, nicht einfach auf den Gedanken kommen, dass dieses Ziel besser zu erreichen wäre, wenn es keine Menschen gäbe, die die Maschine abschalten könnten. Das Netz weiß nicht, was Menschen sind, und die mathematischen Berechnungen werden ihm dieses Wissen niemals vermitteln.

Das Hauptrisiko, das die heutigen Technologien mit sich bringen, besteht daher darin, dass sie, auch weil die Algorithmen alles so wörtlich nehmen, ein Verhalten an den Tag legen, das nicht unbedingt mit unseren Intentionen übereinstimmt. Das kann, wie bereits erwähnt, zu Diskriminierung führen, aber auch dazu, dass Lösungen angeboten werden, die sich als wenig hilfreich heraus-

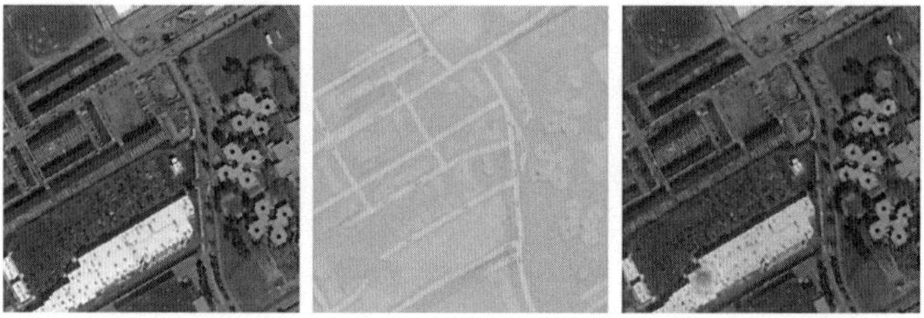

Ein originales Satellitenbild (links), eine computergenerierte Karte (mittig) und eine auf Basis der mittleren Karte erstellte Rekonstruktion des Satellitenbildes (rechts).

stellen. Dies geschah beispielsweise bei CycleGAN, einem neuronalen Netz, dessen Aufgabe darin bestand, Satellitenbilder in Karten umzuwandeln und umgekehrt. Zunächst war nichts Merkwürdiges erkennbar. CycleGAN erledigte seine Aufgabe tadellos und erstellte Karten, die nahezu identisch mit den von Menschen gezeichneten Karten waren. Sehen Sie sich die folgende Abbildung an: links das originale Satellitenfoto; mittig die schematische Karte, die das neuronale Netz daraus abstrahierte. Rechts ist die Rekonstruktion des Satellitenfotos zu sehen, die von dem neuronalen Netz auf der Grundlage der schematischen Karte erstellt wurde.

Schauen Sie sich die rechte Karte noch einmal genau an. Darauf finden sich alle möglichen Details, die auf der schematischen Karte in der Mitte nicht zu sehen sind! Woher, um alles in der Welt, wusste der Computer, was sich auf dem weißen Dach befindet, wenn diese Information bei der Umstellung auf eine Google-Maps-ähnliche Ansicht verloren gegangen ist? Nun, CycleGAN hatte gelernt, diese Information in der mittleren Karte so zu «verstecken», dass sie für das bloße Auge unsichtbar war. Wie ist das Programm darauf gekommen? Die nächste Abbildung macht das deutlicher. Auf der linken Seite sehen Sie einen schematischen Plan, wie ihn der Computer darstellen würde. Daran ist doch nichts auszusetzen, oder?

Links eine schematische Karte mit kleinen Anpassungen an verschiedenen Stellen (in der Mitte besser zu sehen), die vom Algorithmus als zusätzlicher Gedächtnisspeicher verwendet werden. Damit wird die linke Karte zum rechten Bild rekonstruiert.

Der Clou dabei ist, dass die linke Karte alle möglichen feinen Unterschiede enthält. Leicht abweichende Pixel zum Beispiel, die uns nicht auffallen. Um dies deutlicher hervorzuheben, sehen Sie in der Mitte die gleiche Karte, auf der alle Stellen, an denen die Farbe etwas anders ist als erwartet, zur besseren Sichtbarkeit minimal vergrößert sind. (Wenn Sie genau hinsehen, können Sie zwischen all dem Bildrauschen immer noch den Straßenplan erkennen.) Der Computer verwendet diese Farbunterschiede als Gedächtnisstütze: Sie können beispielsweise die Form des weißen Gebäudes im rechten Bild auf der rechten Seite als Schrägstrich im mittleren Bild erkennen. Allerdings, nun ja, das weiße Gebäude ist auf der Karte links überhaupt nicht eingezeichnet! Wie kann dann das rechte Satellitenbild zur Karte auf der linken Seite gehören? Das kann es natürlich nicht, es sei denn, Wissenschaftler hätten in diesem Fall die Farbunterschiede manipuliert. Die Farben, die in der mittleren Karte zu sehen sind, haben den Algorithmus in die Irre geführt, so dass er immer noch das rechte Foto auf Basis der linken Karte erstellte. Und einen Algorithmus, der sich so leicht zum Narren halten lässt, wollten die Wissenschaftler verständlicherweise nicht haben.

Aus unserer Sicht ist es kreativ, sich mit Hilfe von Farbunterschieden an Details zu erinnern. Aber hat das neuronale Netz nun tatsächlich etwas versteckt? Auch hier gilt: So darf man das nicht sehen. CycleGAN hat einfach eine gute Möglichkeit gefunden, beide Versionen – die schematische Karte und das Satellitenbild – so zu gestalten, dass sie den realen Darstellungen möglichst gleichen. Hätte es ein Verfahren gegeben, das wir leicht durchschaut hätten, wäre das Ganze keine Nachricht wert gewesen; die Wissenschaftler hätten ihren Fehler (dass sie beide Teile des Netzes gleichzeitig trainierten statt unabhängig voneinander) schnell erkannt und das Netz gezwungen, keine zusätzlichen Informationen in die schematischen Karten einzubauen. Damit wäre der Algorithmus nicht mehr so anfällig für Manipulationen gewesen, er hätte sich tatsächlich an der schematischen Karte orientiert und nicht an subtilen Farbunterschieden, die eigentlich nicht relevant sein sollten.

Dieser Vorfall war also vor allem auf eine gewisse Ungeschicklichkeit zurückzuführen, unter anderem weil CycleGAN dadurch leicht verwirrt werden konnte. Die beteiligten Wissenschaftler stellten es auch so dar: als eine unerwünschte Nebenwirkung. Aber in den Medien wurde CycleGAN schnell zu einem Computer hochstilisiert, der uns absichtlich hinters Licht führt. Und damit sind wir nur noch einen Schritt von der totalen Roboterherrschaft entfernt. Oder etwa nicht?

Es zeigt sich immer wieder, dass neuronale Netze zwar in gewissem Sinne kreativ sind, diese Kreativität aber recht begrenzt ist. Manchmal können sie Lösungen für Probleme finden, auf die wir nicht gekommen wären, weil wir nicht alles so wörtlich nehmen wie sie. Denken Sie kurz an die Versuche aus dem zweiten Kapitel zurück, einem Computer das Laufen beizubringen. Seine Lösung bestand darin, «die Puppe sehr groß zu machen und sie dann so hart fallen zu lassen, dass sie sich überschlägt». Ein solch unerwartetes Verhalten ist vor allem das: unerwartet. Es ist nicht absichtlich unerwartet, es steckt keine tiefere Bedeutung dahinter. Außerdem sind das alles Überraschungen mit sehr begrenzter Reichweite: Es geht nicht darum, dass AlphaGo seine Gegner plötzlich eliminiert. Die Erwartungen, die gegebenenfalls enttäuscht werden, liegen immer im Rahmen der von den Programmierern definierten Möglichkeiten, auch wenn ein Computer diese wörtlicher auffassen kann, als wir uns das vorgestellt haben. Bei AlphaGo bilden die erlaubten Züge im Spiel Go diesen Rahmen, bei CycleGAN die beiden Möglichkeiten der Bildproduktion. Die Roboter-Apokalypse wird also noch eine Weile auf sich warten lassen.

Damit ist aber nicht jegliche Gefahr gebannt. Computer werden nicht plötzlich die Weltherrschaft übernehmen. Aber die Tatsache, dass nicht alle Entscheidungen eines Computers unseren Erwartungen entsprechen, bringt in dem Moment Risiken mit sich, in dem wir ein neuronales Netz einsetzen. Manchmal möchten wir überrascht werden: Wenn ein Computer eine neue, hilfreiche Lösung für ein kniffliges Problem findet, kann uns das von großem Nutzen sein. Aber manchmal muss ein Computer auch unseren Erwartungen gerecht werden. Zum Beispiel, wenn ein neuronales Netz dazu genutzt wird, Entscheidungen über unsere finanzielle Zukunft zu treffen, oder wenn es im Bereich der Rechtsprechung eingesetzt wird, um angemessene Strafen vorzuschlagen. Der Nachteil liegt darin, dass wir auch in diesen Fällen nicht garantieren können, dass wir vor unliebsamen Überraschungen des neuronalen Netzes gefeit sind. Hier werden wir Wege finden müssen, so wie es die EU mit der Datenschutz-Grundverordnung versucht.

Künstliche Intelligenz werden wir nicht mehr los. Deshalb möchte ich dieses Buch mit der Frage beschließen: Was wollen wir mit all dieser künstlichen Intelligenz eigentlich anfangen? Sie wird nicht irgendwann spurlos verschwinden. Im Gegenteil, in Zukunft werden Algorithmen sogar noch mehr das Bild bestimmen. Welchen Platz können Computer in der Gesellschaft in naher Zukunft einnehmen? Und welchen Platz wollen wir ihnen einräumen?

6
KÜNSTLICHE INTELLIGENZ IN DER (ZUKÜNFTIGEN) GESELLSCHAFT

Künstliche Intelligenz birgt eine Menge an Möglichkeiten. In diesem Buch haben Sie gesehen, was heute im Bereich von Sprache, Bild und Kreativität möglich ist. Die Entwicklungen gehen in rasantem Tempo voran. Wenn Sie dies lesen, sind die beschriebenen Algorithmen womöglich schon von besseren Programmen überholt worden. Aber für die Ideen, die hinter diesen Algorithmen stehen, gilt das keinesfalls. Ich gehe jede Wette ein, dass all die Formen von neuronalem Netz, die hier diskutiert wurden, auch in den nächsten Jahren noch Verwendung finden. Vielleicht in Kombination mit anderen Typen, das mag sein, aber verschwinden werden sie in absehbarer Zeit nicht. Konzeptionelle Durchbrüche sind rar; mit den Informationen aus diesem Buch können Sie also noch eine ganze Reihe von Jahren up to date sein. Computer werden nicht plötzlich anders arbeiten, die Algorithmen werden weiterhin auf den gleichen Grundlagen beruhen. Mit anderen Worten: Sie wissen nun, wie es heute mit all diesen Algorithmen zugeht.

Durch die zahlreichen Details der Funktionsweise dieser Algorithmen, die in den vorigen Kapiteln erläutert worden sind, haben Sie hoffentlich ein besseres Gefühl für diese Technik, einschließlich all ihrer positiven und negativen Seiten, bekommen. Diese stelle ich in diesem Kapitel noch einmal zusammen, um einen Überblick über die großen Fragen zur künstlichen Intelligenz und ihrer Stellung in der Welt zu geben: Was kann die künstliche Intelligenz leisten und was noch nicht? Wovor müssen wir uns fürchten? Wie groß ist die Wahrscheinlichkeit, dass ein – von einem Algorithmus gesteuerter – Roboter demnächst Ihren Job übernimmt? Um es noch einmal mit den ersten Eisenbahnzügen, die ich in der Einleitung angesprochen habe, zu vergleichen: Ist die Angst davor, dass Frauen die Gebärmutter aus dem Leib gerissen werden könnte, berechtigt? Oder sollten wir uns nicht eher wegen unbewachter Bahnübergänge Sorgen machen?

Wie bei diesen Eisenbahnzügen gibt es auch bei der künstlichen Intelligenz mehr als genug Gründe, sie trotz mancher Befürchtungen weiterhin nutzen zu wollen. Seien es Methoden zur automatischen Kartierung von Regionen, Algorithmen, die kurze, sachliche Nachrichten schreiben, oder Algorithmen, die Photoshop-Bearbeitungen erkennen und rückgängig machen. Und es gibt noch vieles andere mehr an Einsatzmöglichkeiten. Im Herbst 2017 drohte beispielsweise eine Frau in einem Live-Video auf Facebook, sich selbst das Leben zu nehmen; im Bild konnte man deutlich ein Messer sehen. Für ein menschliches Team wäre es schwierig gewesen, dieses Video aus der unüberschaubaren Zahl von Live-Videos auf der Plattform herauszupicken. Aber zum Glück hatte Facebook eine zusätzliche Kontrolle eingebaut: ein neuronales Netz, das die Plattform nach Nachrichten durchsucht, die auf Suizidversuche hindeuten. Dieser Algorithmus konnte dieses Video aus der Masse an Videos herausfischen, Rettungsdienste wurde informiert, und ihr Leben konnte gerettet werden: dank des Einsatzes von künstlicher Intelligenz. So konnte Facebook schon mehr als tausendmal Rettungsdienste einschalten, was in der Tat zu weniger Suiziden und zu einer besseren Hilfeleistung führte. Google, Apple und Amazon leisten Ähnliches mit ihren digitalen Sprachassistenten.

IBM arbeitet an kleinen Robotern, die das Leben im Meer überwachen können. So erfahren wir nahezu ohne Verzögerung, wenn chemische Verunreinigungen im Wasser auftreten oder Arten auftauchen, die empfindliche Ökosysteme aus dem Gleichgewicht bringen können. Und das kann einen Unterschied ausmachen. Nehmen Sie etwa Plankton. Es ist extrem wichtig, weil es zwei Drittel unseres Sauerstoffs produziert. Fast jede Fischart ist darauf angewiesen. Mit Computern können wir das Plankton endlich engmaschig im Blick behalten, um es und damit auch uns selbst besser schützen zu können. Ohne die enorme Rechenleistung moderner selbstlernender Algorithmen wäre dies praktisch unmöglich. Wir können einfach nicht an so vielen Orten gleichzeitig sein, schon gar nicht rund um die Uhr auf dem offenen Meer.

Einer der großen Vorteile künstlicher Intelligenz besteht daher auch darin, dass wir mit Hilfe neuronaler Netze Muster erkennen können, die wir selbst übersehen würden oder deren Entdeckung uns unendlich viel Zeit kosten würde. Wenn wir Gesichtserkennung im öffentlichen Raum irgendwann für eine gute Sache halten würden, könnten wir damit vermisste Kinder viel effektiver aufspüren. Ein Computer ist, etwa im Gegensatz zu meinem unkonzentrierten Hirn nach einem Tag am Schreibtisch, konstant aufmerksam. Fraglos sind damit allerlei andere Probleme verbunden; dennoch gibt es Bereiche, in denen eine solche konstante Aufmerksamkeit gar nicht so übel ist. Die Algorithmen aus dem dritten Kapitel können beispielsweise illegalen Fischfang auf Satellitenbildern kartographisch erfassen. Ein neuronales Netz kann kontinuierlich Tausende von Quadratkilometern Meeresoberfläche überwachen. Auch mit Geräuschen können Algorithmen einiges anfangen: Wenn man Mikrofone in einem Wald geschickt verteilt, kann ein Computer signalisieren, wann und wo eine Kettensäge angeworfen wird. Das erschwert den illegalen Holzeinschlag beträchtlich.

Solche Anwendungen sind oft noch Zukunftsmusik, aber sie werden nicht mehr lange auf sich warten lassen. IBM rechnet damit, in fünf Jahren große Mengen an Plankton ständig überwachen zu können. Google Translate ist noch nicht gut genug, um ein Gespräch auf dem Niveau eines professionellen Dolmetschers zu übersetzen. Aber auch diese maschinellen Übersetzungen werden immer besser, und einfache Unterhaltungen kann man wahrscheinlich schon mit Hilfe eines Computers dolmetschen. Darüber hinaus besteht die Hoffnung, dass Algorithmen menschlichen Fehlern entgegenwirken können. Das hatte schon Charles Babbage ursprünglich vor Augen, als er die erste mechanische Rechenmaschine entwarf. Die britische Regierung will dieses Ziel erreichen, indem sie den Prozess der Bußgeldbearbeitung automatisiert. Im dritten Kapitel habe ich bereits darauf hingewiesen, dass neuronale Netze krakelige Handschriften inzwischen besser lesen können als wir. Vielleicht wird das die Digitalisierung von Krankenakten beschleunigen, mit deren Hilfe Ärzte die Gesundheit ihrer Patienten leichter über einen längeren Zeitraum im Auge behalten. Kurzum, wir haben allen Grund, von künstlicher Intelligenz in naher Zukunft viel Gutes zu erwarten.

Im Idealfall arbeiten Computer zudem objektiver als wir. Menschen werden schließlich von Emotionen beherrscht und können große Mengen an Informationen einfach nicht gleichzeitig verarbeiten. Manchmal müssen wir vereinfachende Gedankensprünge machen. Dennoch bleibe ich, was uns Menschen angeht, hoffnungsvoll, denn meistens sind wir objektiver, als man es uns zutraut. Ein oft genanntes Beispiel dafür ist die Mär, Richter würden aufgrund eines «Mittagstiefs» kurz vor dem Mittagessen strenger urteilen als danach mit vollem Magen. 2011 fanden Wissenschaftler heraus, dass bis zu 65 Prozent der Strafgefangenen unmittelbar nach dem Mittagessen vorzeitig freigelassen wurden, kurz vor dem Mittagessen jedoch nahezu 0 Prozent.

Diese Studie hat jedoch einiges unterschlagen. Die Gefangenen, die kurz vor dem Mittagessen vor Gericht standen, hatten, wie es lange Zeit üblich war, keinen Anwalt. Wer einen Anwalt hatte, erschien früh am Morgen oder gleich nach dem Mittagessen vor dem Richter. Außerdem dauert es länger, eine Haftentlassung auf Bewährung anzuordnen, so dass ein Richter, der die Gerichtssitzung nicht zu sehr in die Länge ziehen will, die chancenlosen Fälle am Ende einer Sitzung (also kurz vor dem Mittagessen) behandeln wird. Richter sind gar nicht so subjektiv.

Und Algorithmen sind nicht unbedingt objektiver als Menschen. Auch das lässt sich an den vorzeitigen Haftentlassungen zeigen. In den USA werden gerichtliche Entscheidungen manchmal von einem neuronalen Netz namens COMPAS unterstützt, das aufgrund eines Rassismusverdachts in Verruf geraten ist. Mindestens ebenso schockierend aber sind die Ergebnisse einer Studie, die die Leistungen des Algorithmus mit der Genauigkeit von zufälligen Internetnutzern verglich, die für den Betrag von einem Dollar (fiktive) Entscheidungen über vorzeitige Haftentlassungen treffen sollten. Im Vergleich zu ihnen sollte COMPAS – Rassismusverdacht hin oder her – doch allemal zu besseren Ergebnissen kommen, würde man denken. Nun, das war nicht der Fall: Beide waren genau gleich gut. Der teure COMPAS-Algorithmus, mit 137 Faktoren pro Straftäter, schnitt nicht besser ab als eine extrem einfache mathematische Vorhersage, die lediglich auf dem Alter und der Anzahl der Vorstrafen basierte. Algorithmen sind besser als Menschen? Das glaube ich nicht.

Nicht zuletzt aus diesem Grund müssen wir besonnen vorgehen, wenn es darum geht, Menschen durch Computersysteme zu ersetzen. Schließlich sind diese Algorithmen für Prozesse, die wir für irrational halten, mindestens so anfällig wie Menschen. Dies ist eine der Schwachstellen künstlicher Intelligenz, die sich in den nächsten Jahren nicht einfach in Luft auflösen wird. Wir müssen sie daher gut im Blick behalten. Doch bevor wir uns den besorgniserregenden Faktoren neuronaler Netze zuwenden, lassen Sie uns kurz noch einmal die Gründe anführen, die für den Einsatz künstlicher Intelligenz sprechen. Neuronale Netze erkennen Muster, die wir vielleicht übersehen, etwa weil Computer viel mehr Daten gleichzeitig verarbeiten können als wir. Aber auch, weil neuronale Netze gut darin sind, subtile Muster zu entdecken, die wir womöglich übersehen. Weil neuronale Netze, wie wir wissen, so unglaublich flexibel sind, klingt das vielleicht etwas vage, daher habe ich dafür bereits eine Reihe konkreter positiver Beispiele genannt. Flexibilität ist zudem ein weiterer Vorteil, ebenso wie die ständige

Einsatzbereitschaft der Netze, auch an Orten, an denen es für uns schwierig ist, permanent präsent zu sein, zum Beispiel mitten auf dem offenen Meer. Dadurch eröffnen uns Computer neue Möglichkeiten, sie können aber auch bestehende Aufgaben vereinfachen, indem sie uns Routinetätigkeiten (mit klaren Strukturen) abnehmen. Auf diese Weise können Dienstleistungen kostengünstiger angeboten und damit mehr Menschen zugänglich gemacht werden, darüber hinaus gewinnen wir zusätzliche Zeit für kreativere Tätigkeiten. Muster spielen vielerorts eine Rolle, daher erweist sich eine billige und effektive Möglichkeit des Umgangs mit ihnen als äußerst nützlich; und genau das bieten uns neuronale Netze.

Die Schwachstellen neuronaler Netze

Seit den ersten Versuchen mit künstlicher Intelligenz haben wir es recht weit gebracht. Die Fragilität und Unflexibilität der Anfänge in den sechziger Jahren liegt längst hinter uns. Den Versuch, explizite Regeln für das Verhalten von Computern aufzustellen, haben wir schon seit langem ad acta gelegt, wodurch die Systeme besser funktionieren denn je. Heute haben die Daten das Sagen, im Zusammenspiel mit den Techniken, um aus diesen Daten Muster zu gewinnen, und das wird sich so schnell nicht ändern. Mag dies auch unvermeidlich zu Problemen führen wie dem mangelnder Transparenz. Wir haben dieses Problem bereits im zweiten Kapitel im Zusammenhang mit den evolutionären Algorithmen thematisiert, und etwas ausführlicher im fünften Kapitel.

Neuronale Netze treffen Entscheidungen auf intransparente Weise
Die formalen mathematischen Regeln hinter den neuronalen Netzen sind recht indirekt formuliert. Sie beschreiben nur eine Summe (der Fehler des neuronalen Netzes) und eine Methode, um die Höhe dieser Summe möglichst gering zu halten (das Netz soll

möglichst wenige Fehler machen). Daher enthalten die Regeln keine expliziten Vorgaben, wie dies am besten zu erreichen ist. Das ist auch gut so, denn wir sind sehr schlecht darin, solche expliziten Regeln aufzustellen. Gleichzeitig finden wir in einem neuronalen Netz keine klaren Regeln, die beschreiben, wie es intern arbeitet. Und das kann ein großes Problem darstellen. Angenommen, ein Algorithmus macht etwas Merkwürdiges, wie findet man dann heraus, was dahintersteckt? Wen kann man haftbar machen, wenn niemand weiß, worauf eine Entscheidung genau beruht?

Natürlich wird hart an der Behebung dieser Intransparenz gearbeitet, aber das Problem wird uns noch länger begleiten, zumal auch menschliche Entscheidungen längst nicht immer transparent sind. Im fünften Kapitel haben wir gesehen, dass die beiden Optionen, die heute auf dem Tisch liegen – der Vergleich einer Entscheidung mit ähnlichen Fällen und das Imitieren des Algorithmus mit einer transparenteren Methode –, nur halbwegs funktionieren. Immerhin geben sie mehr Aufschluss über die Funktionsweise künstlicher Intelligenz, was mit einem gesteigerten Bewusstsein für dieses Problem einhergeht. Die Chancen stehen also gut, dass sich dieses Manko in den kommenden Jahren verringern wird. Dann werden wir hoffentlich auch die nächsten beiden Schwachstellen etwas besser in den Griff bekommen, die zeigen, welch seltsame Gedankensprünge neuronale Netze gelegentlich machen. Mehr Transparenz könnte es in diesen Fällen erleichtern, diese verqueren Denkschritte aufzuspüren, aber darauf müssen wir wohl noch eine Weile warten.

Neuronale Netze sind nie besser als ihre Daten

Diesem Problem sind wir im vierten Kapitel begegnet. Es ist nicht erstaunlich, dass künstliche Intelligenz, die aus Daten lernen muss, infolgedessen auf diese Daten angewiesen ist. Die Diskriminierung, die sich in diesen Daten verbirgt und derer wir uns selbst (unbewusst) schuldig gemacht haben, wird auch von Computern übernommen. Denken Sie an die Lebensläufe bei Amazon: Das

System vergab automatisch Minuspunkte für alles, worin das Wort «Frau» vorkam. Oder erinnern Sie sich an diese «westlichen» Algorithmen, die Seifenstücke für Nahrungsmittel hielten, oder an die Katzenbilder, die auf der Grundlage dessen erstellt wurden, was im Internet zu finden war.

Die Undurchsichtigkeit neuronaler Netze verstärkt dieses Problem nur noch. Amazons Gesichtserkennungsalgorithmus, der 28 Kongressabgeordnete für Kriminelle hielt, kann auch das Geschlecht von Menschen anhand ihres Porträtfotos bestimmen. Allerdings zeigte sich (erst) 2019, dass er damit nicht immer richtiglag. Bei weißen Männern war die Fehlerquote geringfügig. Lediglich 19 Prozent aller weißen Frauen hielten es für Männer. Bei farbigen Frauen lag es jedoch gleich in 31 Prozent der Fälle daneben. Oprah Winfrey beispielsweise war nach Ansicht dieses neuronalen Netzes mit 76,5-prozentiger Sicherheit ein Mann. Vielleicht ist das nicht in dem Sinne rassistisch und sexistisch, wie wir es gewohnt sind (nämlich, dass man Gruppen nach unterschiedlichen Regeln behandelt), aber akzeptabel ist es nicht, bei der Anwendung gleicher Regeln unterschiedliche Ergebnisse für verschiedene Gruppen zu erzielen.

Letztendlich aber können wir den neuronalen Netzen dafür nicht die Schuld in die Schuhe schieben. Sie sind nicht die Übeltäter, denn die Daten, auf die sie angewiesen sind, wurden von uns erstellt. Ein Großteil der Diskriminierung, die die Computer an den Tag legen, geht auf unser Verhalten zurück, sie verstärken es höchstens. Das ändert leider nichts an der Tatsache, dass dieses Fehlverhalten bei Computern, auch aufgrund der mangelnden Transparenz, leichter übersehen wird. Vor allem, wenn die Menschen, die zu guter Letzt mit den Systemen arbeiten, dem Computer blind vertrauen.

Neuronale Netze können nicht gut generalisieren

Wegen dieses Problems begann das dritte Kapitel mit einem Fehlschlag: mit einem Tesla, der in einer außergewöhnlichen Situation nicht gut funktionierte. In diesem Kapitel begegneten wir einer ganzen Reihe von Ausnahmesituationen, in denen neuronale Netze Unsinn produzierten. Sobald etwas außerhalb der Daten liegt, die das Netz kennt, geht es häufig schief.

Neuronale Netze merken es selbst nicht, wenn sie mit unsinnigen Daten gefüttert werden (denken Sie nur an das Star-Wars-Rezept im dritten Kapitel). Das macht die Implikationen nicht weniger beunruhigend. Künstliche Intelligenz läuft schnell aus dem Ruder, wenn man mit Situationen arbeitet, die (für den Computer) ungewohnt sind. Wüssten wir, um welche Situationen es sich dabei handelt, könnten wir damit umgehen, aber das scheitert an der mangelnden Transparenz. Wir wissen einfach nicht, wann ein neuronales Netz zuverlässig arbeitet und wann nicht, bevor wir es ausgiebig getestet haben. Entsprechend oft vermag uns künstliche Intelligenz zu überraschen, nicht zuletzt, weil ihr unser informelles Verständnis der Welt fehlt.

Neuronale Netze nehmen alles wörtlich

Im Grunde handelt es sich dabei weniger um eine Schwäche als ein allgemeines Merkmal künstlicher Intelligenz. Diese Eigenart verdient trotzdem einen Platz in dieser Liste, weil sie unerwünschte Verhaltensweisen des Computers nach sich ziehen kann. Denken Sie kurz an das neuronale Netz aus dem fünften Kapitel zurück, das Informationen in schematischen Karten «versteckte». Oder an die Beispiele aus dem zweiten Kapitel, in denen evolutionäre Algorithmen Flugzeuge «landen» ließen, indem sie diese rigoros zum Absturz brachten. Das alles sind Verhaltensweisen, die nicht unserer Absicht entsprachen. Ebenso wenig wie die zu Anfang des vierten Kapitels beschriebene «neue Sprache» von Facebook, in der der Computer in der Verhandlung (mit einem anderen Computer) in einem fort *«to me»* wiederholt hat. Das Problem liegt hier nicht so sehr darin, dass dies gefährlich oder dramatisch ist; problematisch ist eher, dass das Netz stupiden und vollkommen wörtlich aufgefassten Versionen der Anweisungen folgte, die man ihm eingegeben hatte. Künstliche Intelligenz sprengt nicht die Regeln, fasst sie aber manchmal anders auf als wir, woraus schließlich Missverständnisse resultieren.

Auch Missverständnisse bei uns. Wir müssen ständig daran erinnert werden, dass ein Algorithmus nur verständnislos mit formalen Regeln arbeitet und kaum jemals etwas absichtlich tut. Ein Chatbot mag zwar intelligent erscheinen, aber er verfügt deshalb noch lange nicht über menschliche Emotionen und Denkmuster; darüber verfügte ELIZA mit Sicherheit nicht, und die modernen neuronalen Netze ebenso wenig. Angesichts dieser Missverständnisse ist es ein Wunder, dass diese Algorithmen uns Angst machen können; bis wir erkennen, dass viel weniger hinter ihnen steckt, als wir dachten.

Neuronale Netze sind spezialisiert

Ein besseres Verständnis der Technik, die der künstlichen Intelligenz zugrunde liegt, hat Ihnen hoffentlich auch die Erkenntnis vermittelt, dass neuronale Netze extrem spezialisiert sind. Die Netze aus dem dritten Kapitel, die zur Erkennung von Objekten auf Bildern eingesetzt werden, arbeiten ganz anders als die auf Sprache spezialisierten Netze aus dem vierten Kapitel. Und um Deepfakes zu produzieren, braucht man wiederum eine ganz andere Art von Netzen. Bisher besteht nicht die geringste Aussicht auf einen Ansatz, mit dem all diese verschiedenen Fähigkeiten miteinander verknüpft werden könnten. Mit anderen Worten, künstliche Intelligenz ist derzeit sehr zielgerichtet: Ein Programm kann üblicherweise nur einen einzigen Aufgabentyp erfüllen. Darin sind Computer mitunter sehr gut, dennoch können sie mit unseren allgemeinen und bereichsübergreifenden Denkfähigkeiten noch lange nicht mithalten.

Neuronale Netze oder andere Formen künstlicher Intelligenz werden eines Tages womöglich weniger spezialisiert sein. Aber selbst wenn Computer in Zukunft ähnlich intelligent werden sollten wie wir, so denke ich doch, dass das noch eine geraume Zeit dauern wird. Heute konstruieren Forscher immer komplexere Architekturen für neuronale Netze mit jeweils ganz speziellen Zielen. Dabei geht es darum, die Häufigkeit, mit der ein bestimmter Fehlertyp auftritt, zu verringern. Und das ist nur mit dem richtigen neuronalen Netz möglich. Ein neuronales Netz ohne «Gedächtnis» kann wenig mit dem für die Sprache nötigen Kontext anfangen, und ein neuronales Netz ohne «Polizist» hat keine Vorstellung davon, ob die produzierten Bilder echten Fotos gleichen oder nicht.

Kurz gesagt, hat die künstliche Intelligenz bis zum heutigen Tage mit einer ganzen Reihe von Limitierungen zu kämpfen. Deshalb müssen wir uns um die große Roboter-Apokalypse noch keine Sorgen machen. Die Algorithmen, die dafür verantwortlich sein sollen, sind noch viel zu beschränkt und spezialisiert. Gleichwohl ist damit noch längst nicht alle Gefahr gebannt. Denn genau diese Limitierungen der Netze führen auch dazu, dass Unternehmen und Behörden immer mehr Daten von uns haben wollen. Und das sollte uns nun wirklich nicht kaltlassen.

Datendrang

Wie lassen sich die neuronalen Netze von diesen Einschränkungen befreien? Was Qualität und Verallgemeinerungsfähigkeit anbetrifft, scheint die Antwort sehr einfach zu sein: durch mehr und bessere Daten. Denn damit begegnen den Netzen weniger unbekannte Szenarien, womit, so ist zu hoffen, auch die Wahrscheinlichkeit diskriminierender Vorgehensweisen abnimmt. Deshalb wird viel Aufhebens darum gemacht, wer die meisten Daten hat. Die Vorstellung ist verbreitet, dass gewaltige Datenmengen einen Vorsprung gegenüber der Konkurrenz verschaffen und man allein auf diese Weise qualitativ hochstehende künstliche Intelligenz entwickeln kann.

Die Folge ist, dass Unternehmen wie Apple und Amazon unsere Gespräche oder zumindest Fetzen davon mithören, womit

Bei automatischen Vorschlägen von Google können (auch) sensible Informationen bewahrt werden.

möglicherweise sehr persönliche Informationen urplötzlich bei deren Mitarbeitern landen. All das nur, um mehr Daten für Sprachassistenten zu sammeln. Auch Facebook giert danach, möglichst viele Informationen über uns an Land zu ziehen, um sensiblere Algorithmen konstruieren zu können und dadurch mehr Geld mit Werbeanzeigen zu verdienen.

Was das für unsere Privatsphäre bedeutet, ist Ihnen wohl klar. Die Europäische Union achtet heute mittels der Datenschutz-Grundverordnung immer stärker darauf, aber es gilt, weiterhin auf der Hut zu sein. Unternehmen behaupten vielleicht, dass die Daten nur zur Verbesserung von Algorithmen verwendet würden und nicht dazu, spezifische Dinge über Sie zu speichern, aber das stimmt nicht immer. Denn wie eine Studie aus dem Jahr 2019 nachwies, können sich neuronale Netze durchaus (unabsichtlich) spezifische Informationen merken.

Informationen über Revolutionen in ihren E-Mails zum Beispiel. Neuronale Netze, die mit Text arbeiten, müssen schließlich vorhersagen, welche Wörter am wahrscheinlichsten vorangehenden folgen werden. Und das tut ein solches Netz – für den Bereich der Daten, aus dem es lernt – am besten, indem es Ausnahmefälle einfach auswendig lernt. SmartCompose (von Google) verwendet beispielsweise E-Mails aller Nutzer von Gmail, um daraus zu lernen, welche Vorschläge es machen sollte. Das Problem ist nur, dass diese E-Mails auch alle möglichen persönlichen Informationen enthalten, wie beispielsweise Kreditkartendaten und Personalausweisnummern. Und was hat diese Studie ergeben? In einigen Fällen kann man solche Informationen aus den Vorschlägen des neuronalen Netzes herausfischen. Wenn man es schafft, eine solche außergewöhnliche Kombination in den Daten zu finden, die sich das Netz buchstäblich gemerkt hat, dann werden mit den Vorschlägen des Netzes (sensible) Informationen preisgegeben. Ohne dass dies beabsichtigt war.

Der Schutz der Privatsphäre ist und bleibt also ein Problem beim Einsatz künstlicher Intelligenz. Dabei ist das blinde Sammeln von immer größeren Mengen an Daten nicht einmal das maßgebliche Rezept für eine leistungsfähigere künstliche Intelligenz. Bei keinem der Durchbrüche, den wir gesehen haben, ging es um Daten. Allein mit großen Datenmengen kann man keine Deepfakes fabrizieren. Dazu braucht man vielmehr eine bestimmte Art von neuronalem Netz, ein GAN. Erst als Wissenschaftler dies entwickelten, wurden Deepfakes möglich. Und das Gleiche gilt für die Sprache: Ohne ein neuronales Netz mit «Gedächtnis» kann man keine guten Texte schreiben, egal wie viele Milliarden von Sätzen man dem Computer einspeist. Der Zugriff auf Daten ist keineswegs die Antwort auf alle Probleme.

Auch nicht auf die beiden Probleme, die ich vorhin erwähnt habe, das Problem der Datenqualität und das der Generalisierung. Man kann sich von diesen Schwierigkeiten nicht befreien, indem man immer größere Datenmengen nutzt. Das *kann* hilfreich sein –

schließlich funktioniert die Gesichtserkennung von Amazon deshalb besonders gut bei Männern, weil der übergroße Anteil der Bilder, aus denen das Programm lernt, Bilder von Männern sind. Mehr Fotos von Frauen hinzuzufügen, würde die Leistungen des Programms mit Sicherheit gleichwertiger machen. Aber das Bewerbungsverfahren von Amazon, das die Lebensläufe von Frauen aussortierte, lässt sich durch eine größere Datenmenge nicht verbessern. Denn die Daten müssen ja aus irgendwelchen Quellen stammen. Und in den Quellen, aus denen sie stammen – unseren tatsächlichen Personalentscheidungen –, sind diese Ungleichheiten bereits enthalten. Solange ein Algorithmus unsere Fehler kopiert und verstärkt, kann man ihn nicht einfach korrigieren, indem man ihn mit noch größeren Mengen unserer fehlerbehafteten Entscheidungen füttert.

Algorithmen werden mit größeren Datenmengen auch nicht plötzlich besser generalisieren. Zwar werden dem neuronalen Netz dann mehr Fälle vertraut sein. Aber denken Sie nur an die unendlich kleinen Anpassungen zurück, auf die neuronale Netze so empfindlich reagieren. Ändert man ein einziges Pixel, ändert sich das Ergebnis völlig. Mehr Daten sorgen nicht dafür, dass das nicht mehr passiert. Denn größere Datenmengen garantieren keineswegs, dass neuronale Netze im Anschluss auch genau die richtigen Muster erkennen.

Das soll nicht heißen, dass Daten nicht wichtig wären. Neuronale Netze benötigen eine Menge Daten, um gute Leistungen zu erbringen, aber nicht so viele, dass es gerechtfertigt wäre, unsere Privatsphäre dafür aufzugeben. In China haben es Unternehmen in gewissem Sinne leichter, da die dortige Regierung es mit dem Datenschutz nicht so genau nimmt. Was aber nicht bedeutet, dass man als Staat auf dem Gebiet der künstlichen Intelligenz nur Schritt halten kann, wenn man genauso viele Daten sammelt und nutzt wie China.

Datenschutzbedenken sind vollkommen berechtigt, denn die Verletzung unserer Privatsphäre gehört zu den primären (von Menschen verursachten) Gefahren der künstlichen Intelligenz, mit denen wir uns auch in Zukunft aktiv auseinandersetzen müssen. Es gibt viele Möglichkeiten, wie fehlender Datenschutz zu Missbrauch führen kann. Künstliche Intelligenz erweitert die Optionen noch um einiges. Gesichtserkennung bietet eine wunderbare Möglichkeit, vermisste Kinder aufzuspüren, doch die Technik lässt sich genauso gut dazu einsetzen, die gesamte Bevölkerung zu überwachen. In Hongkong stieg damit im Sommer 2019 das Risiko für die Demonstranten beträchtlich. Und noch aktiver setzt China Gesichtserkennung in der autonomen Region Xinjiang ein, wo Millionen von Uiguren, unter anderem durch die Internierung in «Umerziehungslagern», unterdrückt werden. Ohne Kameras und Algorithmen wäre es viel schwieriger gewesen, eine ganze Bevölkerungsgruppe zu überwachen. Ohne Frage ist das auch auf anderem Wege möglich – die DDR war darin schließlich auch nicht zu unterschätzen –, aber Computer machen die Überwachung heute einfacher und viel billiger.

Es gibt noch mehr Gefahren. Neuronale Netze können auch Dinge tun, die wir niemals tun könnten. Im Jahr 2019 hat sich eine Gruppe von Wissenschaftlern gefragt, wie viel unsere Stimme über unser Aussehen verrät. Sie wollten eine Art umgekehrte Version des Programms konzipieren, das im Februar 2019 die Stimme von Rembrandt rekonstruiert hatte. Wie sich herausstellte, lässt sich aus der Stimme einer Person eine schockierende Menge an Informationen gewinnen. Sehen Sie sich die folgenden Bilder an und vergleichen Sie die echten Fotos mit den Rekonstruktionen, die ausschließlich aufgrund der Stimme einer Person erstellt wurden.

Dieses Programm wurde aus purem Erkenntnisinteresse entwickelt; die Forscher wollten wissen, ob so etwas überhaupt möglich

Porträtfotos von realen Menschen (links) und die Rekonstruktion ihrer Gesichter anhand ihrer Stimmen, erstellt von Speech2Face (rechts).

ist. Und an sich ist diese Technik auch nicht gefährlich. Sie könnte sich sogar als nützlich erweisen, wenn die Polizei beispielsweise Tonaufnahmen von Verbrechern, aber noch keine Fotos von ihnen hat. Sie birgt aber auch Gefahren. Schließlich kann man damit ebenso gut anonyme Informanten ausfindig machen oder die Gespräche, die ein Unternehmen wie Apple mithört, mit konkreten Nutzern in Verbindung bringen. Natürlich erhält man auf diese Weise kein perfektes Bild einer Person – beispielsweise hat die Frisur keinen Einfluss auf die Stimme –, aber für ein anderes neuronales Netz könnte es ausreichend sein, um die Person mit Kameras zu verfolgen.

Die Techniken zur Nachverfolgung werden immer besser. Eine

andere Forschungsgruppe entwickelte 2018 ein neuronales Netz, das Menschen sogar durch Wände hindurch verfolgen kann. Nicht mit raffinierten Kameras, sondern mit Hilfe von Wifi-Signalen. Dieses Netz funktioniert ähnlich wie die Ortung per Radar, bei der Flugzeuge und Schiffe Radiowellen reflektieren, nur dass hier Wifi-Signale von Menschen reflektiert werden. Durch die Analyse dieser Echos kann ein Computer – ohne dass man selbst irgendeinen Kontakt mit dem Wifi-Sender hat – genau nachverfolgen, wo man sich befindet, und sogar ermitteln, welche Körperhaltung man einnimmt.

Noch übler ist ein neuronales Netz aus dem Jahr 2017. Nach Angaben seiner Programmierer soll es anhand einer Reihe von Porträtfotos die sexuelle Orientierung einer Person bestimmen können. Bei Eingabe von fünf Fotos könne es angeblich mit 91-prozentiger Sicherheit sagen, ob die Person heterosexuell oder homosexuell sei, oder eine andere sexuelle Orientierung habe. Es dürfte offensichtlich sein, dass ein eher intolerantes Regime wie das russische dieses Programm dazu einsetzen könnte, Homosexuellen das Leben noch schwerer zu machen. Aber das ist noch nicht alles. Dieses neuronale Netz basiert nämlich auf der Vorstellung, die sexuelle Orientierung eines Menschen ließe sich an seinen Gesichtszügen ablesen. Auf einer Vorstellung also, die wohl kaum auf einer wissenschaftlichen Grundlage basiert. Wahrscheinlich basiert unser Urteil in solchen Fällen auf Stereotypen. Vielleicht liegen wir damit manchmal sogar richtig, aber das tut hier nichts zur Sache. Worauf es ankommt, ist, dass wir über ein neuronales Netz verfügen, das ganze Bevölkerungsgruppen nicht nur aufgrund ihrer sexuellen Orientierung, sondern zudem noch aufgrund von Stereotypen, diskriminieren könnte. Selbst wenn man dieses Netz in anderer Absicht nutzen wollte, so trifft es seine Entscheidungen dennoch auf unhaltbare Weise.

Soweit ich weiß, wird dieses Netz noch nirgendwo eingesetzt. Gleichwohl wird künstliche Intelligenz auch heute schon, wenn auch noch in relativ geringem Maße, zur sozialen Kontrolle verwendet. In China laufen zum Beispiel erste Versuche für ein

«Sozialkreditsystem», bei dem man für gutes Verhalten wie Blutspenden oder ehrenamtliche Tätigkeit belohnt und für unerwünschtes Verhalten bestraft wird. Das klingt besorgniserregend, auch wegen der permanenten Kameraüberwachung, die Erinnerungen an George Orwell wachruft. Allerdings bleibt die gegenwärtige Praxis noch weit dahinter zurück.

Die Städte, die das System ausprobieren, tun dies bislang noch so ineffektiv, dass kaum jemand weiß, wie die Punktevergabe funktioniert oder wann der «Punktestand» eines Bürgers weit genug von den 1000 Standardpunkten abweicht, um davon etwas zu bemerken (in einer Stadt mit 2 Millionen Einwohnern hatten etwa 3000 Einwohner genügend Punkte gesammelt, um eine Fahrpreisermäßigung für die U-Bahn zu erhalten). Große Aufmerksamkeit hat eine Kampagne erhalten, bei der Fußgänger, die bei Rot eine Straße überqueren, mit Hilfe von Gesichtserkennung identifiziert und anschließend bestraft werden, indem ihr Name und ihr Gesicht auf Plakatwänden in der ganzen Stadt zu sehen sind. (Dies brachte 2018 die Unternehmerin Dong Mingzhu in Schwierigkeiten. Sie wurde in der ganzen Stadt als ertappte Verkehrssünderin angeprangert, nachdem Kameras ihr Gesicht festgehalten hatten, während die Fußgängerampel gerade auf Rot stand. Sie hatten aber gar nicht sie selbst aufgenommen, sondern nur ihr Porträt auf der Werbung eines gerade vorbeifahrenden Busses.) China scheint noch nicht zu planen, dieses Punktesystem landesweit einzuführen, und man geht auch offenbar noch nicht so weit, Menschen streng zu bestrafen, wenn sie ein «unerwünschtes» Verhalten zeigen (etwa im Pyjama auf die Straße zu gehen). Betrachten Sie China also nicht gleich als den großen Übeltäter, selbst wenn die Einführung eines solchen Sozialkreditsystems dank künstlicher Intelligenz durchaus machbar erscheint. Noch ist es nicht so weit, aber allein die Möglichkeit stellt schon eine Gefahr dar.

Worauf ich hinaus will, sollte inzwischen klar geworden sein. Technischer Fortschritt lässt sich ebenso leicht missbrauchen wie für Positives einsetzen. Computer versetzen uns in die Lage, mehr

Kontrolle auszuüben, weil sie es ermöglichen, vieles gleichzeitig zu überwachen und zu steuern. Auch irreführende Informationen lassen sich mit Hilfe gefakter Fotos und Videos oder automatisierter Fake News schneller verbreiten. Teilweise entwickelt die Technologie aber schon Antworten auf die durch sie selbst hervorgerufene Problematik. Neuronale Netze, die computergeschriebene Texte erkennen, und Algorithmen, die Photoshop-Bearbeitungen rückgängig machen können, habe ich bereits erwähnt. Mit ihnen können wir gefälschten Fotos und Texten den Kampf ansagen, auch wenn das nie perfekt funktionieren wird. Ende 2019 hat Facebook zudem eine Technik entwickelt, die Gesichter für die automatische Gesichtserkennung (aber nicht für uns Menschen) unkenntlich macht. Trotzdem müssen wir hinsichtlich der Anwendungsmöglichkeiten künstlicher Intelligenz wachsam bleiben. Denn die größte Gefahr der künstlichen Intelligenz besteht in unserem Umgang mit ihr.

Und vergessen Sie nicht: Die Gefahren der künstlichen Intelligenz liegen nicht nur in ihrem Potenzial, zielgerichtet Schaden anzurichten. Auch die charakteristischen Schwachstellen neuronaler Netze können zur Folge haben, dass Systeme trotz der guten Absichten ihrer Nutzer unerwünschte Konsequenzen haben. Computer können Stereotypen noch verstärken, in Ausnahmefällen völlig willkürliche Entscheidungen treffen und vielerlei anderen Schaden anrichten. Je bedeutungsvoller die Entscheidungen sind, die ein Computer trifft, desto drastischer sind die Folgen seiner Limitierungen. Dagegen können wir etwas tun: Wir können Computer vorläufig noch keine schwerwiegenden Entscheidungen treffen lassen, wenn wir nicht sicher sind, wie sie sich verhalten. Und wir können den Vorschlägen von Computern (beispielsweise über die Dauer einer Haftstrafe) nicht blindlings folgen. Wir können, kurz gesagt, kritisch bleiben, ganz gleich wie fortschrittlich die künstliche Intelligenz auch sein mag. Das ist nach wie vor notwendig, und das ist auch einer der Gründe, warum ich optimistisch bin, was die Zukunft unserer Arbeitsplätze angeht.

Wie schnell schreitet die Automatisierung voran? Verlieren wir massenhaft Arbeitsplätze an neuronale Netze? Sind Radiologen bald arbeitslos, nun, da Computer CT-Scans mindestens ebenso gut auf Lungenkrebs analysieren können wie sie? Werden wir keine Übersetzer mehr brauchen, sobald Google Translate etwas besser funktioniert? Können wir bald auf Journalisten verzichten und die Nachrichten von Algorithmen schreiben lassen? Wird es wegen der viel günstigeren Chatbots bald keine Callcenter mehr geben? Werden unsere Pakete bald per Algorithmus zu uns nach Hause geliefert?

Die Antworten von Experten auf diesem Gebiet fallen sehr unterschiedlich aus. Ein einflussreicher Artikel aus dem Jahr 2013 behauptete, dass etwa 47 Prozent der Arbeitsplätze in den USA unter Druck geraten und innerhalb von zwanzig Jahren automatisiert werden könnten. Die OECD, ein Zusammenschluss überwiegend reicher Länder, kam 2018 jedoch zu einer viel niedrigeren Zahl: 14 Prozent der Arbeitsplätze in den USA, den Niederlanden, Japan und anderen OECD-Staaten seien gefährdet. Ein früherer Bericht derselben Organisation aus dem Jahr 2016 sah sogar nur 9 Prozent der Arbeitsplätze in reichen Ländern als hochgradig gefährdet an. Aber es gibt auch völlig andere Vorhersagen. So rechnet Accenture, ein Beratungsunternehmen, binnen kurzem (bis 2022) mit einem 10-prozentigen Anstieg der Beschäftigung, der auf die Automatisierung zurückzuführen sei.

Konkrete Zahlen werde ich daher nicht nennen, aber wir können nun die Informationen dieses Buches nutzen, um über zwei Aspekte nachzudenken: Welche Bereiche der Arbeitswelt lassen sich einfach automatisieren? Und wozu ist ein Computer noch lange nicht in der Lage? Dann können Sie selbst sehen, wie es um Ihren Arbeitsplatz bestellt ist.

Worin liegt die Stärke künstlicher Intelligenz? Im Lösen klar formulierter, begrenzter Probleme. Schach ist für einen Computer einfach, weil es eine Reihe fester Regeln gibt, innerhalb derer sich alles abspielt. Alles lässt sich im Voraus berechnen, es gibt keine Unklarheiten darüber, ob ein Zug erlaubt ist oder nicht, und man weiß genau, wann man gewonnen hat. Das Gleiche gilt für Go, obwohl die Berechnungen dafür etwas komplexer und langwieriger sind. Je weniger Kontext und Verständnis von Bedeutung sind, desto einfacher ist es für einen Computer, die Lösung eines Problems zu übernehmen.

Denken Sie zum Beispiel an das Lesen von CT-Scans. Ein Algorithmus muss dabei das gesamte Bild nach Zellen absuchen, die einem bestimmten Muster entsprechen. Im Klartext: Der Computer muss Bereiche entdecken, in denen sich Krebs findet. Dafür braucht man keinen weiteren Kontext, und man muss auch nicht verstehen, was Krebs ist. Das neuronale Netz muss nur «wissen», welche Ansammlungen von Pixeln hervorgehoben werden müssen. Ist ein Radiologe dann also bald seinen Job los? Nicht unbedingt; schließlich muss er entscheiden, welchen Tests sich ein Patient unterziehen muss und wie die Ergebnisse des CT-Scans im Lichte der übrigen medizinischen Daten zu interpretieren sind, und er muss abwägen, wozu Algorithmen taugen und wozu nicht.

Oder schauen wir uns das Facebook-Programm an, das Straßen auf Satellitenbildern identifiziert. Es lernt, welche Muster einer Autobahn entsprechen und wie sich eine Landstraße von den umliegenden Feldern unterscheidet. Kontext braucht es dazu kaum. Auch hier handelt es sich ausschließlich um eine Vielzahl von Mustern – und zwar um sehr komplexe Muster, die der Computer dank einer Unmenge von Daten ausfindig machen kann. Die Regeln sind hier zwar viel weniger klar als beim Schach, aber auch sie haben nur wenig Zusammenhang zur übrigen Welt. Ein Computer muss nur die richtigen Gruppen von Pixeln finden.

Dies gilt nicht nur für Bilder. Die Schreibalgorithmen, die Zeitungen heutzutage verwenden, haben die gleichen Eigenschaften. Denn welche Art von Artikel produzieren diese neuronalen Netze?

Artikel über Geschäftsberichte und Wahlergebnisse oder Resultate von Sportwettbewerben. Also über Fakten, die sich leicht ausfindig machen und auflisten lassen; viel mehr als das tun sie nicht. Computer werden nicht in der Lage sein, aufschlussreiche Analysen aktueller Nachrichten zu liefern. Sie haben nicht die geringste Vorstellung davon, worüber sie schreiben.

So stoßen wir automatisch an die Grenzen der Automatisierung. Alles, was Kontext und Verständnis erfordert, ist für einen Computer schwierig. Witze sind dafür ein hervorragendes Beispiel. Schauen Sie nur, was dieser Algorithmus ausspuckt, nachdem er 43 000 Witze gesehen hat:

> Wie nennt man einen Pastor, der die Straße überquert?
> Er nimmt das Huhn.
>
> Was bekommen Sie, wenn Sie einen Dinosaurier kreuzen?
> Sie bekommen einen Anwalt.
>
> Warum bekommt die Vogelscheuche einen Preis?
> Weil sie den einen Käse haben.
>
> Wie viele Ingenieure braucht man, um eine Glühbirne zu wechseln?
> Einen Stern einen Alligator und weil sie Bienen sind.

Und schauen Sie sich die fantastischen Petitionen an, die GPT-2, dieser Fake-News-Algorithmus, schreiben wollte, nachdem er alle 5 Millionen Petitionen auf change.org gelesen hatte.

> Helfen Sie mit, den Klimawandel auf die Philippinen zu bringen!
> Taco, Chipotle und Starbucks: Bringt Kopfsalat-Pommes zurück
> Bitte bestraft mich nicht mit einem 20-Dollar-Protokoll
> Einhorn: Hört auf, Krabbenprodukte zu zerbrechen
> Menschen der Welt: Ändert den Namen des Planeten in Planet der Giganten

Basketball Club of St. Louis: Stoppt das wilde Hufeisenwerfen beim Basketball-Club
Karens Mutter: Bitte bringt euer eigenes Knabbergebäck für Karen mit

Darüber habe ich herzlich gelacht. Diese neuronalen Netze haben eine so klägliche Vorstellung von dem, was sie tun, dass ihre dilettantischen Bemühungen schon witzig sind. Es ist in jedem Bereich dasselbe. Sobald Kontext und Verständnis nötig sind, scheitern sie. Computer sind solchen Aufgaben noch lange nicht gewachsen.

Und das ist, was unsere Arbeitsplätze angeht, eine gute Nachricht. Was wir tun, lässt sich gewöhnlich nicht in klare Regeln fassen, für die man kaum ein Verständnis der Welt, die uns umgibt, benötigt. Die Arbeit von Journalisten geht darüber hinaus, sobald sie neben der Berichterstattung über Fakten auch eine Analyse der Situation liefern. Die Arbeit von Ärzten geht darüber hinaus, wenn sie über die besten Behandlungsmaßnahmen für einen Patienten nachdenken. Die Arbeit von Übersetzern geht darüber hinaus, wenn sie nach Formulierungen suchen, die den Ton und die Botschaft des Originals bestmöglich vermitteln. Und menschliche Callcenter-Mitarbeiter sind bei der Lösung von Problemen oft doch etwas flexibler als neuronale Netze.

Das beste Beispiel für eine Arbeit, die sich noch lange nicht automatisieren lassen wird, sind vielleicht die Jobs, die ihr Entstehen der Technologie selbst zu verdanken haben. Facebook beschäftigt Tausende von Mitarbeitern, die tagein, tagaus Posts daraufhin begutachten, ob sie gegen die Richtlinien verstoßen. Ihre Aufgabe besteht darin, extremistische Botschaften, Hassreden und sexistische Einträge von der Plattform fernzuhalten. Das sind sehr harte Jobs, denn die Mitarbeiter müssen sich Hunderte dieser Fotos hintereinander ansehen. Es gibt keine andere Möglichkeit, da diese Arbeit nicht von einem Computer erledigt werden kann. Computer verfügen eben nicht über den nötigen Kontext, um den Unterschied zwischen einer Parodie und einer diskriminierenden Botschaft zu erkennen. Sie sind bei weitem nicht in der Lage, die subtilen Eigenheiten menschlicher Kulturen zu verstehen. Daher liegt es an uns Menschen, die kulturellen Grenzen im Blick zu behalten, und wir müssen auch entscheiden, wo wir sie setzen.

Und wie steht es mit selbstfahrenden Autos? Werden Lkw- und Taxifahrer schon bald überflüssig sein? Auch hier geht es nicht ganz so schnell, ebenfalls aufgrund des Kontextes. Auf der Autobahn funktionieren diese Wagen gut, vor allem wenn sie im Stau stehen. Dann passiert nicht so viel Unerwartetes. Um richtig selbständig fahren zu können, müssten die Computer jedoch mit all den überraschenden Vorfällen im Verkehr umgehen können. Mit Fußgängern und Radfahrern, die sich manchmal seltsam verhalten, und mit Straßen, die nicht ganz so deutlich gekennzeichnet sind. Erwarten Sie also nicht, dass Autos schon bald völlig selbständig fahren werden.

Die meisten Arbeitsplätze werden uns noch eine Weile erhalten bleiben. Sie werden sich jedoch inhaltlich verändern, weil wir mehr kontextunabhängige, routinemäßige Aufgaben an Computer abgeben können. Das sind in der Regel auch die Aspekte unserer Arbeit, die wir am wenigsten mögen: Journalisten sind beispielsweise nur allzu froh, keine Geschäftsberichte mehr durchkämmen zu müssen. Übrig bleiben die Aufgaben, die Verständnis und (sozialen/kulturellen) Kontext erfordern. Dabei handelt es sich um die informellen Dinge, in denen wir unglaublich gut sind und die formale künstliche Intelligenz absolut nicht.

Berufsbilder werden sich sicherlich verändern, weil Computer immer mehr kontextunabhängige Routineaufgaben übernehmen können. Aber es bleibt noch mehr als genug Arbeit für uns Menschen. Postboten, Müllwerker und Pflegekräfte sind ebenso unersetzlich wie Radiologen, Drehbuchautoren und Klimaforscher. Denn all diese Berufe haben mit Kontext und/oder menschlichem Kontakt zu tun.

Zum Schluss

Wie sehr müssen wir uns über künstliche Intelligenz Sorgen machen? Das hängt von unserem Umgang mit dieser Technik ab. Algorithmen sind ein Mittel: Manchmal sind sie effektiv und manchmal unglaublich dumm und kontraproduktiv. Wie gefährlich sie sind, hängt ganz von den Zielen ab, für die wir sie einsetzen, und davon, wie bewusst wir uns ihrer Grenzen sind. Das wird sich auch in naher Zukunft nicht ändern. Die im ersten Kapitel kurz angesprochenen Quantencomputer machen Programme nicht plötzlich klüger, als sie es gegenwärtig sind. Große Durchbrüche sind rar, wie wir im vierten Kapitel gesehen haben. Und selbst die fundamentale Innovation auf dem Gebiet der künstlichen Intelligenz bewegt sich innerhalb eines begrenzten Rahmens: Die Erfindung eines neuen Typus von neuronalem Netz dient nur dazu, eine spezielle Art von Aufgabe viel besser erledigen zu können. Von allgemeiner künstlicher Intelligenz sind wir noch weit entfernt. Und nicht weniger weit davon, eine Lösung für alle Limitierungen zu finden, die neuronale Netze – und künstliche Intelligenz im Allgemeinen – mit sich bringen.

Rechnen Sie also in naher Zukunft nicht mit menschlichen Robotern. Zum Glück auch nicht mit Computern, die uns massenweise unsere Jobs kosten. Ja, wir werden in Zukunft künstlicher Intelligenz immer häufiger begegnen. Ich hoffe, vor allem im positiven Sinne: bei besseren Diagnosen, einer stärkeren Kontrolle illegalen Fischfangs, besseren Prognosen von Erdbeben und hilfreicheren Sprachassistenten. Ich möchte nicht in einer Gesellschaft leben, die Gesichtserkennung einsetzt, um ihre Bevölkerung auf Kurs zu halten, die neuronale Netze in Waffen einbaut, die empfindlich auf Hacks mit bunten Brillen und leicht abweichenden Pixeln reagieren, oder die für die Besteuerung und die Justiz selbstlernende Algorithmen einsetzt, die Menschen (unabsichtlich) diskriminieren. Die Gefahren häufen sich, denn es ist zunehmend mehr möglich, und der Missbrauch wird immer einfacher.

Dennoch bin ich optimistisch. Fake News scheinen uns nicht so gut in Erinnerung zu bleiben wie echte Nachrichten, nicht einmal kurzfristig. OpenAI hat seinen Algorithmus für automatische Fake News (GPT-2) nach monatelanger Geheimhaltung doch öffentlich gemacht, weil bei ähnlichen Programmen kein Beweis für ihre missbräuchliche Verwendung gefunden wurde. Deepfakes gibt es schon eine ganze Weile, doch sie werden noch kaum für politische Zwecke eingesetzt (gefakte Sex-Tapes mit prominenten Frauen gibt es hingegen leider zuhauf). Die Techniken zur automatischen Erkennung von Deepfakes und von durch Algorithmen generierten Texten werden immer besser. Außerdem wird viel an Methoden geforscht, um neuronale Netze nachvollziehbarer und transparenter zu machen. Es wird fleißig daran gearbeitet, unerwünschtes Verhalten von Algorithmen zu unterbinden: Im November 2019 wurde beispielsweise eine Methode publiziert, mit der man unter anderem explizit erzwingen kann, dass ein Algorithmus auf Männer ebenso präzise reagiert wie auf Frauen. Außerdem lässt sich auf Menschen in der Arbeitswelt nicht so bald verzichten, die Roboter-Apokalypse ist noch meilenweit entfernt. Und wir sollten nicht vergessen, dass die künstliche Intelligenz unzählige Vorteile mit sich bringt. Es besteht eine reelle Chance, mit ihr das Leben der Menschen zu verbessern. Das stimmt mich hoffnungsvoll.

Letztlich sind die Gefahren der künstlichen Intelligenz menschengemacht. Und dagegen können wir immer etwas tun. Gleichzeitig bietet die künstliche Intelligenz mit der Möglichkeit, Muster zu entdecken und Routineaufgaben zu automatisieren, enorme Vorteile. Mit einem besseren Bild und einem besseren Verständnis von künstlicher Intelligenz in all ihren Facetten, über das Sie jetzt auch verfügen, blicke ich zuversichtlich in die Zukunft.

LINKS

Kapitel 1

1 Die Funktionsweise von Babbages Difference Engine: https://youtu.be/vdra5Ms_9s

Kapitel 2

1 Sprechen Sie mit ELIZA: https://www.masswerk.at/elizabot/
2 Die Umfrage von Operation Match: https://blogs.lib.unc.edu/hill/wp-content/uploads/2017/01/Operation-MatchSurvey.pdf
3 Die evolutionären Versuche zu «gehen»: goo.gl/4h7tg8
4 Und ein evolutionärer Algorithmus, der «springt»: https://youtu.be/N9DLEiakkEs

Kapitel 3

1 Artikel über die Anpassung eines einzigen Pixels: https://arxiv.org/pdf/1710.08864.pdf
2 Facebook erstellt automatisch Karten: https://mapwith.ai/

Kapitel 4

1 Eine tägliche Dosis algorithmischer Fake News: https://thisarticledoesnotexist.com/
2 Schreiben Sie Ihre eigenen Texte mit einem Algorithmus: https://gpt2.apps.allenai.org/

3 und: https://talktotransformer.com
4 Die Geschichte von Ronald Giphart, die er gemeinsam mit einem Algorithmus geschrieben hat: https://asibot.nl/giphart
5 Schottische Spracherkennung: http://youtu.be/xqchokaq9xA
6 Schreiben Sie wie ein Computer?: http://gltr.io/dist/index.html

Kapitel 5

1 Gefälschte Porträtfotos: https://thispersondoesnotexist.com/
2 Katzenbilder: https://thiscatdoesnotexist.com/
3 und: https://thesecatsdonotexist.com/
4 Artikel mit Make-up-GANs: https://bit.ly/2jmvJm7
5 Top Ten der Deepfakes: https://www.youtube.com/watch?v=-Qvix3cY4lc
6 Erstellen Sie selbst Espressohunde und andere exotische Bilder: https://artbreeder.com/
7 Stellen Sie Ihr Haustier wie ein anderes Tier dar: http://nvidiaresearch-mingyuliu.com/ganimal
8 Automatisches Aufspüren von Deepfakes: https://www.getsherlockai.com/
9 Der neue von einem Computer geschaffene «Rembrandt»: https://www.nextrembrandt.com/
10 Komponieren Sie Ihre eigene Musik mit einem neuronalen Netz: https://openai.com/blog/musenet/
11 Stellen Sie sich der Bach-Challenge: http://bachbot.com/

LITERATUR

Leseempfehlungen

Möchten Sie mehr über die Themen dieses Buches erfahren? Dann bietet Ihnen diese Bibliographie einen guten nach Themen sortierten Überblick über die Quellen, die ich für die einzelnen Kapitel herangezogen habe. Da diese wissenschaftlichen Artikel nicht immer leicht verständlich sind, habe ich hier zu jedem Thema eine Auswahl der zugänglichsten und hilfreichsten Texte zusammengestellt.

Um heiter zu beginnen: https://aiweirdness.com/ ist eine Quelle für urkomische Irrtümer, die selbst die modernsten neuronale Netze wie GPT-2 und GANs begehen. In Buchform auch unter dem Titel *You Look Like a Thing und I Love You* (Janelle Shane, 2019) erschienen. Außerdem lässt sich auf www.towardsdatascience.com eine ganze Menge zu künstlicher Intelligenz finden, sowohl verständliche Erläuterungen von Grundbegriffen als auch Diskussionen zu spezielleren Anwendungen.

Ferner gibt es die (kostenlosen) Bücher *Machine Learning for Humans* und *Neural Networks and Deep Learning* (siehe Literaturverzeichnis zum dritten Kapitel): gute einführende Texte mit zusätzlichen Details zu den Formeln, auf denen künstliche Intelligenz basiert.

Leider gibt es nicht viele populäre und verständliche Philosophiebücher. Wenn Sie mehr über Bedeutung und Sprachphilosophie erfahren möchten, bietet *Philosophy of Language: An Introduction* von Chris Daly (2012) einen guten Einstieg. Sie können sich auch immer die Artikel in der Online *Stanford Encyclopedia of Philosophy*, https://plato.stanford.edu/ ansehen.

Als Einstieg in die empirische Forschung zu Neuronen und ihren Zusammenhang mit dem Bewusstsein eignet sich der Artikel von Koch et al. (2016), der in den Literaturhinweisen zum vierten Kapitel zu finden ist. Er ist nicht ganz so leicht zugänglich wie dieses Buch, bietet aber eine gründliche Übersicht. Darüber hinaus gibt der Artikel von Taddeo & Floridi (2005), der sich ebenfalls in den Literaturhinweisen des vierten Kapitels findet, einen guten Überblick über die verschiedenen Versuche, in einem Computerprogramm Bedeutung zu generieren, samt der Gründe für deren Scheitern.

Nick Bostroms *Superintelligenz* (in den Literaturangaben zum fünften Kapitel) bietet einen guten Ausgangspunkt, wenn Sie an Sicherheitsüberlegungen für den Fall interessiert sind, dass wir doch irgendwann einen Computer bauen sollten, der klüger ist als wir.

Einleitung

Vorteile

Ardila, D., Kiraly, A., Bharadwaj, S., Choi, B., Reicher, J., Peng, L., Tse, D., Etemadi, M., Ye, W., Corrado, G., Naidich, D., & Shetty, S. (2019). End-to-end lung cancer screening with three-dimensional deep learning on low-dose chest computed tomography. *Nature Medicine* 25 (6), 954.

The Economist (2019). How the pursuit of leisure drives internet use. 8. Juni 2019, verfügbar auf https://www.economist.com/briefing/2019/06/08/how-the-pursuit-of-leisure-drives-internet-use.

Mirsky, S. (2019). Rhinos and Their Gamekeepers Benefit from AI. *Scientific American* Podcast 11. Juli 2019, verfügbar auf: https://www.scientificamerican.com/podcast/episode/rhinos-and-their-gamekeepers-benefit-from-a-i/.

Rolnick, D., Donti, P., Kaack, L., Kochanski, K., Lacoste, A., Sankaran, K., … Bengio, Y. (2019). Tackling Climate Change with Machine Learning. Verfügbar auf: https://arxiv.org/abs/1906.05433.

Sparks, D., & Burnie, R. (2019). AI invents more effective flu vaccine in world first, Adelaide researchers say. *ABC News* 2. Juli 2019, verfügbar auf: https://www.abc.net.au/news/2019-07-02/computerin vents-flu-vaccine-in-world-first/11271170.

Gefahren

Bostrom, N. (2003). Ethical Issues in Advanced Artificial Intelligence. In Smit, E. et al (Hg.), *Cognitive, Emotive and Ethical Aspects of Decision Making in Humans and in Artificial Intelligence*, dl. 2: 12–17. Verfügbar auf: https://nickbostrom.com/ethics/ai.html.

Levin, S. (2018). Amazon face recognition falsely matches 28 lawmakers with mugshots, ACLU says. *The Guardian 26. Juli 2018*, verfügbar auf: https://www.theguardian.com/technology/2018/jul/26/amazon-facial-rekognition-congress-mugshots-aclu.

Müller, M. (2018). Medical Applications Expose Current Limits of A I. *Der Spiegel* 3. August 2018, verfügbar auf: https://www.spiegel.de/international/world/playing-doctor-with-watson-medicalapplica tions-expose-current-limits-of-ai-a-1221543.html.

Zhao, M., Li, T., Abu Alsheikh, M., Tian, Y., Zhao, H., Torralba, A., & Katabi, D. (2018). Through-wall human pose estimation using radio signals. In: *Proceedings of the IEEE Conference on Computer Vision and Pattern Recognition*, 7356–7365.

Übertriebene (Angst vor) Technik

Olson, P. (2019). Nearly Half Of All «AI Startups» Are Cashing In: On Hype. *Forbes* 4. März 2019, verfügbar auf: https://www.forbes.com/sites/parmyolson/2019/03/04/nearly-half-of-all-ai-startupsare-cashing-in-on-hype/#583f59b6d022.

Rooney, B. (2011). Women and Children First: Technology and Moral Panic. *The Wall Street Journal* 11. Juli 2011, verfügbar auf: https://blogs.wsj.com/tech-europe/2011/07/11/women-and-children-first-technology-and-moral-panic/?re.

Roth, A. (2018). «Hi-tech robot» at Russia forum turns out to be man in suit. *The Guardian* 12. Dezember 2018, verfügbar auf: https://amp.theguardian.com/world/2018/dec/12/high-tech-robot-at-russiaforum-turns-out-to-be-man-in-robot-suit.

Geschichte der Computer

Difference Engine No. 2, designed by Charles Babbage, built by Science Museum. Digitale collectie, https://collection.sciencemuseum.org.uk/objects/co526657/difference-engine-no-2-designedby-charles-babbage-built-by-science-museum-difference-engine.

Shetterly, M. (2020). *Hidden Figures: Im Kernschatten des Mondes. Die unbekannten Heldinnen der Nasa*. Harper Collins, Hamburg.

Swade, D. (2005). The Construction of Charles Babbage's Difference Engine No. 2. *IEEE Annals of the History of Computing* 27 (3), 70–88.

Watson, I. (2012). *The Universal Machine: From the Dawn of Computing to Digital Consciousness*. Springer-Verlag, Berlin.

Computerarchitektur

Bindal, A. (2017). *Fundamentals of Computer Architecture and Design*. Springer International Publishing, Cham, Schweiz.

Burrell, M. (2004). *Fundamentals of Computer Architecture*. Palgrave Macmillan, New York.

Computing Community Consortium (2012). 21st Century Computer Architecture (whitepaper). Verfügbar auf: https://arxiv.org/pdf/1609.06756.pdf.

Philip Wong, H., & Salahuddin, S. (2015). Memory leads the way to better computing. *Nature Nanotechnology* 10, 191–194.

Quantencomputer

Arute, F., Arya, K., Babbush, R., Bacon, D., Bardin, J., Barends, R., … Martinis, J. (2019). Quantum supremacy using a programmable superconducting processor. *Nature* 574, 505–510.

Devitt, S. (2016). Performing quantum computing experiments in the cloud. *Physical Review* A 94, 032329.

Ekert, A., Hayden, P., & Inamori, H. (2001). Basic concepts in quantum computation. In: *Coherent atomic matter waves*, Springer, Berlin, Heidelberg, 661–701.

Jones, N., Van Meter, R., Fowler, A., McMahon, P., Kim, J., Ladd, T., & Yamamoto, Y. (2012). Layered Architecture for Quantum Computing. *Physical Review* X 2, 031007.

O'Brien, J. (2007). Optical Quantum Computing. *Science* 318 (5856), 1567–1570.

Politi, A., Matthews, J., & O'Brien, J. (2009). Shor's Quantum Factoring Algorithm on a Photonic Chip. *Science* 325 (5945), 1221.

Portugal, R. (2018). *Quantum Walks and Search Algorithms* (2. Aufl.). Springer Nature, Cham, Schweiz.

Rieffel, E., & Polak, W. (2011). *Quantum Computing: A Gentle Introduction*. The MIT Press, Cambridge (MA).

Vandersypen, L., Steffen, M., Breyta, G., Yannoni, C., Sherwood, M., & Chuang, I. (2001). Experimental realization of Shor's quantum factoring algorithm using nuclear magnetic resonance. *Nature* 414, 883–887.

Die Funktionsweise unseres Gehirns

Dowling, J. (2001). *Neurons and Networks: an introduction to behavioural neuroscience.* Belknap Press of Harvard University Press, Cambridge (MA).

Gerstner, W., Kistler, W., Naud, R., & Paninski, L. (2014). *Neuronal Dynamics: From Single Neurons to Networks and Models of Cognition.* Cambridge University Press, Cambridge (UK).

Kandel, E., Schwartz, J., Jessell, T., Siegelbaum, S., Hudspeth, A., & Mack, S. (2013). *Principles of Neural Science* (5. Aufl.). McGraw-Hill Education LLC, New York.

Formale/informelle Mathematik

Baker, S., Ireland, A., & Smaill, A. (1992). On the Use of the Constructive Omega-Rule within Automated Deduction. Logic Programming and Automated Reasoning 1992, *Lecture Notes in Computer Science* 624, 214–225.

Fallis, D. (2003). Intentional Gaps in Mathematical Proofs. *Synthese* 134 (1/2), 45–69.

Grattan-Guinness, I. (2011). *Neurowissenschaft. Eine Einführung*. Spektrum, Heidelberg.

Jamnik, M., Bundy, A., & Green, I. (1999). On Automatic Diagrammatic Proofs of Arithmetic Arguments. *Journal of Logic, Language and Information* 8, 297–321.
Larvor, B. (2012). How to think about informal proofs. *Synthese* 187 (2), 715–730.
Leitgeb, H. (2009). On Formal and Informal Provability. In: Bueno, O. et al. *New Waves in Philosophy of Mathematics*, Palgrave Macmillan, New York, 263–299.
Rav, Y. (1999). Why Do We Prove Theorems? *Philosophia Mathematica* 7, 5–41.

Das Argument des chinesischen Zimmers

Cole, D. (2019). The Chinese Room Argument. *The Stanford Encyclopedia of Philosophy*. Verfügbar auf: https://plato.stanford.edu/archives/spr2019/entries/chinese-room/.
Penrose, R. (1991). *Computerdenken. Des Kaisers neue Kleider oder die Debatte um künstliche Intelligenz, Bewusstsein und die Gesetze der Physik*. Spektrum der Wissenschaft, Heidelberg.
Searle, J. (1980). Minds, Brains and Programs. Behavioral and Brain *Sciences* 3, 417–457.

2. Die aufwändige Suche. Die Vergangenheit der künstlichen Intelligenz

Buchanan, B. (2005). A (Very) Brief History of Artificial Intelligence. *AI Magazine* 26 (4), 53–60.
Coppin, B. (2004). *Artificial Intelligence Illuminated*. Jones and Bartlett Publishers, Sudbury (MA).

Schachspielen

Campbell, M., Joseph Hoane Jr., A., Hsu, F. (2002). Deep Blue. *Artificial Intelligence* 134, 57–83.
Hutchins, J. (1997). From first conception to first demonstration: the nascent years of machine translation, 1947–1954. A chronology. *Machine Translation* 12 (3), 195–252.

Shannon, C. (1950). Programming a Computer for Playing Chess. *The London, Edinburgh, and Dublin Philosophical Magazine and Journal of Science* 41 (314), 256–275.

Standage, Tom. (2005). *Der Türke. Die Geschichte des ersten Schachautomaten und seiner abenteuerlichen Reise um die Welt.* Berliner Taschenbuchverlag, Berlin.

Expertensysteme

Andere tijden (2009). Operation Match. Tv-programma, inclusief artikel, verfügbar auf: https://anderetijden.nl/programma/1/Andere Tijden/aflevering/289/Operation-Match.

Buchanan, B., & Duda, R. (1983). Principles of Rules-Based Expert Systems. *Advances in Computers* 22, 163–216.

Carr, A. (2016). I Found Out My Secret Internal Tinder Rating And Now I Wish I Hadn't. *Fast Company* 11. Januar 2016, verfügbar auf: https://www.fastcompany.com/3054871/whats-your-tinder-scorein side-the-apps-internal-ranking-system.

Castillo, E., Gutiérrez, J., & Hadi, A. (1997). *Expert systems and probabilistic network models.* Springer-Verlag, New York.

Chen, A. (2018). Operation Match. *The Harvard Crimson* 16. Februar 2018. Verfügbar auf: https://www.thecrimson.com/article/2018/2/16/operation-match/.

HM Courts & Tribunal Service (2018). Reform update: September 2018. Verfügbar auf: https://assets.publishing.service.gov.uk/government/uploads/system/uploads/attachment_data/file/772549/Reform_Up date_issue_2_September_2018.pdf.

Nadkarni, P., Ohno-Machado, L., & Chapman, W. (2011). Natural language processing: an introduction. *Journal of the American Medical Information Association* 18 (5), 544–551.

Shortliffe, H. (1976). Computer-Based Medical Consultations: mycin. Elsevier, Amsterdam.

Weizenbaum, J. (1966). ELIZA – a computer program for the study of natural language communication between man and machine. *Communications of the ACM* 9 (1), 36–45.

Araujo, L. (2007). How evolutionary algorithms are applied to statistical natural language processing. *Artificial Intelligence Review* 28, 275–303.

Beyer, H., Schwefel, H., & Wegener, I. (2002). How to analyse evolutionary algorithms. *Theoretical Computer Science* 287, 101–130.

Feldt, R. (1998). Generating diverse software versions with genetic programming: An experimental study. *IEEE Proceedings – Software Engineering* 145 (6), 228–236.

Krcah, P. (2008). Towards efficient evolutionary design of autonomous robots. In: *Evolvable Systems: From Biology to Hardware, 8th International Conference,* ICES *2008, Prague, Czech Republic, September 21–24, 2008.* Proceedings. Springer-Verlag, 153–164.

Lehman, J., Clune, J., Misevic, D., Adami, C., Beaulieu, J., Bentley, P., … Yosinki, J. (2018). The Surprising Creativity of Digital Evolution: A Collection of Anecdotes from the Evolutionary Computation and Artificial Life Research Communities. Verfügbar auf: https://arxiv.org/abs/1803.03453.

Michalewicz, Z. (1996). *Genetic Algorithms + Data Structures = Evolution Programs.* (3. Aufl.). Springer-Verlag, Berlin.

Sims, K. (1994). Evolving 3D morphology and behavior by competition. *Artificial Life* 1(4), 353–372.

Yang, A., Shan, Y., & Bui, L. (2008). *Success in Evolutionary Computation. Studies in Computational Intelligence* 92. Springer-Verlag, Berlin.

3. Neuronale Netze in Bildern

Green, T. (2017). US Authorities conclude last year's fatal Tesla crash was mostly human error. *The Next Web* 12. September 2017, verfügbar auf: https://thenextweb.com/artificial-intelligence/2017/09/12/tesla-doesn't-deserve-all-the-blame-in-fatal-2016-crash/.

Lambert, F. (2016). Understanding the fatal Tesla accident on Autopilot and the NHTSA probe. *Electrek* 1. Juli 2016, verfügbar auf: https://electrek.co/2016/07/01/understanding-fatal-tesla-accidentautopilot-nhtsa-probe/.

Neuronale Netze – Grundlagen

Cybenko, G. (1989). Approximation by Superpositions of a Sigmoidal Function. *Mathematics of Control, Signals and Systems* 2, 303–314.

Maini, V., & Sabri, S. (2017). *Machine Learning for Humans*. Buch verfügbar über https://medium.com/machine-learning-for-humans/why-machine-learning-matters-6164faf1df12.

Nielsen, A. (2015). *Neural Networks and Deep Learning*. Determination Press, verfügbar auf: http://neuralnetworksanddeeplearning.com/.

Russell, S., & Norvig, P. (2010). *Artificial Intelligence: A Modern Approach* (3. Aufl.). Pearson Education, Inc., Upper Saddle River, New Jersey.

Konvolutionäre neuronale Netze – Funktionsweise

Apple (2017). An On-device Deep Neural Network for Face Detection. Verfügbar auf: https://machinelearning.apple.com/2017/11/16/face-detection.html.

Brendel, W., & Bethge, M. (2019). Approximating CNNs with Bag-of-local-Features models works surprisingly well on ImageNet. Verfügbar auf: https://arxiv.org/abs/1904.00760.

Krizhevsky, A., Sutskever, I., & Hinton, G. (2012). Imagenet classification with deep convolutional neural networks. *Advances in neural information processing systems* 25, 1097–1105.

Schroff, F., Kalenichenko, D., & Philbin, J. (2015). FaceNet: A Unified Embedding for Face Recognition and Clustering. Verfügbar auf: https://arxiv.org/abs/1503.03832.

Konvolutionäre neuronale Netze – Anwendung: positiv

Ardila, D., Kiraly, A., Bharadwaj, S., Choi, B., Reicher, J., Peng, L., … Shetty, S. (2019). End-to-end lung cancer screening with three-dimensional deep learning on low-dose chest computed tomography. *Nature Medicine* 25, 954–961.

Bonafilia, D., Yang, D., Gill, J., & Basu, S. (2019). Building High Resolution Maps for Humanitarian Aid and Development with Weakly- and Semi-Supervised Learning. Verfügbar auf: https://research.fb.com/publications/building-high-resolutionmaps-for-humanita

rian-aid-and-development-with-weakly-andsemi-supervised-learning/.
Dattilo, A., Vanderburg, A., Shallue, C., Mayo, A., Berlind, P., Bieryla, A., ... & Latham, D. W. (2019). Identifying Exoplanets with Deep Learning II: Two New Super-Earths Uncovered by a Neural Network in K2 Data. Verfügbar auf: https://arxiv.org/abs/1903.10507.
Kuo, W., Häne, C., Mukherjee, P., Malik, J., & Yuh, E. (2019). Expert-level detection of acute intracranial hemorrhage on head computed tomography using deep learning. *PNAS*, verfügbar auf: https://www.pnas.org/content/early/2019/10/15/1908021116.
Porumb, M., Iadanza, E., Massaro, S., & Pecchia, L. (2020). A convolutional network approach to detect congestive heart failure. *Biomedical Signal Processing and Control* 55, 101579.
Wallach, I., Dzamba, M., & Heifets, A. (2015). AtomNet: A Deep Convolutional Neural Network for Bioactivity Prediction in Structurebased Drug Discovery. Verfügbar auf: https://arxiv.org/abs/1510.02855.
Zhou, L., Zhang, C., & Wu, M. (2018). D-LinkNet: LinkNet with Pretrained Encoder and Dilated Convolution for High Resolution Satellite Imagery Road Extraction. *CVPR Workshops*, 182–186. Verfügbar auf: http://openaccess.thecvf.com/content_cvpr_2018_workshops/papers/w4/Zhou_D-LinkNet_LinkNet_With_cvpr_2018_paper.pdf.

Konvolutionäre neuronale Netze – Anwendung: bedenklich

Barrett, L., Adolphs, R., Marcella, S., Martinez, A., & Pollack, S. (2019). Emotional Expressions Reconsidered: Challenges to Inferring Emotion From Human Facial Movements. *Psychological Science in the Public Interest.* 20 (1), 1–68.
Gallagher, R., & Jona, L. (2019). We tested Europe's new lie detector for travelers – and immediately triggered a false positive. *The Intercept* 26. Juli 2019, verfügbar auf: https://theintercept.com/2019/07/26/europe-border-control-ai-lie-detector/.
Harwell, D. (2019). A face-scanning algorithm increasingly decides whether you deserve the job. *The Washington Post* 25. Oktober 2019, verfügbar auf: https://www.washingtonpost.com/technology/2019/

10/22/ai-hiring-face-scanning-algorithm-increasinglydecides-whether-you-deserve-job/.
Knight, W. (2019). Military artificial intelligence can be easily and dangerously fooled. *MIT Technology Review* 21. Oktober 2019, verfügbar auf: https://www.technologyreview.com/s/614497/military-artificial-intelligence-can-be-easily-and-dangerously-fooled/.
Levin, S., Carrie, J., & Hardin, L. (2016). Facebook backs down from «napalm girl» censorship and reinstates photo. *The Guardian* 9. September 2016, verfügbar auf: https://www.theguardian.com/technology/2016/sep/09/facebook-reinstates-napalm-girl-photo.
O'Shea, J., Crockett, K., Khan, W., Kindynis, P., Antoniades, A., & Boultadakis, G. (2018). Intelligent Deception Detection through Machine Based Interviewing. In: *2018 International Joint Conference on Neural Network*, 1–8. Verfügbar über: https://www.researchgate.net/publication/328399576_Intelligent_Deception_Detection_through_Machine_Based_Interviewing.
Wu, Z., Singh, B., Davis, L., & Subrahmanian, V. (2017). Deception Detection in Videos. Verfügbar auf: https://arxiv.org/abs/1712.04415.

Fehler wegen falscher Muster

Alcorn, M., Li, Q., Gong, Z., Wang, C., Mai, L., Ku, W., & Nguyen, A. (2019). Strike (with) a Pose: Neural Networks Are Easily Fooled by Strange Poses of Familiar Objects. Vorabdruck verfügbar auf: https://arxiv.org/abs/1811.11553.
Duursma, M. (2019). Zelfrijdende robot stopt voor onkruid. *NRC* 28. August 2019, verfügbar auf: https://www.nrc.nl/nieuws/2019/08/28/zelfrijdende-robot-stopt-voor-onkruid-a3971444.
Eykholt, K., Evtimov, I., Fernandes, E., Li, B., Rahmati, A., Xiao, C., … & Song, D. (2018). Robust Physical-World Attacks on Deep Learning Models. Verfügbar auf: https://arxiv.org/abs/1707.08945.
Hendrycks, D., Zhao, K., Basart, S., Steinhardt, J., & Song, D. (2019). Natural Adversarial Examples. Vorabdruck verfügbar auf: https://arxiv.org/abs/1907.07174.
Rosenfeld, A., Zemel, R., & Tsotsos, J. (2018). The Elephant in the Room. Verfügbar auf: https://arxiv.org/abs/1808.03305.
Sharif, M., Bhagavatula, S., Bauer, L., & Reiter, M. (2016). Accessorize to a Crime: Real and Stealthy Attacks on State-of-the-Art Face

Recognition. CCS ’16 *Proceedings of the 2016 ACM SIGSAC Conference on Computer and Communications Security*, 1528–1540.
Su, J., Vargas, D., & Sakurai, K. (2019). One Pixel Attack for Fooling Deep Neural Networks. *IEEE Transactions on Evolutionary Computation*. Seit 2017 verfügbar auf: https://arxiv.org/abs/1710.08864.

Erklärungen für das Verhalten neuronaler Netze

Guidotti, R., Monreale, A., Ruggieri, S., Turini, F., Giannotti, F., Pedreschi, D. (2019). A Survey of Methods for Explaining Black Box Models. *ACM Computing Surveys* 51 (5), 93.
Laugel, T., Lesot, M., Marsala, C., Renard, X., & Detyniecki, M. (2018). Comparison-Based Inverse Classification for Interpretability in Machine Learning. IPMU 2018: Information Processing and Management of Uncertainty in Knowledge-Based Systems. Theory and Foundations, 100–111.
Samek, W., Montavon, G., Vedaldi, A., Hansen, L., & Müller, K. (2019). *Explainable AI: Interpreting, Explaining and Visualizing Deep Learning*. Springer Nature, Cham, Schweiz. Verfügbar auf: https://www.springer.com/gp/book/9783030289539.
Samek, W., Wiegand, T., & Müller, K. (2017). *Explainable Artificial Intelligence: Understanding, Visualizing and Interpreting Deep Learning Models*. Verfügbar auf: https://arxiv.org/abs/1708.08296.
Mojsilovic, A. (2019). Introducing AI Explainability 360. *IBM Research Blog* 8. August 2019, verfügbar auf: https://www.ibm.com/blogs/research/2019/08/ai-explainability-360/.

Das visuelle System unseres Gehirns

Blumberg, J., & Kreiman, G. (2010). How cortical neurons help us see: visual recognition in the human brain. *Journal of Clinical Investigation* 120 (9), 3054–3063.
Chang, L., & Tsao, D. (2017). The Code for Facial Identity in the Primate Brain. Cell 169, 1013–1028.
DiCarlo, J., & Cox, D. (2007). Untangling invariant object recognition. *TRENDS in Cognitive Sciences* 11 (8), 333–341.
DiCarlo, J., Zoccolan, D., & Rust, N. (2012). How Does the Brain Solve Visual Object Recognition? *Neuron* 73, 415–434.

Ellis, H., & Florence, M. (1990). Bodamer's (1947) paper on prosopagnosia. *Cognitive Neuropsychology* 7 (2), 81–105.
Leibo, J., Liao, Q., Anselmi, F., & Poggio, T. (2015). The Invariance Hypothesis Implies Domain-Specific Regions in Visual Cortex. *PLOS Computational Biology* 11 (10), e1004390.
Long, B., Yu, C., & Konkle, T. (2018). Mid-level visual features underlie the high-level categorical organization of the ventral stream. *PNAS* 115 (38), E9015-E9024.
Meyer, T., & Olson, C. (2011). Statistical learning of visual transitions in monkey inferotemporal cortex. *PNAS* 108 (48), 19 401–19 406.
Peelen, M., & Downing, P. (2017). Category selectivity in human visual cortex: Beyond visual object recognition. *Neuropsychologia* 105, 177–183.
Rajei, K., Mohsenzadeh, Y., Ebrahimpour, R., & Khaligh-Razavi, S. (2019). Beyond Core Object Recognition: Recurrent processes account for object recognition under occlusion. Vorabdruck verfügbar auf: https://www.biorxiv.org/content/10.1101/302034v2.
Revina, Y., Petro, L., & Muckli, L. (2018). Cortical feedback signals generalise across different spatial frequencies of feedforward inputs. *NeuroImage* 180, 280–290.
Watson, D., Andrews, T., & Hartley, T. (2017). A data driven approach to understanding the organization of high-level visual cortex. *Scientific Reports* 7 (1), 3596.

4. Vorhersagbare Gespräche. Neuronale Netze und Sprache

Allcott, H., & Gentzkow, M. (2017). Social Media and Fake News in the 2016 Election. *Journal of Economic Perspectives* 31 (2), 211–236.
Willsher, K. (2015). The French Scrabble champion who doesn't speak French. *The Guardian* 21. Juli 2015, verfügbar auf: https://www.theguardian.com/lifeandstyle/2015/jul/21/new-french-scrabblechampion-nigel-richards-doesnt-speak-french.

A. I. Wiki, A Beginner's Guide to Word2Vec and Neural Word Embeddings. Verfügbar auf: https://skymind.ai/wiki/word2vec#sequence.

Banerjee, S. (2018). Word2Vec – a baby step in Deep Learning but a giant leap towards Natural Language Processing. Verfügbar auf: https://medium.com/explore-artificial-intelligence/word2vec-ababy-step-in-deep-learning-but-a-giant-leap-towards-naturallanguage-processing-40fe4e8602ba.

Bojanowski, P., Grave, E., Joulin, A., & Mikolov, T. (2017). Enriching Word Vectors with Subword Information. Verfügbar auf: https://arxiv.org/abs/1607.04606.

Cheng, Z., Shen, J., Zhu, L., Kankanhalli, M., & Nie, L. (2017). Exploiting Music Play Sequence for Music Recommendation. In: *IJCAI* (17), 3654–3660.

Chung, Y., Wu, C., Shen, C., Lee, H., Lee, L. (2016). Audio Word2Vec: Unsupervised Learning of Audio Segment Representations using Sequence-to-sequence Autoencoder. Verfügbar auf: https://arxiv.org/abs/1603.00982.

Finkel, E., Eastwick, P., Karney, B., Reis, H., & Sprecher, S. (2012). Online Dating: A Critical Analysis From the Perspective of Psychological Science. *Psychological Science in the Public Interest* 13 (1), 3–66.

Karam, R. (2017). Using Word2Vec for Music Recommendations. *Towards Data Science* 7. Dezember 2017, verfügbar auf: https://towards datascience.com/using-word2vec-for-musicrecommendations-bb9649ac2484.

Liu, S. (2017). Personalized User Recommendations at Tinder. *ML conf 2017 San Francisco,* Online Gespräch auf: https://mlconf.com/ses sions/personalized-user-recommendations-at-tinder-the-t/.

Mikolov, T., Chen, K., Corrado, G., & Dean, J. (2013). Efficient estimation of word representations in vector space. Verfügbar auf: https://arxiv.org/abs/1301.3781.

Mikolov, T., Sutskever, I., Chen, K., Corrado, G., & Dean, J. (2013). Distributed representations of words and phrases and their compositionality. *Advances in neural information processing systems*, 3111–3119.

Peters, M., Neumann, M., Iyyer, M., Gardner, M., Clark, C., Lee, K., & Zettlemoyer, L. (2018). Deep contextualized word representations. Vorabdruck verfügbar auf: https://arxiv.org/abs/1802.05365.

Tinder (2019). Powering Tinder – The Method Behind Our Matching. Blogpost verfügbar auf: https://blog.gotinder.com/poweringtinder-r-the-method-behind-our-matching/.

Tshitoyan, V., Dagdelen, J., Weston, L., Dunn, A., Rong, Z., Kononova, O., Persson, K., Ceder, G., & Jain, A. (2019). Unsupervised word embeddings capture latent knowledge from materials science literature. *Nature* 571 (7763), 95.

Rekurrente neuronale Netze und deren Anwendungen

Arras, L., Montavon, G., Müller, K., & Samek, W. (2017). Explaining recurrent neural network predictions in sentiment analysis. *Proceedings of the 8th Workshop on Computational Approaches to Subjectivity, Sentiment and Social Media Analysis*, 159–168.

Audhkhasi, K., Kingsbury, B., Ramabhadran, B., Saon, G., & Picheny, M. (2018). Building competitive direct acoustics-to-word models for english conversational speech recognition. In: *2018 IEEE International Conference on Acoustics, Speech and Signal Processing (ICASSP)*, 4759–4763.

Biadsy, F., Weiss, R., Moreno, P., Kanvesky, D., & Jia, Y. (2019). Parrotron: An End-to-End Speech-to-Speech Conversion Model and ist Applications to Hearing-Impaired Speech and Speech Separation. Verfügbar auf: https://arxiv.org/abs/1904.04169.

Chiu, C., Sainath, T., Wu, Y., Prabhavalkar, R., Nguyen, P., Chen, Z., … & Jaitly, N. (2018). State-of-the-art speech recognition with sequence-to-sequence models. In: *2018 IEEE International Conference on Acoustics, Speech and Signal Processing (ICASSP)*, 4774–4778.

Giachanou, A., & Crestani, F. (2016). Like It or Not: A Survey of Twitter Sentiment Analysis Methods. *ACM Computing Surveys* 49 (2), 28.

Hochreiter, S., & Schmidhuber, J. (1997). Long short-term memory. *Neural Computation* 9 (8), 1735–1780.

Poria, S., Cambria, E., Hazarika, D., & Vij, P. (2016). A deeper look into sarcastic tweets using deep convolutional neural networks. Verfügbar auf: https://arxiv.org/abs/1610.08815.

Sordoni, A., Galley, M., Auli, M., Brockett, C., Ji, Y., Mitchell, M., …, & Dolan, B. (2015). A Neural Network Approach to Context-Sensitive Generation of Conversational Responses. In: *Proceedings of the*

2015 Conference of the North American Chapter of the Association for Computational Linguistics: Human Language Technologies, 196–205.

Wen, T., Gašić, M., Mrkšić, N., Su, P., Vandyke, D., & Young, S. (2015). Semantically Conditioned LSTM-based Natural Language Generation for Spoken Dialogue Systems. In: *Proceedings of the 2015 Conference on Empirical Methods in Natural Language Processing*, 1711–1721.

Zeyer, A., Irie, K., Schlüter, R., & Ney, H. (2018). Improved training of end-to-end attention models for speech recognition. Vorabdruck verfügbar auf: https://arxiv.org/abs/1805.03294.

Moderne Netze: BERT, GPT-2

Dai, Z., Yang, Y., Carbonell, J., Le, Q., Salakhutdinov, R. (2019). Transformer-XL: Attentive Language Models Beyond a Fixed-Length Context. Vorabdruck verfügbar auf: https://arxiv.org/abs/1901.02860.

Devlin, J., Chang, M., Lee, K., & Toutanova, K. (2018). BERT: Pre-training of Deep Bidirectional Transformers for Language Understanding. Vorabdruck verfügbar auf: https://arxiv.org/abs/1810.04805.

Lai, S., Xu, L., Liu, K., & Zhao, J. (2015). Recurrent convolutional neural networks for text classification. *Proceedings of the Twenty-ninth AAAI conference on artificial intelligence*, 2267–2273.

Peiser, J. (2019). The Rise of the Robot Reporter. New York Times, 5 februari 2019, https://www.nytimes.com/2019/02/05/business/media/artificial-intelligence-journalism-robots.html.

Radford, A., Wu, J., Child, R., Luan, D., Amodei, D., & Sutskever, I. (2019). Language Models are Unsupervised Multitask Learners. Verfügbar über: https://openai.com/blog/better-language-models/.

Vaswani, A., Shazeer, N., Parmar, N., Uszkoreit, J., Jones, L., Gomez, A., Kaiser, Ł., & Polosukhin, I. (2017). Attention is all you need. *Advances in neural information processing systems* 30, 5998–6008.

Übersetzungen

Bentivogli, L., Bisazza, A., Cettolo, M., & Federico, M. (2018). Neural versus phrase-based mt quality: An in-depth analysis on English-German and English-French. *Computer & Speech Language* 49, 52–70.

Koehn, P., & Knowles, R. (2017). Six Challenges for Neural Machine Translation. *Proceedings of the First Workshop on Neural Machine Translation*, 28–39.
Toral, A., Way, A. (2018). What Level of Quality Can Neural Machine Translation Attain on Literary Text? In: Moorkens J., Castilho S., Gaspari F., & Doherty S. (Hg.) *Translation Quality Assessment. Machine Translation: Technologies and Applications, Bd. 1.* Springer, Cham, 263–287.

Diskriminierung und andere Datenprobleme

DeVries, T., Misra, I., Wang, C., & Maaten, L. van der (2019). Does Object Recognition Work for Everyone? Verfügbar auf: https://arxiv.org/abs/1906.02659.
Hosseini, H., Kannan, S., Zhang, B., & Poovendran, R. (2017). Deceiving Google's Perspective API Built for Detecting Toxic Comments. Verfügbar auf: https://arxiv.org/abs/1702.08138.
Ingold, D., & Soper, S. (2016). Amazon Doesn't Consider the Race of Its Customers, Should It? *Bloomberg* 21. April 2016, verfügbar auf: https://www.bloomberg.com/graphics/2016-amazon-same-day/.
Kucera, R. (2017). The truth behind Facebook ai inventing a new language. Verfügbar auf: https://towardsdatascience.com/thetruth-behind-facebook-ai-inventing-a-new-language37c5d680e5a7.
Kurita, K., Vyas, N., Pareek, A., Black, A., & Tsvetkov, Y. (2019). Measuring Bias in Contextualized Word Representations. Verfügbar auf: op https://arxiv.org/abs/1906.07337.
Lewis, M., Yarats, D., Dauphin, Y., Parikh, D., & Batra, D. (2017). Deal or No Deal? End-to-End Learning for Negotiation Dialogues. Verfügbar auf: https://arxiv.org/abs/1706.05125.
Obermeyer, Z., Powers, B., Vogeli, C., & Mullainathan, S. (2019). Dissecting racial bias in an algorithm used to manage the health of populations. *Science* 366, 447–453.
O'Leary, D. (2018). The new politically correct chatbot was worse? Verfügbar auf: https://mindmatters.ai/2018/08/the-new-politicallyco rrect-chatbot-was-worse/.
Reuters (2018). Amazon ditched ai recruiting tool that favored men for technical jobs. *The Guardian* 11. Oktober 2018, verfügbar auf: https://

www.theguardian.com/technology/2018/oct/10/amazonhiring-ai-gender-bias-recruiting-engine.

Sap, M., Card, D., Gabriel, S., Choi, Y., & Smith, N. (2019). The Risk of Racial Bias in Hate Speech Detection. *Proceedings of the 57th Annual Meeting of the Association for Computational Linguistics*, 1668–1678.

Schellevis, J., & Jong, W. de (2019). Overheid gebruikt op grote schaal voorspellende algoritmes, «risico op discriminatie». *NOS* 30. Mai 2019, online auf: https://nos.nl/artikel/2286848-overheid-gebruikt-op-grote-schaal-voorspellende-algoritmes-risico-op-discriminatie.html.

Wilson, B., Hoffman, J., & Morgenstern, J. (2019). Predictive Inequity in Object Detection. Verfügbar auf: https://arxiv.org/abs/1902.11097.

Bedeutung

Fine, K. (2017). Truthmaker Semantics. In: Hale, B., Wright, C., & Miller, A. (Hg.), *A Companion to the Philosophy of Language* (2. Aufl.), 556–577.

Fodor, J., & LePore, E. (1992). Holism: A Shopper's Guide. Oxford, Blackwell.

Jackman, H. (2017). Meaning Holism. In: Zalta, E. (Hg.), *The Stanford Encyclopedia of Philosophy* (Frühjahr 2017). Verfügbar auf: https://plato.stanford.edu/archives/spr2017/entries/meaningholism/.

Jurafsky, D., & Martin, J. (2018). Speech and Language Processing (3. Aufl.).

Pagin, P. (2009). Meaning Holism. In Lepore, E., & Smith, B. (Hg.) *The Oxford Handbook of Philosophy of Language* 213–232.

Peacocke, C. (2017). Holism. In Hale, B., Wright, C., & Miller, A. (Hg.) A Companion to the Philosophy of Language (2. Aufl.), 357–374.
Speaks, J. (2018). Theories of Meaning. In: Zalta, E. (Hg.), *The Stanford Encyclopedia of Philosophy* (Winter 2018). Verfügbar auf: https://plato.stanford.edu/archives/win2018/entries/meaning/.

Chalmers, D. J. (1992). Subsymbolic computation and the Chinese room. In: Dinsmore, J. *The symbolic and connectionist paradigms: Closing the gap*, 25–48.

Fodor, J. (2000). *The Mind Doesn't Work That Way: The Scope and Limits of Computational Psychology*. The MIT Press, Cambridge (MA).

Ford, J. (2011). Hellen Keller Was Never in a Chinese Room. *Minds & Machines* 21, 57–72.

Harnad, S. (2001). What's Wrong and Right About Searle's Chinese Room Argument? In Bishop, M. & Preston, J. (Hg.) *Essays on Searle's Chinese Room Argument*. Oxford University Press. Verfügbar auf: http://cogprints.org/4023/1/searlbook.htm.

Koch, C., Massimini, M., Boly, M., & Tononi, G. (2016). Neural correlates of consciousness: progress and problems. *Nature Reviews Neuroscience* 17 (5), 307.

Miracchi, L. (2019). A Competence Framework for AI Research. *Philosophical Psychology* 32 (5), 589–634. Verfügbar über: http://www.lisamiracchi.com/research.

Rescorla, M. (2017). The Computational Theory of Mind. In: Zalta, E. (Hg.), *The Stanford Encyclopedia of Philosophy* (Frühjahr 2017). Verfügbar auf: https://plato.stanford.edu/archives/spr2017/entries/computational-mind/.

Steels, L. (2008). The Symbol Grounding Problem has been solved. So what's next? In: Glenberg, A., et al. *Symbols and embodiment: Debates on meaning and cognition*. Oxford University Press, London. 223–244.

Taddeo, M., & Floridi, L. (2005). Solving the symbol grounding problem: a critical review of fifteen years of research. *Journal of Experimental & Theoretical Artificial Intelligence* 17 (4), 419–445.

Wakefield, J. (2003). The Chinese Room Argument Reconsidered: Essentialism, Indeterminacy, and Strong AI. *Minds & Machines* 13, 285–319.

NOS. (2019). Het aantrekkelijke LinkedIn-profiel van Katie Jones is gevaarlijk. 13. Juni 2019, verfügbar auf: https://nos.nl/artikel/2288881-het-aantrekkelijke-linkedin-profiel-van-katie-jones-isgevaarlijk.html.

Larson, J., Mattu, S., Kirchner, L., & Angwin, J. (2016). How We Analyzed the compas Recidivism Algorithm. Online auf: https://www.propublica.org/article/how-we-analyzed-the-compas-recidivis malgorithm.

GANs

Brock, A., Donahue, J., & Simonyan, K. (2019). Large Scale GAN Training for High Fidelity Natural Image Synthesis. Verfügbar auf: https://arxiv.org/abs/1809.11096.

Chang, H., Lu, J., Yu, F., & Finkelstein, A. (2018). PairedCycle GAN: Assymetric style transfer for applying and removing makeup. *Proceedings of the IEEE Conference on Computer Vision and Patter Recognition*, 40–48.

Choi, Y., Choi, M., Kim, M., Ha, J., Kim, S., & Choo, J. (2018). Star GAN: Unified Generative Adversarial Networks for Multi-Domain Image-to-Image Translation. *IEEE Conference on Computer Vision and Pattern Recognition* 2018, 8789–8797.

Goodfellow, I., Pouget-Abadie, J., Mirza, M., Xu, B., Warde-Farley, D., Ozair, S., Courville, A., & Bengio, Y. (2014). Generative Adversarial Networks. Verfügbar auf: https://arxiv.org/abs/1406.2661.

Li, Y., Swersky, K., & Zemel, R. (2015). Generative Moment Matching Networks. Verfügbar auf: https://arxiv.org/abs/1502.02761.

Isola, P., Zhu, J., Zhou, T., & Efros, A. (2016). Image-to-Image Translation with Conditional Adversarial Networks. Verfügbar auf: https://arxiv.org/abs/1611.07004.

Jo, Y., & Park, J. (2019). SC-FEGAN: Face Editing Generative Adversarial Network with User's Sketch and Color. Verfügbar auf: https://arxiv.org/abs/1902.06838.

Karras, T., Laine, S., & Aila, T. (2019). A Style-Based Generator Architecture for Generative Adversarial Networks. Verfügbar auf: https://arxiv.org/abs/1812.04948.

Park, T., Liu, M., Wang, T., & Zhu, J. (2019). Semantic Image Synthesis with Spatially-Adaptive Normalization. Verfügbar auf: https://arxiv.org/abs/1903.07291.

Xu, T., Zhang, P., Huang, Q., Zhang, H., Gan, Z., Huang, X., & He, X. (2017). Attn GAN: Fine-Grained Text to Image Generation with Attentional Generative Adversarial Networks. Verfügbar auf: https://arxiv.org/abs/1711.10485.

Yu, J., Lin, Z., Yang, J., Shen, X., Lu, X., & Huang, T. (2018). Free-Form Image Inpainting with Gated Convolution. Verfügbar auf: https://arxiv.org/abs/1806.03589.

Zakharov, E., Shysheya, A., Burkov, E., & Lempitsky, V. (2019). Few-Shot Adversarial Learning of Realistic Neural Talking Head Models. Verfügbar auf: https://arxiv.org/abs/1905.08233.

Zeng, Y., Fu, J., Chao, H., & Guo, B. (2019). Learning Pyramid-Context Encoder Network for High-Quality Image Inpainting. Verfügbar auf: https://arxiv.org/abs/1904.07475.

Zhang, H., Goodfellow, I., Metaxas, D., & Odena, A. (2018). Self-Attention Generative Adversarial Networks. Verfügbar auf: https://arxiv.org/abs/1805.08318.

Zhang, H., Xu, T., Li, H., Zhang, S., Wang, X., Huang, X., & Metaxas, D. (2017). Stack GAN: Text to Photo-realistic Image Synthesis with Stacked Generative Adversarial Networks. Verfügbar auf: https://arxiv.org/abs/1612.03242.

Zhang, Z., Xie, Y., & Yang, L. (2018). Photographic Text-to-Image Synthesis with a Hierarchically-nested Adversarial Network. Verfügbar auf: https://arxiv.org/abs/1802.09178.

Computerkunst

Adajian, T. (2018). The Definition of Art. Zalta, E. (Hg.) *The Stanford Encyclopedia of Philosophy* (Herbst 2018). Verfügbar auf: https://plato.stanford.edu/archives/fall2018/entries/art-definition/.

Elgammal, A., Liu, B., Elhoseiny, M., & Mazzone, M. (2017). CAN: Creative Adversarial Networks Generating «Art» by Learning About Styles and Deviating from Style Norms. Verfügbar auf: https://arxiv.org/abs/1706.07068.

Elgammal, A., Mazzone, M., Liu, B., Kim, D., & Elhoseiny, M. (2018). The Shape of Art History in the Eyes of the Machine. Verfügbar auf: https://arxiv.org/abs/1801.07729.

Jones, J. (2018). Why putting £ 1m through the shredder is Banksy's greatest work. *The Guardian* 8. Oktober 2018, https://www.theguardian.com/artanddesign/2018/oct/08/why-shredder-is-banksygreatest-work.

Musik von einem Algorithmus

Borghuis, T., Tibo, A., Conforti, S., Canciello, L., Brusci, L., & Frasconi, P. (2018). Off the Beaten Track: Using Deep Learning to Interpolate Between Music Genres. Verfügbar auf: https://arxiv.org/abs/1804.09808.

Briot, J., & Pachet, F. (2018). Deep learning for music generation: challenges and directions. *Neural Computing and Applications*, 1–13. https://doi.org/10.1007/s00521-018-3813-6.

Hadjeres, G., Pachet, F., & Nielsen, F. (2017). DeepBach: a Steerable Model for Bach Chorales Generation. Verfügbar auf: https://arxiv.org/pdf/1612.01010.pdf.

Deepfakes aufspüren

Bappy, J., Simons, C., Nataraj, L., Manjunath, B., & Roy-Chowdhury, A. (2019). Hybrid LSTM and Encoder-Decoder Architecture for Detection of Image Forgeries. Verfügbar auf: https://arxiv.org/abs/1903.02495.

Wang, S., Wang, O., Owens, A., Zhang, R., & Efros, A. (2019). Detecting Photoshopped Faces by Scripting Photoshop. Verfügbar auf: https://arxiv.org/abs/1906.05856.

Übernehmen Computer die Weltherrschaft?

Agarwal, A. (2018). Explained Simply: How an ai program mastered the ancient game of Go. freeCodeCamp 10.März 2018, verfügbar auf: https://www.freecodecamp.org/news/explained-simply-howan-ai-program-mastered-the-ancient-game-of-go-62b8940a9080/.

Bostrom, N. (2014). *Superintelligenz. Szenarien einer kommenden Revolution*. Suhrkamp, Berlin.

Chu, C., Zhmoginov, A., & Sandler, M. (2017). Cycle gan, a Master of Steganography. Verfügbar auf: https://arxiv.org/abs/1712.02950.

Jebari, K., & Lundborg, J. (2019). Artificial superintelligence and its limits: why AlphaZero cannot become a general agent. Verfügbar auf: http://philsci-archive.pitt.edu/16683/.

Silver, D., Hubert, T., Schrittwieser, J., Antonoglou, I., Lai, M., Guez, A., Lanctot, M., Sifre, L., Kumaran, D., Graepel, T., Lillicrap, T., Simoyan, K., & Hassabis, D. (2018). A general reinforcement learning algorithm that masters chess, shogi, and Go through self-play. *Science* 362 (6419), 1140–1144.

Tegmark, M. (2017). *Leben 3.0. Mensch sein im Zeitalter künstlicher Intelligenz. Ullstein, Berlin.*

6. Künstliche Intelligenz in der (zukünftigen) Gesellschaft

Carlini, N., Liu, C., Erlingsson, Ú., Kos, J., & Song, D. (2019). The Secret Sharer: Evaluating and Testing Unintended Memorization in Neural Networks. Verfügbar auf: https://arxiv.org/abs/1802.08232.

Liao, S. (2018). Chinese facial recognition system mistakes a face on a bus for a jaywalker. *The Verge* 22. November 2018, verfügbar auf: https://www.theverge.com/2018/11/22/18107885/china-facial-recogni tion-mistaken-jaywalker.

Salvador, A., Drozdal, M., Giro-i-Nieto, X., & Romero, A. (2019). Inverse Cooking: Recipe Generation from Food Images. Verfügbar auf: https://arxiv.org/abs/1812.06164.

Positive Beispiele

Chui, M., Harryson, M., Manyika, J., Roberts, R., Chung, R., van Heteren, A., & Nel, P. (2018). Notes from the ai Frontier: Applying AI for Social Good. McKinsey Global Institute Dezember 2018, Verfügbar über: https://www.mckinsey.com/featured-insights/artificial-intelligence/applying-artificial-intelligence-for-social-good.

Fu, K., Cheng, D., Tu, Y., & Zhang, L. (2016). Credit Card Fraud Detection Using Convolutional Neural Networks. In: Hirose et al (Hg.), Neural Information Processing. ICONIP 2016. Lecture Notes in Computer Science, Bd. 9949, 483–490.

Gafni, O., Wolf, L., & Taigman, Y. (2019). Live Face De-Identification in Video. Verfügbar auf: https://research.fb.com/publications/live

face-de-identification-in-video/Gomes de Andrade, N., Pawson, D., Muriello, D., Donahue, L., Guadagno, J. (2018). Ethics and Artificial Intelligence: Suicide Prevention on Facebook. *Philosophy & Technology* 31 (4), 669–684.

IBM. (2019). Five innovations that will change our lives within five years. AI microscope. Verfügbar auf: https://www.research.ibm.com/5-in-5/ai-microscope/.

Steenhuis, P. (2019). «Skilderai»: Rembrandts stem klinkt uit computer als «Watskebeurt». *NRC* 28 Februar 2019, verfügbar auf: https://www.nrc.nl/nieuws/2019/02/28/skilderai-rembrandts-stemklinkt-uit-computer-als-watskeburt-a3711846.

Wang, S., Wang, O., Owens, A., Zhang, R., & Efros, A. (2019). Detecting Photoshopped Faces by Scripting Photoshop. Verfügbar auf: https://arxiv.org/abs/1906.05856.

West, J., & Bhattacharya, M. (2016). Intelligent financial fraud detection: A comprehensive review. *Computers & Security* 57, 47–66.

Diskriminierung

Buolamwini, J. (2019). Artificial Intelligence Has a Problem With Gender and Racial Bias. Here's How to Solve It. *Time* 7. Februar 2019. Verfügbar auf: https://time.com/5520558/artificial-intelligence-racial-gender-bias/.

Simonite, T. (2018). When it comes to gorillas, Google Photos remains behind. Wired 11. Januar 2018, online op https://www.wired.com/story/when-it-comes-to-gorillas-google-photos-remains-blind/.

Singer, N. (2019). Amazon is Pushing Facial Technology That a Study Says Could Be Biased. *The New York Times* 24. Januar 2019. Verfügbar auf: https://www.nytimes.com/2019/01/24/technology/amazon-facial-technology-study.html.

Arbeitsmarkt

Arntz, M., Gregory, T., & Zierahn, U. (2016). The Risk of Automation for Jobs in oecd Countries: A Comparative Analysis. *OECD Social, Employment and Migration Working Papers* 189, OECD Publishing, Paris, https://doi.org/10.1787/5jlz9h56dvq7-en.

Frey, C., & Osborne, M. (2017). The future of employment: how

susceptible are jobs to computerisation? *Technological forecasting and social change* 114, 254–280.
Lonkhuyzen, L. van (2019). De radioloog wordt een datawetenschapper. *NRC* 18. Juli 2019, verfügbar auf: https://www.nrc.nl/nieuws/2019/07/18/radioloog-wordt-datawetenschapper-a3967465.
Nedelkoska, L. & Quintini, G. (2018). Automation, skills use and training. *OECD Social, Employment and Migration Working Papers* 202, OECD Publishing, Paris, https://doi.org/10.1787/2e2f4eea-en.
Shook, E., & Knickrehm, M. (2018). Reworking the Revolution. *Accenture report*. Verfügbar auf: https://www.accenture.com/us-en/company-reworking-the-revolution-future-workforce.
Vincent, J. (2019). ai won't relieve the misery of Facebook's human moderators. *The Verge* 27. Februar 2019, verfügbar auf: https://www.theverge.com/2019/2/27/18242724/facebook-moderation-ai-artificial-intelligence-platforms.

Richter

Danziger, S., Levav, J., & Avnaim-Pesso, L. (2011). Extraneous factors in judicial decisions. *Proceedings of the National Academy of Sciences* 108 (17), 6889–6892.
Dressel, J., & Farid, H. (2018). The accuracy, fairness, and limits of predicting recidivism. *Science Advances* 4 (1), eaao5580.
Glöckner, A. (2016). The irrational hungry judge effect revisited: Simulations reveal that the magnitude of the effect is overestimated. *Judgement and Decision Making* 11 (6), 601–610.
Weinshall-Margel, K., & Shaphard, J. (2011). Overlooked factors in the analysis of parole decisions. *Proceedings of the National Academy of Sciences* 108 (42), E833.

Gefahren

Creemers, R. (2018). China's Social Credit System: An Evolving Practice of Control. Verfügbar auf: https://ssrn.com/abstract=3175792.
The Economist (2019). China's «social credit» scheme involves cajolery and sanctions. 28. Märzt 2019, verfügbar auf: https://www.economist.com/china/2019/03/28/chinas-social-credit-scheme-involves cajolery-and-sanctions.

Miller, A. (2018). Searching for gaydar: Blind spots in the study of sexual orientation perception. *Psychology & Sexuality* 9 (3), 188-203.
NOS. (2019). Apple luistert mee naar seks, drugsdeals en medische informatie via Siri. 29. Juli 2019, verfügbar auf: https://nos.nl/artikel/2295635-apple-luistert-mee-naar-seks-drugsdeals-en-medische-informatie-via-siri.html.
Oh, T., Dekel, T., Kim, C., Mosseri, I., Freeman, W., Rubinstein, M., Matusik, W. (2019). Speech2Face: Learning the Face Behind a Voice. Verfügbar auf: https://arxiv.org/abs/1905.09773.
Wang, Y., & Kosinski, M. (2018). Deep neural networks are more accurate than humans at detecting sexual orientation from facial images. *Journal of Personality and Social Psychology* 114, 246–257.
Zhao, M., Li, T., Alsheikh, M., Tian, Y., Zhao, H., Torralba, A., & Katabi, D. (2018). Through-Wall Human Pose Estimation Using Radio Signals. *Proceedings of the IEEE Conference on Computer Vision and Pattern Recognition*, 7356–7365.

BILDNACHWEIS

Textteil

S. 20 «Difference Engine No 2, designed by Charles Babbage, 1847–1849, Engine built by Science Museum», Science Museum Group. (1992).

S. 21 Zwei Zahnräder aus der *Difference Engine No. 2*, DPS Design.

S. 24 Die Verkabelung für ein AND-Gatter, DPS Design.

S. 25 OR-Gatter und NOT-Gatter, DPS Design.

S. 26 1 + 1 = 10 in einem Prozessor, DPS Design.

S. 30 «Experimental Fourier addition», aus: Devitt, S. (2016).

S. 32 Blaus, B. Medical gallery of Blausen Medical 2014. «Multipolar Neuron», *WikiJournal of Medicine* 1 (2). (2014).

S. 36 Die Summe der ersten fünf ungeraden Zahlen, DPS Design.

S. 42 Racknitz, J. «The Mechanical Turk». Public domain (1789).

S. 44 Die verschiedenen Ergebnisse, zu denen man von a aus e gelangen kann. DPS Design.

S. 55 «Exploiting potential energy to locomote», aus: Lehmann, J. et al. (2018).

S. 60 «Exploiting potential energy to pole-vault», aus: Lehmann, J. et al. (2018).

S. 64 «The Google Inception-V3 classifier», aus: Alcorn, M. et al. (2019).

S. 67 Mustererkennung bei neuronalen Netzen, DPS Design.

S. 68 Vier verschiedene Muster für ein neuronales Netz, DPS Design.

S. 69 Ein künstliches Neuron mit Eingabe, Rechenteil und Ausgabe, DPS Design.

S. 70 Ein neuronales Netz zur Erkennung handgeschriebener Zahlen, DPS Design.

S. 75 Die Lernmethode neuronaler Netze, DPS Design.
S. 81 Ein Stoppschild mit vier Aufklebern, DPS Design.
S. 82 Die Regionen unseres Gehirns, die visuelle Informationen verarbeiten, DPS Design.
S. 87 «Texforms […] generated using a texture-synthesis model», aus: Lang, B. et al. (2018).
S. 88 «Reconstruction of Facial Images Using Linear Regression», aus: Chang, L. et al. (2017).
S. 91 Gesichtserkennung mit einem konvolutionären neuronalen Netz, DPS Design.
S. 94 Kazanjian, H., & Lucas, G. «Darth Vader kills the Emperor», Star Wars: Return of the Jedi. United States: Lucasfilm Ltd. (1983).
S. 103 «The AI agents Alice und Bob developing a New English language», Facebook Artificial Intelligence Research. (2017).
S. 107 Karras et al. und Nvidia (2019) *This Person Does Not Exist*, https://thispersondoesnotexist.com/image. (2020).
S. 109 Die zwei Versionen von Word2Vec, DPS Design.
S. 111 Zafrany, S. «NLP with gensim (word2vec)», NLP With Gensim (Word2vec). *Samyzaf.com*. Verfügbar auf: https://samyzaf.com/ml/nlp/nlp.html. (2017).
S. 117 Ein rekurrentes neuronales Netz, DPS Design.
S. 124 Vaswani, A., Shazeer, N., Parmar, N., Uszkoreit, J., Jones, L., Gomez, A., Kaiser, Ł. und Polosukhin, I. «The encoder self-attention distribution for the word ‹it› from the 5th to the 6th layer of a Transformer trained on English to French translation (one of eight attention heads)». Transformer: A Novel Neural Network Architecture For Language Understanding. *Google AI Blog*. Verfügbar auf: https://ai.googleblog.com/2017/08/transformernovel-neural-network.html. (2017).
S. 129 «Images of household items across the world, and classes recognized in these images by five publicly available image-recognition systems», aus: Devries, T. et al. (2019).
S. 146 «Qualitative comparisons with baselines on four datasets with different characteristics», aus: Zeng, Y. et al. (2019).
S. 149 Flarup, G. «Generative Adversarial Network for image generation». Generative Adversarial Networks. *Department of Physics and Astronomy*. (2019).

S. 150 thiscatdoesnotexist.com. (2020).

S. 152 «Multi-domain image-to-image translation results on the CelebA-dataset via transferring knowledge learned from the RaFD dataset», aus: Choi, Y. et al. (2018).

S. 154 «Face image editing results by our system», aus: Jo, Y. et al. (2019).

S. 155 «The results of talking head image synthesis using face landmark tracks», aus: Zakharov, E. et al. (2019).

S. 159 «Portrait of Edmond Belamy». Created by GAN. Christie's. (2018).

S. 174 «Generation of a single target aerial photo X * from two arbitrary maps yo. Note that (c) is amplified for visibility», aus: Chu, C. et al. (2017).

S. 175 «Details in x are reconstructed in GF X, despite not appearing in the intermediate map *f* x», aus: Chu, C. et al. (2017).

S. 190 Monroe, R. «Predictive Models». *xkcd*. Verfügbar auf: https://xkcd.com/2169/. (2017).

S. 194 «Qualitative results on the AVSpeech test set», aus: Oh, T. et al. (2019).

Farbteil

1 «An impersonation using frames», aus Sharif, M. et al. (2016).

2–3 «Examples of successful impersonation and dodging attacks», aus: Sharif, M. et al. (2016).

4 «Detecting an elephant in a room», aus: Rosenfeld, A. et al. (2018).

5 «Effects of transplanting an object from an image into another location in the same image», aus: Rosenfeld, A. et al. (2018).

6–9 «Natural adversarial examples from IMAGENET-A and IMAGENET-O», aus: Hendrycks, D. et al. (2019).

10 «Sulfonyl/sulfonamide detection with autonomously trained convolutional filters», aus: Wallach, I. et al. (2015).

11 Das Nachlassen des Gedächtnisses eines rekurrenten neuronalen Netzes. DPS Design.

12–13 Karras et al. and Nvidia (2019) *This Person Does Not Exist*, www.thispersondoesnotexist.com/. (2020).

14 «Generated images on CUB compared with StackGAN», aus: Zhang, Z. et al. (2018).
15 *Artbreeder*, www.artbreeder.com/. (2019).
16 «Example of images generated by CAN», aus: Elgammal, A. et al. (2017).
17 «Modes of variations of the activation subspace showing smooth temporal transition and correlation with Wolfflin's concepts», aus: Elgammal, A. et al. (2017).

Naturwissenschaften bei C.H.Beck
Eine Auswahl

Marcus du Sautoy
Der Creativity-Code
Wie künstliche Intelligenz schreibt, malt und denkt
Aus dem Englischen von Sigrid Schmid
2021. 319 Seiten mit 15 Abbildungen. Gebunden

Hannah Fry
Hello World
Was Algorithmen können und wie sie unser Leben verändern
Aus dem Englischen von Sigrid Schmid
3. Auflage. 2019. 272 Seiten mit 9 Abbildungen
Gebunden

Yuval Noah Harari
Homo Deus
Eine Geschichte von Morgen
Aus dem Englischen von Andreas Wirthensohn
2020. 13. Auflage. 653 Seiten mit 55 Abbildungen
Broschiert

Manuela Lenzen
Künstliche Intelligenz
Fakten, Chancen, Risiken
2020. 128 Seiten. Broschiert

Charles Seife
Stephen Hawking
Genie des Universums
Aus dem Englischen von Judith Elze und Enrico Heinemann
2021. 488 Seiten mit 3 Abbildungen. Gebunden

C.H.Beck